教育部人文社科重点基地重大项目
《中国初等教育师资培养模式研究》(11JJD880033)资助

基于艺术素养的小学
教师培养模式的构建研究

徐丽华　杨欢耸　等著

ZHEJIANG UNIVERSITY PRESS
浙江大学出版社

目录
Contents

第一章　研究背景

"基于艺术素养的小学教师培养模式"的探索和建构这一研究问题的提出,是基于我们对小学教师专业素养结构中艺术素养的现实经验和理性思考,同时也是杭州师范大学师范传统中公共艺术教育的历史积淀,更有我们对当代基础教育改革与发展对小学教师培养提出的新的要求和挑战的深度思考。

人类最早的"类"之意识的萌醒,显示于艺术;那些简单的点、划、刻、嵌,标志着人类的始祖开始超越于日常的饱暖之需,而走向人之为人的独特;那尚显粗鄙的贝饰、珠串,记录着人类祖先摆脱纯粹动物性羁绊的欢欣与骄傲。也正是因为这一原因,从远古时代起,艺术便成为人类教育的重要构成,尽管"艺术教育"作为一个概念的出现,比人类的艺术实践和艺术教育实践要晚得多。

在中西方教育史上,艺术教育在希腊"七艺"(语法、逻辑、修辞、数学、几何、天文、音乐)中占有一席之地;在中国教育史上,艺术教育在孔子的"六艺"(礼、乐、射、御、书、数)之教中,几乎占据半壁江山;在柏拉图的《理想国》里,体育和音乐是所有公民从七岁到十八岁的普通教育中都必须接受的,其价值在于能够陶冶心灵,而且柏拉图把音乐教育作为这一阶段教育的重要内容,他认为人在青少年阶段的重要任务在于形成强健的体魄,这一目的主要通过体育达成,但强健的身体并不能自然而然地使心灵美好,音乐的陶冶则能够形成美好的心灵,美好的心灵能使身体臻于它所能达到的最为完美的程度。在孔子的教育思想中,礼、乐教育与善天然地联系在一起,善是礼、乐的内容,礼、乐是善的表达形式,"善"的内核和"美"的形式相统一,方可称"尽善尽美",美的情感陶冶是达成"善"的社会伦理理想、造就完美人性的有效途径,"以美导善,善美相济","志于道,据于德,依于仁,游于艺"(《论语·述而》)被认为是君子修为之道;"兴于诗、立于礼、成于乐"(《论语·泰伯》)是个体成人之法。

近代艺术创作实践的发展和繁荣为学校艺术教育提供了更为广阔的舞台,学术艺术教育也逐渐分化为培养专门艺术人才的专业艺术教育,和以提升公民素养而进行的公共艺术教育(在高校称公共艺术教育,在基础教育中称为"美育")。"德、智、体、美、劳"作为基础教育阶段学生生命发展的五个基本方面,共同承担着培养新一代社会公民健康体魄、智慧认知、优美心灵的重要任务。在这一背景之下,提升以培养新一代社会公民为主要工作职责的基础教育阶段的中小学教师的艺术素养,就显得尤为重要。

第一节　认识基础:艺术素养是小学教师专业素养的重要构成

一、艺术素养是提高小学教师个人素养的重要内容

艺术素养是形成个体丰富的精神生活、健全的健康人格的重要资源。作为在读大学生,小学职前教师正处于人格发展和人生观形成的重要时期,他们在大学学习期间经历的人文艺术教育,对于他们形成健康的审美观念和审美能力、陶冶道德情操、开拓思想视野、活跃思维、培养创新精神、提升人格修养和综合素质等,都有着其他学科不可替代的作用。联系到他们未来的职业价值,可以说他们个人素养的水平,在一定意义上不仅关系到社会的发展,民族与国家的未来,而且关系到年轻一代个体在社会生活的价值和意义,特别是对促进未来小学生的人格成长、情感陶冶、个性开发、创新意识能力的培养、智能的提高等人的全面发展方面都有非常重要的意义。

人的整体素质是制约一个国家生产力发展和影响社会进步的第一要素,艺术素养是个体素养的重要构成。美国哈佛大学著名发展和认知心理学教授加德纳经过多年对心理学、生理学、教育学、艺术教育的研究证明,人类的思维方式和认识世界的方式是多元的,通过大量心理学的实验数据和实例观察分析,他认为人类至少存在八种思维方式:语言智能、数理逻辑及智能、音乐智能、身体运动智能、空间智能、人际关系智能、自我认知智能和环境智能,而所有这些智能都能够通过艺术教育得到发展。当然,加德纳所说的"艺术教育",不仅仅指掌握艺术的技巧和要领,而是指学生通过艺术这一个人化的学习领域,激活并深入地体验自己和他人的感情世界。从这个意义上说,艺术的学习与欣赏,是激活个体整体认知与思维方式的桥梁和载体。

提高小学职前教师的艺术素养,也是应对当代中国教育现实问题的一个有效策略。尽管我们在基础教育阶段已经非常强调美育的作用和价值,并在不同时期的课程方案中强制性地规定了艺术类课程的课时安排和教学要求,但在多数中小学现实生活中,迫于巨大的升学和考试压力,以及艺术教育师资短缺等原因,普遍存在着轻视艺术教育甚至忽略艺术教育的现象,艺术类科目的教学要么满足于简单技术的传授和练习,要么教学时间留给学生自由活动,要么教学时间被其他所谓"主科"占用,"主科"教师抓紧时间灌输考查考试的知识要点,学生忙于死记硬背、埋首题海,这样做的结果往往是学生书面考试的成绩提上去了,但精神生活的丰富

性、思维活动的灵活性和创新性却降下来了,导致学生在中小学生活过程中精神生命成长失去活力和生机。

当今高等教育中存在的问题也使提升小学教师艺术素养成为必要。一方面从理论上讲,大学生活摆脱了升学考试的压力,学生的学习有了更多自由选择的机会,大学校园里丰富多彩的活动场所和平台,给学生提供了多元学习、生活、体验、创造的可能,但实际上,由于中小学学习与生活方式的惯性,多年被动灌输式教育的经历已经使他们安于受人指派,他们生活中的激情与活力因长期的压抑已经到了非再激活无以焕发的地步;另一方面,现代高等教育中人文精神的失落也使提升大学生的艺术素养成为当务之急。

从源头上讲,大学为研究高深学问、成就博雅人才之所。但是,随着世界范围内工业化程度的加深,知识经济成为当代社会发展的主要标志,社会经济发展对知识和技术的依赖越来越强,专业化、职业化在大学教育中日渐成为主导价值观和大多数高校的发展模式;高等教育因过度关注现实经济、政治需求而忽视了学生人文精神的培养和丰富,理性与情感、成人与成才关系疏离,导致学生发展功利化、碎片化。尽管在所有的大学里都开设通识课程,但在专业化的大学教育模式下,专业知识挤压了通识课程的发展空间,导致大学生在大学学习过程中理性发达、情感萎缩,形成普遍的重"知识"轻"人文"、重"成才"轻"成人"的局面,大学教育沦落为学生获取谋生工具的手段,造成大学生"精于科学,荒于人学;精于电脑,荒于人脑;精于网情,荒于人情;精于商品,荒于人品;精于权力,荒于道力"的困境。① 理性与情感、物质生活与精神生命的对峙,导致大学生身心发展碎片化:理想失落、信仰迷茫、社会责任感缺乏,满足于"生活着"的现实状态,而缺乏对于个体与社会生活的深度思考,缺乏生活的意义感和自由感,这种现象的形成多是由于个体生命场域的狭小、视界萎缩以及文化底蕴单薄而导致的人文素养、自由精神缺失。虽然说这些问题在世界不同地域的大学教育中普遍存在,但在当代中国大学教育中尤其突出,因此,如何重寻大学教育失落的人文情怀和博雅传统,使大学教育真正成为促进"完全发展的人"的教育,是当代中国高等教育必须面对的现实问题。解决问题的路径不只一条,但提升大学生(当然包括小学职前教师)的艺术素养肯定是其中一个极为重要且有效的方法,这一点已经得到了很多人的认同:爱因斯坦把植根于艺术的想象力看作比科学知识更为重要的发展潜能,他认为艺术可以开拓人的无限想象力;科学家李政道则把科学与艺术看作一枚硬币的两面,认为科学与艺术的共同基础是人类的创造力;钱学森先生也认为,扎实的科学知识功底和深厚的文化艺术修养,是造就一个有科学创新能力人的必要基础,艺术素养是开拓科学创新思维的催化剂。

① 郭齐家:《弘扬中华文化建设中华民族共有精神家园》,《北京科技大学学报》(社科版)2007年第12期。

　　艺术素养的提升可以促使小学教师成为全面、和谐发展的个体。德国杰出的诗人、哲学家席勒极力主张通过美育来培养理想的人、完美的人、全面和谐发展的人。他认为,艺术不仅是人类认识世界、改造世界的重要手段,同时也是美化人类自身、塑造完美人格的重要途径。艺术类实践可以使人的情感得到陶冶,心灵得到净化,精神得到升华,胸怀得到拓展。从个体成长的角度看,培养学生健康的审美态度,培养他们以审美的角度看待生活,摆脱纯功利性的生活目的,实现人的全面高层次的审美追求,对加速小学教师培养过程中专业人格和专业角色的营造具有深层和稳定的效果。

　　对于小学教师个体素养的提升来说,艺术教育是非常重要的一个方面。通过全方面、多层次的艺术教育和艺术实践,培养具有高雅审美情趣、一定艺术实践能力、敏锐审美眼光、厚实专业技能的高素质小学师资,是我们认定的小学教师培养的独特路径。

二、艺术素养是小学教师专业素养的重要构成

　　小学教师的工作对象是正处于人生态度、价值观、世界观形成关键时期的儿童,从认知发展的角度看,他们尚处于皮亚杰认知发展理论中所说的"前运算时期",具体形象思维占据主导地位,他们的认识遵从由具体到抽象的一般规律,直观、参与、经验、体验是他们获得知识和形成社会经验的主要方式,这就需要小学教师具有较高水平的艺术素养,以保证他们有能力体察并理解学生丰富而独特的情感体验、有能力具体而恰当地表达自己的情感、有能力在具体复杂的教育教学情境中创造性地捕捉和创造资源,生动活泼地推进教育教学活动,促进学生的主动健康发展。艺术素养是提高小学教师情感表达能力、灵活创造能力、情境洞察能力、行为感知能力的重要驱动力。党的十七大报告强调:没有艺术的民族和社会是不可思议的。正如没有艺术教育是不健全的教育一样,缺乏艺术素养的小学教师也将可能是缺乏专业发展张力和创造动力的教师。

　　首先,良好的艺术素养有助于小学教师良好师德的养成。艺术是美的情感陶冶,艺术是美的生活体验,艺术是美的思想熏陶,艺术教育是培养良好的道德情感、情操、情怀的重要途径,是美德形成的必由之路。蔡元培先生在《哲学通论》中称美育为情感教育,较为准确地把握住了美育的内在意义。经亨颐先生视艺术教育之美"非术之美,乃为美的人格之陶冶",把培养师范生"高尚之品性"作为学校教育的最高目标;李叔同则谨守"人格为先"的教育信念,把艺术作为促使学生"陶冶精神,道德润心身"的利器。这些见解充分说明了艺术素养在形成小学教师良好人格、高尚师德方面的重要价值。

　　其次,艺术素养有助于提升小学教师的专业能力。从专业的角度讲,小学教师不仅应具有与教学科目相关的学科知识、扎实的教育教学理论学习和实践、了解小

学生的学习和发展规律,还需要良好的语言交流和沟通能力、情绪理解和表达能力、发展和解决问题能力、批判性思维能力、知识技能的现实转化能力,这些能力虽然可以通过学习、操练获得,但艺术素养的提升更能使这些能力的获得快速、高效、高质,并且在实践过程中更灵活、更具有接受性。因为,艺术培养的是直接的感觉经验,其目的旨在联系人与经验,架起词语和非词语之间、严密逻辑和情感之间的桥梁,以便使人更完美地理解整体世界。艺术教育在促进人的直觉、推理、想象、技巧及表达交流中,能提升人的整体文化修养,激发学生多种感知和思维,同时有助于学生理解人类的古今经验,学会借鉴、尊重他人,学会用艺术的方式解决问题,因此可以说,艺术教育可以开发学生的潜能,促进学生的个性发展,强化学生的知觉能力和表现能力,进而使其语言交流能力、表现能力、思维能力、解决问题的能力表现出更大的灵活性和创造性。

从技术的角度讲,良好的艺术素养有助于小学教师在专业实践中做得更好:"讲"得好(说话)、"写"得好(书写)、"画"得好(简笔画)、"组织"得好(沟通),在教育教学中做到广征博引、触类旁通,把弹、唱、书、画、舞等艺术手段灵活应用于日常的专业实践之中,造就丰富、灵活、有活力的课堂风格。在教学实践中,很多有较高的综合艺术素养的教师,往往都能够以幽默风趣、富有艺术表现力的方式教学,营造轻松愉快的学习氛围,提高课堂教学效益,赢得同仁、学生好评。

第三,艺术素养有助于提升小学教师的融合创新能力。众所周知,教育教学工作既是一门科学,同时又是一种艺术,它不是按照既定程度的操作过程,而是面对真实、复杂情境的即时判断、抉择、行动、评价和反思过程,这个过程中需要教师的专业智慧,也需要教师具有较强的创造能力。教育教学有一定的规律可循,因此小学教师培养中需要帮助学生形成一定的专业技术、技能,但这些技术和技能是基础性、工具性的,是需要在具体而复杂的现实情境中创造性地使用,从这个意义上说,教学是一种弹性巨大的艺术活动。艺术的灵魂是创造,艺术的形式在于不拘一格;教师的工作富于挑战,长于创新,教师工作的重要价值在于具体情境中的教育智慧,这是一种创造的智慧、实践的智慧,与艺术的精髓不谋而合;艺术教育不仅仅在于可以培养学生的艺术能力,同时还应培养学生的整合创新、开拓贯通和跨越转换的多种能力,具有把音乐、美术、戏剧、舞蹈、书法等融为一体的艺术素养,更有利于教师创新意识、创新精神和创新能力的形成。

实际上,对于小学教师来说,创新具有另外一层内涵,即增加小学教师在专业生活中的韧性(尤其是在入职初期),调节他们对职业的情感和认知,提高他们的职业适应能力,也即是说艺术素养的提升有助于教师合理调节自己在职业生涯中的遭遇挫折、倦怠、困惑、压力时的情感状态,因为艺术可以帮助人充实生活,减轻过重的心理负担,调节紧张的情绪,使他们有可能转换视角看问题;同时,艺术实践可以为情感的表达和创造性冲动提供出口,对人的心理和情绪可以起到长久的滋养与保健作用,帮助教师与学生、家长、同事高质量的互动,提高自己的职业效能感、职业信念,从而提升他们源自专业生活的幸福度,以强化其专业意志,稳固其专业自信,提高其持续的专业发展能力。

最后,提高艺术素养也是新课程改革对小学教师的要求。基础教育是提高国民素质、完善健康人格的教育,对于小学生来说,他们身心的健康发展、审美能力的培养、认识与思维能力的提高、积极情绪和情感的陶冶等,都需要小学教师的支持和指导,而且这一阶段的教育成果,在一定意义上影响和一定程度上决定着其终身的发展质量,因此小学教师的重要性由此可见一斑。要全面提升小学生的整体素质,首先要提升小学教师自身的整体素质,其中便包含着艺术素质。需要再次强调的是,我们所说的艺术素质或艺术素养,并非指培养小学教师从事艺术教育教学的专业素养,而是渗透在他们日常生活、行为、专业能力中的精神、态度、情感,当然也不排斥技术和技能,这一点将在下文做进一步阐释。

具有综合性和普及性质的艺术素养,是当代大学生应该具备的能力,也是我们高等学校教育中相对缺失的教育,更是新课程改革背景下小学教师非常有必要培养和提升的方面:全国中小学新课程改革开展以来,教育部先后出台了《学校艺术教育工作规程》和《全国学校艺术教育发展规划(2000—2010)》,其中大量的内容面向高校的公共艺术教育,其核心的目的就在于以大学生艺术素养的培养来促进大学生健全人格的培养和创新能力的提升,以此培养素质全面的新时代创新人才。这从一个侧面呈现出政府和社会对艺术功能与价值在人才培养中的认知深化。由于素养教育与新课程改革对小学教师的素养结构提出了新的要求,基础教育新一轮课程改革之后,各级各类小学对既有教育教学新理念,又有较高综合艺术素养和教育教学专业技能的师资的需求越来越旺盛。这样的需求既是对我们已有探索与研究、实践的认可,也是对我们提出了不断更新以适应新形势要求的挑战。

总之,不管是对于小学教师个体人格发展和综合素质与能力的形成来说,还是对于他们未来专业工作的需求来说,艺术素养都是未来小学教师应该具备的重要素养,是小学教师培养阶段应该强化和提升的方面。作为专门的小学教师培养机构,我们有责任而且有条件、有能力来帮助未来的小学教师达到这一专业素养要求:责任基于我们对小学教师成个体之人和成专业之人所必须具备的素养的认知;条件有赖于我们不曾中断的百年师范教育传统;能力则源于我们不懈的探索和研究、实践。

第二节　历史积淀:我们的百年艺术教育传统

一、艺术教育:培养完全之人物

杭州师范大学小学教师培养,直承浙江省立第一师范学校[①]时期的师范教育传统,尽管在当时的历史条件下浙江省立第一师范学校并非为专门培养小学教师而设,在百年办学期间学校曾经历数次校名更迭、校址变迁,但培养小学教师的传统在学校的办学历史中逐渐形成并一直延续了下来,成为当代杭州师范大学小学教师培养实践的珍贵资源。源于开拓者们对于艺术教育在学生艺术素养和人格品性形成中重要价值的认识和实践。他们对于公共艺术教育的理念和实践,开师范教育人格养成教育的风气之先,时至今日,这一传统仍然在杭州师范大学的办学理念和实践中具有强大的生命力。

从浙江省立师范学校教育实践开始之日起,"成完全之人物"即是其培养人的最终追求,实施艺术教育的目的在也于陶冶情操,砥砺德行,培养全面发展的教育人才,而不以培养专门的艺术人才为己任,学校要培养的是普通中小学教师而不是艺术学科教师。在浙江省立第一师范学校的办学史上,只有一届学生(1912—1915)是专门为中学培养图画、手工教师的艺术专业教育,1915 年后停招艺术专业学生,成为一所纯粹的中等师范学校。[②] 但艺术教育始终是其教育教学实践中最为重视的一部分,形成了中国近代师范教育史上独特的人才培养模式,培养了一大批德才兼备、品行卓著、成就超群的在中国近代史上留下不朽业绩的各行业人才,成为中国师范教育史上的发展典范。

成"完全之人物"的教育理想出自王国维,在他看来,"完全之人物"必须智力、情感、意志三方面都得到发展,而情感的发展有赖于美育,因此他倡导以艺术教育培养人的美好情操和优美情感,他说:"夫人之心力,不寄于此则寄于彼;不寄于高尚之嗜好,则卑劣之嗜好所不能免矣。而雕刻、绘画、音乐、文学等,彼等果有解之之能力,则所以慰藉彼者,世固无以过之。何者?吾人对宗教之兴味,存于未来,而对于美术之兴味,存于现在。固宗教之慰藉,理想的,而美术之慰藉,现实的也。"[③]为了实现培养"完全之人物"的目标,王国维首次提出教育要做到德、智、体、美四育

---

① 严格来说,杭州师范大学的公共艺术教育传统可以追溯到浙江官立两级师范学堂、浙江省立两级师范学堂、浙江省立第一师范学校,但因艺术教育理念的形成和艺术教育实践的兴盛主要集中在浙江省立第一师范学校之后,为了叙述方便,本书不再进行详细区分,而均以"浙江省立第一师范学校"指称。

② 陈星:《近代浙江学校艺术教育的发轫》,北京:团结出版社,2010 年,第 15 页。

③ 王国维:《王国维文学美学论著集》,周锡山编校,太原:北岳文艺出版社,1987 年,第 49 页。

并举;之后,担任民国政府第一任教育总长的蔡元培正式将美育与德智体并列而成为国家的教育方针,并继之进一步提出"德、智、体、美、群"五育并举的教育方针。

深受蔡元培影响的经亨颐、李叔同①在浙江省立师范学校的教育教学实践中,把"五育并举"的教育思想变成了对学生人格陶冶的艺术教育实践。

二、艺术教育实践:"先器识而后文艺"

浙江省立第一师范学校的艺术教育先行者们,都有着高深的艺术修养和艺术表现力,这一点可以从艺术教师诸如李叔同、经亨颐、姜丹书、堵申甫等的后世作品中得到反映,也可以从他们培养出的具有卓越艺术功力的学生诸如吴梦非、丰子恺、潘天寿等人的艺术成就中得到印证。但教师并没有把艺术教育仅仅作为传授艺术技巧与能力的平台,学生们更多的是在接受艺术熏染与人格陶冶的过程中获得艺术能力。这一艺术教育实践犄角与"人格为先""先器识而后文艺"的教育理念相契合。

经亨颐把人格教育看作是对师范生而言最为重要的教育内容,是培养师范生师生和品德的重要载体。他认为师范学校即人格专修学校,要培养的是一个国家的"柱石之材",因此"教育者须有高尚之品性",师范生如果不具备高尚的道德品质,便不配为人之表率。如何培养师范生良好的品行和人格? 在他看来,艺术教育是人格教育的利器,他说:"图画、国文两种可为代表,最合人格教育之本旨","艺术教育仅美育上之问题,已与人格主义之教育较为接近。若以艺术教育作艺术主义之教育解,则艺术与教育之交涉,不视为美育范围内之事,即教育事业之新解释,教育为一艺术,教育家为一艺术家,此所谓美非术之美,乃为美的人格之陶冶。对于从来之教育根本的改善,反对形式耳。凡主知之教育,废除科学主义而为艺术主义,则艺术教育全与人格教育相一致。又可自教育事业之新解释转出美感之新解释。艺术教育之所谓美,非狭义之美,与人格有密切关系者也。"②在经亨颐看来,"勤、慎、诚、恕"的师范生为人之德,需要通过艺术教育这一途径获得:"人之精神,不但自知力而成,有较深之感情意志作用为根据,以之内省直觉;又有自由活动之萌芽,而含有开辟新生活新价值之创力";"教材不可偏重科学,须重艺术;而为情之修养,又当一变宗教教授,而改正意志锻炼之方法③";"非先去社会心理上腐烂之秽膜不可。其法为何? 莫如提倡美育……倘能稍知美意,即可脱离恶俗之污秽,

---

① 李叔同为蔡元培在南洋公学任教时期所教的特班生中的高才生,参见蔡元培:《蔡元培自述》,台北:传记文学出版社,1984年,第38页。

② 经亨颐:《最近教育思潮》(在浙江省教育会夏期讲演会上的讲演稿),收张彬编《经亨颐教育论著选》,北京:人民教育出版社,1993年,第110页。

③ 经亨颐:《最近教育思潮》(在浙江省教育会夏期讲演会上的讲演稿),收张彬编《经亨颐教育论著选》,北京:人民教育出版社,1993年,第110页。

一如栽植草木,已除其蔓芜,去其污秽矣。"①

把艺术教育作为培养学生人格教育的重要途径,是小学教师培养先行者们的共同追求,这一点在一代艺术和艺术教育大师李叔同身上得到了切实的践行,他的行为可以作为当时教师们教育精神追求的一个缩影。

李叔同认为艺术教育要"人格为先",主张"先器识而后文艺",即人格修养为先,其次才是艺术技艺,要做一个好的文艺家,必先做一个好人。这种注重人格修炼的艺术观,承先启后,不失为艺术教育界可资汲取的精神营养。行"不言之教"是李叔同人格教育的核心。首先是认真的教学态度。他总能够保证上课之前先在教室里的黑板上清清楚楚地写好这堂课所授的内容,然后端坐在讲台上静候学生们的到来。他的这种认真精神,就连最顽皮的学生也不敢散漫。每到上他的课,学生们个个提前入室,从未有人敢迟到,学生也不会在课堂与课后练习上轻慢。其次是严格与严谨的教学品质。他能够用自己对艺术的深刻理解和娴熟技艺折服学生,并以高标准要求学生,但却不会催促和批评,用他的学生丰子恺的话说,那似乎不经意的"回头一望"便足以使人汗颜,他有爱的威严和高尚的人格力量已经成为培养和教育学生的重要资源②。

与李叔同同道的是浙江省立第一师范学校的一大批师范教育的同仁,他们在艺术教学实践上,敢为人先、朴实求真,注重艺术创造精神的张扬;在教师的生活实践上,身体力行,言恭貌端,"先器识而后文艺",行不言之教,充分彰显艺术教育在学生人格发展过程中的熏陶价值;在学生的艺术实践上,踏实、广博,发挥艺术实践在学生公共生活品性和艺术创造能力培养中的重要作用。

三、艺术实践:搭建多元参与平台

艺术教育是重实践的教育,艺术实践是学生由外在知识理解向内在精神转化的重要方式。因此,给学生提供充分的机会和条件,使学生能够真正地把自己的感受用艺术的方式表达出来,是艺术教育获得效益的重要基础,也是杭州师范大学教师、教育先哲们给当代小学教师培养留下的经典传统。

在一百多年前的中国,在首升师范教育的学校里,教学条件与现在不可同日而语;即使如此,师范教育的先行者们仍然为学生的艺术实践创造了不可多得的优越条件:从设备条件上看,当时的学校内有特殊设备(开天窗,有画架)的图画教室,有

---

① 经亨颐:《全浙教育私议》,《教育周报》1913 年第 3、5 期。
② 丰子恺在《颜面》一文中写道:"我小时候从李叔同先生学习弹琴,每弹错了一处,李先生回头向我一看。我对于这一看比什么都害怕。当时也不自知其理由,只觉得有一种不可当力,使我难于消受。现在回想起来,方知他这一看的颜面表情中历历表出着对于音乐艺术的尊敬,对于教育使命的严重,和对于我的疏忽的惩戒,实在比校长先生的一番训话更可使我感动。古人有故意误拂琴弦,以求周郎的一顾的;我当时实在怕见李先生的一顾,总是预先练得很熟,然后到他面前去还琴。"

独立专用的音乐教室,有可供学生日常教学与练习的大小五六十架风琴和两架钢琴;从时间条件上看,课内时间有保证,课外自修则预留更多的时间:艺术类课程与语文、数学同等看待,以二比一的比例安排课外自修,而其他学科则仅为四比一;从师资配置上看,拥有专门的教学团队,各门类艺术都有专任教师负责教学,且尽可能聘请当时在相关专业中的佼佼者为师,这在当时轻视艺术教育的情况下尤为可贵;从环境氛围上看,独立设置在花园中的音乐教室,一取其环境优美,二取其远离其他教室,以免歌、乐扰人,如此的环境设置体现出了艺术教育的美且善,美以养情,善以育德,充分体现了美育的渗透性。

在艺术教育实践上,浙江省立第一师范学校(简称"一师")的艺术传统在以下方面可圈可点:

第一,课内课外相结合。课内教学的质量主要通过教师的艺术素养、对艺术教育的理解水平和严谨的教学方式来实现,课外则主要由自修和练习来提高学生的艺术实践水平,艺术教育课程的课外实践与课堂教学按二比一的比例安排,对自修的成效还要进行高标准的检查和指导,比如音乐课的回琴,美术与手工课的作业和指导等等。课外练习在当时的学校里形成蔚为壮观的景象:"下午四时以后,满校都是琴声,图画教室里不断地有人在那里练习石膏模型木炭画,光景宛如一艺术专科学校。"[①]一师之所以能走出那么多非艺术专业但却对艺术、美学有深刻理解和实践能力的人才,与这一传统不无关系。

第二,提供艺术实践平台。学校不但为学生的课外艺术实践提供在当时条件下难得的设备条件,同时还把艺术教育和艺术实践活动推向社会,一方面发挥学校艺术教育对社会的辐射作用,另一方面也为学生的艺术实践提供了广阔平台。

浙江省立第一师范学校时期学生的艺术实践活动平台主要包括以下几个方面:第一,学生作品展览与艺术作品。1913—1920年有记载的大型学生作品展览举办过两次,展出作品以学生的图画、手工作品为主,在社会上引起强烈反响;在举办艺术展览会的同时,学校还开办音乐会,主要由学校师生演奏和演唱经典音乐作品和自己创作的艺术作品,包括钢琴、风琴、独唱、合唱、重唱、外文歌曲等等;并且在之后的数年里,成绩展览会和音乐演奏会成了学校艺术教育的传统,博得了社会的好评,被认为是由学校艺术教育推广到社会艺术教育的一种措施。除此之外,学生还在教师的指导下创作和排练演出话剧。第二,出版文艺刊物,发表学生艺术作品。1917年由学生编印的名为《壬丁》的文艺刊物,即集中反映了该校学生的文艺成绩,其内容包括学生的书法、绘画、篆刻、音乐、文学艺术作品等,折射出该校学生丰富的艺术生活。第三,课外艺术社团活动。艺术教师李叔同在课外指导研究篆

---

① 丰子恺:《李叔同先生的教育精神》,初载1957年5月14日《杭州日报》,收《丰子恺文集》(文学卷二),杭州:浙江文艺出版社、浙江教育出版社,1992年,第541页。

刻理论和实践的乐石社、主要从事西洋画学习和交流的课外美术社团桐阴画会等艺术社团,并出版《木版画集》,开中国近代版画艺术之新风。

第三,敢为人先,鼓励创作与创新。第一师范期间,学校师生开创了诸多中国艺术教育史上的第一:①近代中国第一份美育杂志《白阳》(1913 年);首开中国美术教育中人体写生教学的先河(1914 年);中国最早的现代版画集《木版画集》;中国音乐史上第一部合唱曲《春游》②;中国人自行编撰的第一部西洋美术史;中国第一本美术史教科书《美术史》;编辑出版了中国新文学史上第一个诗刊《诗》(1922年);成立了中国最早的新诗社团之一"湖畔诗社"(1922 年);举行了浙江最早的美术展览、音乐会(1913 年);成立了浙江最早的新文学团体"晨光社"(1921 年),等等。敢为人先作为一种精神,直到今天仍然激励着小学教育专业的师生;注重创作与创新,今天仍然是小学教育专业的师生的传统。

第四,强化艺术教育在生活中的渗透。先器识而后文艺,以艺术教育为人格教育的载体,行无言之教,发挥榜样的人格力量等等,都使艺术成为渗透于学生生活生命中的气息,使艺术素养成为镌刻在学生身上的精、气、神,凝聚成为一代师生的文化气质,培育了丰子恺等一批学生的"艺术的心":"故研究艺术,宜先开拓胸境,培植这'艺术的心'。心广则眼自明,于是尘俗的世间,在你眼中常见为新鲜的现象;而一切大艺术,在你也能见其'常新'的不朽性,而无所谓新艺术与旧艺术的分别了。"③

传统是使一个系统在长期的历史阶段中保持其稳定性和独特性,同时随着时代的变迁和社会生活的变化而融入新的因子,创造而成为当下的存在。艺术教育的思想、观念、实践和成果,是当代杭州师范大学小学教育专业从前辈那里承接的最有价值的传统之一,也是我们必须在当代社会条件和小学教育专业发展需求前提下不断更新、不断发展的传统,是我们构建基于艺术素养的小学教师培养模式的最为坚固的基础和依托。

第三节 概念界定与研究综述

一、小学教师的艺术素养

要理解"艺术素养",首先需要从"艺术教育"说起。通俗地说,艺术教育有广义

---

① 丁东澜、戴丽敏、黄岳杰、袁德润:《人文学堂艺术校园》,杭州:浙江大学出版社,2013 年,第 21 页。

② 《春游》由李叔同创作,在师生中间广为传唱。1993 年 6 月 5 日,《春游》被中华民族文化促进会评为"20 世纪华人音乐经典"。

③ 丰子恺:《新艺术》,曾载于 1932 年 9 月 11 日《艺术旬刊》第 1 卷第 2 期,收入《丰子恺文集》(艺术卷二),杭州:浙江文艺出版社、浙江教育出版社,1990 年,第 574 页。

和狭义之分,广义的艺术教育强调艺术的普及性,注重通过艺术实践活动以及优秀艺术作品的评价和欣赏,提高人们的审美修养和艺术鉴赏力,培养人们健全的审美心理结构,完善人的个性;从狭义上讲,艺术教育主要指培养艺术家和专门人才所进行的各种理论和实践的教育。

与"艺术教育"概念相一致,在高校人才培养实践中,艺术教育大致可以分为两种:专业艺术教育和公共艺术教育。专业艺术教育以培养艺术类专业人才为主要目标,主要面向以艺术为专业的学生,高等师范教育中的艺术专业教育,主要任务是培养具有艺术实践和创新能力的中小学教师以及其他的以艺术为主要工作内容的专业人员;公共艺术教育则面向非艺术专业的全体学生,通过普及性的艺术教育教学活动和校内、校外艺术实践,提高广大青年学子对艺术的体验、感受和欣赏能力,培养具有一定艺术修养和审美能力、全面发展的大学毕业生。公共艺术教育既是大学生文化素质教育的一个重要内容,同时也是塑造现代师范人格不可缺少的重要途径。不管是专业艺术教育,还是公共艺术教育,都内含着培养和提升学生艺术素养的目的。在本课题研究中,我们所要讨论的主要是通过公共艺术教育来培养和提高小学非艺术类教师艺术素养的问题,但在本研究中,我们所说的艺术教育又与通常意义上的公共艺术教育不完全等同。

本研究课题中所主要讨论的艺术教育,既与高等院校教学中的两种艺术教育形式相关,又不完全相同,它具有自己的独特性,其独特之处也是我们研究与构建独特的基于艺术素养小学教师培养模式的依据与必要之处。首先,我们提升师范生艺术素养的艺术教育,与专业艺术教育紧密关联,但又有区别。说它与艺术专业教育相关联,因为其教学内容属于艺术的范畴,但在教学内容、要求、标准和处理方式上,则更多地体现出差别。简单地说,小学教育专业艺术教育与专业艺术教育的区别之处主要表现在:第一,在小学教育专业师范生的培养计划和培养实践中,学生接受的艺术教育的范围比艺术专业更广,比如在专业艺术教育中,绘画专业的学习内容中可能包括绘画与书法,不过一般不会包括手工、粉笔字、简笔画,更不会包括舞蹈、演唱、弹奏等与音乐专业关系密切的科目,但所有这些科目(包括专业艺术教育中有的和没有的),都是我们培养小学教师艺术素养中的主要内容;第二,小学教师的专业技能,是小学教育专业整合艺术教育的主要依据。一般来说,专业艺术教育中,课程与教学内容的安排,以该专业相关的知识、技能、思想等为依据,即关注学生作为专业工作者在未来工作与创作中所需要的基础知识和基本技能;但在我们的师范生培养实践中,对于相关专业知识与技能整体的关注,要明显低于对教学对象作为教学专业人员的未来职业需求的关注,比如在技能要求上要在把艺术技巧与教学技能相整合的前提下制定标准,还有在技能学习和实践中加入了硬笔书法、粉笔字、简笔画、儿童舞蹈创编、手工等内容;第三,在学科教学中渗透艺术教育内容。如果说第二点区别是从艺术的角度考虑教学的需要,第三点区别则是从教学的角度考虑艺术的价值,即把艺术与日常的其他学科的教学实践衔接起来,使艺术的素养和要求渗透进日常教学活动。

从以上的区分中,我们也可以发现,本研究中所说的培养小学教师艺术素养的艺术教学实践,也超越一般意义上的高校公共艺术教育,主要表现在它对艺术素养的要求更高、必修课比例更高、有自己独特的标准,并且小学教育专业的艺术类教育还设计有专门的课外艺术实践平台。基于艺术素养的小学教师培养模式中的艺术教育与公共艺术教育相近,是因为小学教师培养模式中艺术素养的提升以熏陶、欣赏的方式提升学生的艺术体验能力和艺术感受力,而不以培养专门的艺术教师的技能为旨归;但与一般意义上高校的公共艺术教育相比,小学教师培养中的艺术教育在范围上比一般艺术专业要培养的小学艺术类教师要广,它不但包括传统的歌唱、舞蹈、乐器弹奏、书法、绘画等,还包括简笔画、手工、粉笔艺术、说话艺术等与小学教学相关的技能和技巧。从学习层次和深度上看,虽然小学教师培养中的艺术课程与教学并不往专、深方向发展,除非学生对某一个方面特别感兴趣,但是它却高于公共艺术教育。

作为小学教师,艺术素养主要体现在三个方面:艺术实践能力、艺术欣赏能力和艺术技能与教学手段的结合能力,在这三种能力中,艺术实践能力和艺术欣赏能力是基础,艺术技能与教学手段的结合能力是艺术基础与专业能力的结合,这三个方面都是可以观察和测量的。其实小学教师的艺术素养还应该包括第四个方面的内容,即他们的精神、态度、气质等因艺术熏染而形成的独特的气息,这一点至为重要,但因其可观察而难测量,我们也只能把它留作今后研究的工作内容。

二、小学教师的培养模式

"模式(model)是一种惯常化和系统化的运作方式与操作程序,是再现现实的一种简约化和理性化的活动结构。模式不是实践活动本身,但却是在实践活动基础上概括出来的,反映着实践活动的运作关系,它一般具有简约性、稳定性和系统性的特点。"[①]教师培养模式[②]有广义和狭义之分。顾明远先生主编的《教育大辞典》把教育模式定义为"教育在一定社会条件下形成的具体式样,反映了不同时期各类教育的制度化特征"[③],以此定义为依据,有研究者对教师培养模式作了如下定义:"教师教育模式是对一定社会条件下教师教育形式特征的概括,其形成和变革发展反映着社会进步对于教育的要求,也反映着教育发展对教师教育的要求,是

---

① 刘澍、孙晓莹:《教师教育现代化模式的探究》,《黑龙江教育》(高教研究与评估)2006年第1、2期.

② 有的研究中用"教师教育模式",两者在意义上没有区分,为了统一起见,本书在叙述中一律使用"教师培养模式",直接引用的情况除外。

③ 顾明远主编:《教育大辞典》(第1卷),上海:上海教育出版社,1990年,第23页.

教师教育发展变化的核心因素。教师教育模式由培养目标、教育体制、职业发展性质、培养活动方式四个要素构成,这四个要素在教师教育发展中发挥着不同的作用,彼此相互联系,成为一个有机的整体。"①该定义从国家或地域的宏观、整体的角度,描述了教师培养模式作为一个概念的本质属性,培养目标、教育体制、职业发展性质、培养活动方式为依据来确立不同类型的教师培养模式,比如封闭型与开放型、艺徒式与参与式、二级师范制度与三级师范制度等等。这一定义属于广义的教师培养模式。

从狭义上看,教师培养模式指某一所学校根据自己对师范教育培养目标的理解、地域性教师发展需求、办学的现实条件的教育理念、办学传统等形成的具有独特性的理论和实践体系的教师培养范式。它是在国家宏观师范教育模式的背景下,体现学校具体性与特色的包含了培养理念、课程方案、教学实践、培养标准、培养制度等内容的综合体系。

本研究中所采用的即是狭义的教师培养模式。我们的研究主要聚焦于杭州师范大学小学教育专业人才培养实践中以艺术素养为核心的思考、实践、标准、成果等内容,以构建融合学校师范传统、适应当代发展需求的小学教师培养模式,不断总结和提升本专业的人才培养经验,拓展对相关问题的认识深度,希望能够对性质相类似的学校提供实践参考与借鉴,也希望与同行者一起分享、思考和讨论小学教师培养中的经验和问题,共同提高和优化中国当代小学教师培养的理论和实践研究水平。

三、研究综述

从笔者检索资料的情况粗略地看,国内外对小学教师培养中艺术素养问题的研究并不多。在中国知网检索平台上,笔者以"艺术素养"并且"教师教育"进行主题词检索,没有发现相关研究文章;而以"艺术素养"并且"小学教师"进行主题词检索,共检索到5篇②相关研究文章,其中硕士论文3篇。

笔者检索到的与小学教师艺术素养提升的相关研究所得到的结果可以简要地概括为以下几个方面:

第一,从培养小学专、兼职艺术教育的角度,探讨高等师范院校小学教育专业舞蹈课程体系的建构与实施状况③,研究通过调查认为,小学教育专业培养的小学教师与小学艺术教育发展的需求存在较大的差距,小学艺术教师的缺位和艺术教

① 宁静:《我国近代教师教育模式的历史变迁》,硕士学位论文,河北:河北大学,2004年。
② 以"小学教育本科"为检索词,共在中国知网上检索到177论文(包括硕士论文),其中1篇硕士论文和1篇研究论文与此相关,也一并归入,其研究结论也同时在综述中进行分析。
③ 许芸芸:《高师小学教育专业舞蹈课程体系的建构与实施》,硕士学位论文,长沙:湖南师范大学,2012年。

育发展的滞后成了当今小学教育领域一个不容忽视的现实问题,在高等师范院校的舞蹈课课程与教学中,主要表现为课程目标定位不清、课程内容设置不合理、教学模式方法不当、课时量不能满足教学需求等问题。其原因主要在于高等师范院校人才培养存在急功近利的错误理念,教师对基础教育的认识不够系统深入,以及学生对舞蹈课程价值的偏见认识和学习动机的弱化等,针对问题和原因分析,研究者提出了高等师范小学教育专业舞蹈课程体系建构的四大原则(契合性原则、科学性原则、综合性原则和逻辑渐进原则),并进一步明晰了小学教育专业舞蹈课程的知识能力目标、过程方法目标以及情感态度与价值观目标;在课程设计方面,则建构了以"赏、学、创、教"为课程模块、必修课为主体、选修课为补充的设想,并提出了舞蹈课程的"四阶段教学模式"。

　　第二,从小学教师音乐素养提升的角度,审视当前高等师范院校音乐课程中存在的问题以及小学教育专业音乐课程建设的构想。[①] 本书研究回顾了 20 世纪不同时期我国中等师范学校音乐教育的政策法规及教材建设的历史,梳理了我国一个多世纪中等师范学校音乐教育发展的脉络,总结其优势和不足;通过对部分高等师范院校小学教育专业的培养方案进行文本分析和对小学教师及小学教育专业的学生进行问卷调研分析,了解目前小学教育专业音乐课程建设的现状。①小学教育专业学生喜欢音乐课,但音乐课在小学教育专业中并未受到应有的重视,存在的主要问题是音乐课程没有统一的纲领、课时量少、课程结构不合理、教材选用随意性大、教学内容与实践脱节等。②音乐课的实践机会不足,且实践内容选择与小学教师未来的职业相关度不大:"学校并没有给学生充分的音乐学习时间,音乐课程教学的内容无针对性,并不适用于学生音乐素质的培养与今后教学的需要,并且学生缺少音乐实践与教学实践的机会。往往学生可以弹奏高难度的乐曲,但对即兴伴奏一无所知,或者学习了专业的音乐技能却不知道如何去教学,如此种种都是有悖于小学教育专业音乐教育的师范性。"[②]③缺乏专职的音乐教师和专门的音乐教室,教学内容的选择往往过于随意,并非由小学教师未来专业发展的需求所决定:"一方面,往往很多高师院校小学教育专业的器乐教学还是一味地追求技能技术训练,强调弹奏乐曲的精与深,学生向往着考钢琴几级器乐几级以便今后求职的需要,却忽视了器乐伴奏能力与音乐教学能力,忽视了小学教育专业今后面对的是小学生这样一个群体,忽视了音乐教学的根本目的是音乐素质的培养及今后小学音乐教学的需要;另一方面,大多数学校开设的器乐课程种类比较单一,学生学习器乐的类型往往由学生的兴趣或是教师擅长的器乐来决定,而小学的器乐课程是丰

---

① 艾彦儒:《我国小学教育专业音乐课程建设研究》,硕士学位论文,扬州:扬州大学,2011 年。

② 艾彦儒:《我国小学教育专业音乐课程建设研究》,硕士学位论文,扬州:扬州大学,2011 年,第 45 页。

富多彩、类型多样的,这就造成了小学教师职前音乐教育与小学器乐实际教学的脱节。"①研究还从小学教育专业音乐课程设置、课程内容、教材建设及师资建设四个方面提出小学教育专业音乐课程的建设构想。

与此相类似的另外一篇硕士论文《我国小学教育本科专业学生音乐素质培养的初步研究——以集美大学教师教育学院为例》②,以集美大学小学教育本科专业学生音乐素质培养问题的研究为研究对象,对音乐素质内涵和小学教育本科专业学生音乐素质构成进行了界定,并通过对集美大学小学教育本科专业学生的音乐素质及音乐教育情行的问卷调查资料分析,分别从课程、教学、师资、课外活动四方面对集美大学小学教育本科专业学生的音乐素质培养和改革提出建议。

第三,从小学教师素质的角度,研究音乐教育的价值和提高师范院校音乐素质教育的对策。③ 研究回顾并剖析了当代师范学校音乐教育的现状及存在问题,梳理了音乐教育在师范生素养教育中的价值和意义,尝试探索师范学校音乐审美教育的特殊性及其规律,探索如何进一步发挥师范学校音乐素质教育的育人功能,发挥音乐教育在培养学生正确的音乐审美观和健康的审美趣味、增强学生对音乐美的感受能力和鉴赏能力、提高学生对音乐美的表现和创造能力、激发学生与音乐形式相对应的情绪和情感方面的价值,以实现师范生培养中智力因素和非智力因素等方面全面发展的目的。

除此之外,相关研究还从小学教育师范生未来工作特征的角度,探讨了进行普及性、通识性的艺术教育课程的重要性④,以及在小学教育专业培养中美术课程的作用和专业定位问题⑤。

综观以上研究,可以得出如下结论:第一,音乐、美术等艺术类课程在提升小学教育专业师范生专业素养方面具有不可替代的作用和价值,艺术类课程一方面可以提高师范生的艺术专业技能,使他们有可能成为"全科型"小学教师;另一方面,艺术类课程可以有效提升未来小学教师的艺术理解、欣赏和实践能力,这些能力作为小学教师综合素养的构成成分,可以促进未来教师的专业成长;第二,艺术类课程及其教学,在小学教师培养中还没有得到充分重视,在课程内容选择、时间安排、教学条件、实践平台等方面还存在着诸多问题;第三,研究者在对相关问题进行分

① 艾彦儒:《我国小学教育专业音乐课程建设研究》,硕士学位论文,扬州:扬州大学,2011年,第47页。

② 王雯:《我国小学教育本科专业学生音乐素质培养的初步研究——以集美大学教师教育学院为例》,硕士学位论文,厦门:福建师范大学,2007年。

③ 梁爽:《师范学校音乐素质教育研究——以酒泉师范学校为例》,硕士学位论文,兰州:西北师范大学,2006年。

④ 陈秀图:《三年制大专初等教育专业艺术素养课程改革研究——以美术课为例》,《美术教育研究》2013年第8期。

⑤ 吕维正:《小教专业(本科)学生美术素养的作用和定位刍议》,《楚雄师范学院学报》2009年第5期。

析的基础上,都提出了自己改革小学教育教师培养中艺术教育课程建设与教学改革的建议。

艺术素养对小学教师专业生活和专业发展具有重要价值,这一点广为大家接受,对于相关问题的探讨,不可能局限于以上的研究。因此,为了拓展对小学教师培养中艺术教育现状的了解,笔者扩大了检索范围,以"艺术教育"并且"教师"在中国知网的期刊文章中进行检索,共搜索到 3598 篇期刊文章,从标题与本研究"艺术教育"的相关度进行筛选,发现绝大部分文章主要关注以下方面的问题:第一,小学艺术教师的艺术素养和艺术教育问题;第二,高校教师的艺术素养问题研究;第三,中小学艺术教育问题研究;第四,大学公共艺术教育及其定位问题研究,与教师教育中艺术教育相关的研究相对较少;笔者再以"艺术教育"并且"小学教师"在主题词下进行检索,共检索到相关文章 31 篇,除去与上文重复的以外,共检索到与本研究相关的文章共 5 篇,其中硕士论文 1 篇①,该篇硕士论文以新疆师范类专业美术教育为研究对象,分析了 1949 年以来新疆师范类专业美术教育取得的巨大成就,并从宏观、横向的角度与国际、国内的师范院校美术教育专业发展进行比较,分析问题,寻找发展空间。显而易见,这篇研究论文的核心与师范教育相关,但关注重心是专业类的艺术教育,与本研究在领域选择上明显不同。另外 4 篇研究论文则分别从中等师范学校的艺术教育定位②、美术教育的独特性以及高等师范院校美术教育的重要性③、小学教育本科专业音乐课程体系构建④等方面,对师范教育(包括中等师范和高等师范院校)中的小学教师艺术素养问题进行了分析和阐述,研究重点仍然主要在理性分析和倡导鼓励对师范生进行艺术教育方面。

可以说,相关研究拓展了我们的研究视野,也给我们的课题研究提供了基础和借鉴;但也不难发现,关于小学教师培养过程中艺术素养提升的研究,还存在着相对零散、关注领域狭小、理性思维多于实践探索等问题,主要表现为:第一,相关研究主要集中于音乐教育,这一点可以理解,因为对于大多数学校来说,音乐教育是最容易开展的,而且也是小学教师最为需要和最容易普及的艺术门类,其次是美术教育。第二,把艺术教育局限于音乐和美术,研究视野显得局促、狭小,其实相关研究更多的是从艺术技能形成的视角来看待艺术教育,而不是从师范生整体素养提升的角度来进行研究。这里存在一个明显的问题,就是从艺术学科的角度考虑艺术素养的提升,而不是从小学教育专业需求的角度考虑小学教师艺术素养的提升

---

① 高蓓蓓:《新中国成立以来新疆师范类专业美术教育发展研究》,硕士学位论文,乌鲁木齐:新疆师范大学,2009 年。

② 罗军、樊光矢:《中职教师应如何看待艺术教育》,《艺术教育》2011 年第 9 期。

③ 李良源:《加强美术教育的时代意义初探》,《黔东南民族师范高等专科学校学报》2004 年第 5 期;薛守固:《中师实施美育应走在前头》,《师范教育》1987 年第 9 期。

④ 周晓露:《小学教育专业(本科)音乐课程体系初探》,《经济与社会发展》2007 年第 9 期。

问题,也正是因为这个原因,相关研究难以从小学教师专业素养的角度整合艺术教育,从而导致研究结论的零散和单薄。第三,也是相关研究中最为缺乏说服力的地方,就是相关研究所形成的结论大部分都停留于"应然"的描述,而缺乏"实然"的探索。借用德国诗人席勒的名言,理论是灰色的,而实践之树常青。对于小学教师培养中艺术素养的提升来说,理论建构固然重要,但实践探索具有更强的生命力,它不但可以检验理论建构的价值和适切性,更能够通过实践探索发现新问题,尝试新路径,使我们的理论思考真正成为促进现实变革的力量。这也正是本研究可以施展拳脚的空间。

关于小学教师培养模式的研究相对较多,尤其是在 20 世纪 80 年代后期开始的小学教师教育本科化政策实施之后,相关研究主要集中在两个方面:第一,介绍西方不同国家的小学教师培养模式以及当代发展趋势,为中国小学教师培养提供借鉴,梳理国际、国内师范教育发展过程中所形成的教师培养模式[①];第二,国内不同院校的在小学教师培养方面的理性思考、思考培养经验介绍和模式概括。

朱旭东教授从教师教育理论出发,从宏观上探讨了国外教师教育模式的几种转型,包括:①培养空间模式转型,即教师教育和培养的空间模式由以大学为本的模式向以大学为本和学校为本相结合的空间模式转型;②理论基础转型,即由以行为科学为基础的教师教育转变为以认知科学和质量研究、建构主义、反思性研究为基础的教师教育;③培养目标转型,即教师由"作为技术员的教师"转变为"作为专家的教师";④培养方式转型,即教师教育的教学模式由"训练棋式"向"发展模式"转型[②]。《教师教育现代化模式的探究》则探讨了国际现代教师培养中的定向、开放、混合教师教育的制度转化及其内涵变迁,并介绍和评述了当代教师培养中被普遍认可和采用的教学模式:①阶段性模式,即把教师培养分为学科专业化阶段和教育专业化阶段;②模块式模式,即通过调整课程结构,适当压缩学科课程的内容和教学时数,适当增加教育科学素质教育的内容和教学时数,由学生选修教师教育模块课程[③]。顾明远先生的《师范教育的传统与变迁》则系统地梳理了我国师范教育由初期的低水平到 20 世纪初的提高水平、不断地走向开放性的变化,由只重视教

---

① 参见朱旭东:《国外教师教育模式的转型研究》,《外国教育研究》2001 年第 5 期;刘澍、孙晓莹:《教师教育现代化模式的探究》,《黑龙江教育》(高教研究与评估)2006 年第 1、2 期;宁静:《我国近代教师教育模式的历史变迁》,硕士学位论文,河北:河北大学,2004 年;朱小蔓:《新世纪教师教育的专业化走向》,南京:南京师范大学出版社,2003 年;李训贵:《我国教师职前教育模式的改革与发展》,《广州大学学报》2002 年第 5 期;冯苗:《教师教育模式问题研究》,《沈阳教育学院学报》2003 年第 6 期;马曜凤:《中国师范教育史》,北京:北京师范大学出版社,2003 年;顾明远:《师范教育的传统与变迁》,《高等师范教育研究》2003 年第 3 期等。

② 朱旭东:《国外教师教育模式的转型研究》,《外国教育研究》2001 年第 5 期。

③ 在世界不同文化和教育制度下被广泛采用的"2+2"培养模式、"3+1"培养模式、"4+2"本硕连读的模式等等。部分国家已经建立"大学+师范"的新型教师教育体系,学校内的学科性学院只承担学科专业教育,师范教育从各学院剥离,在教师教育学院的框架下进行资源重组,形成"第二专业"体系。

师培养到职前、职后教育的一体化的转化,以及教师专业化程度不断提升的发展历程,并对我国师范教育改革和发展提出了期望和要求①。这些研究成果,为我们了解和定位自己的研究提供了背景和参考框架。

第二类研究与本研究在性质上具有相似性,即都以自己的教师培养实践为研究对象,以建构具有自己特色的教师培养模式为研究目标。研究认为,经过十几年的探索和发展,我国"小学教育本科专业基本上形成了分科培养模式、综合培养模式、大文大理培养模式、先综合后分科等多种培养模式并存的格局"②,小学教师职前培养模式呈现多元、多样的特点。有研究者把当前已经形成的小学教师培养模式③归纳为以下几种:

1. 综合型培养模式。即在培养模式的设计上不分具体的学科方向,课程安排以教育类通识课程、专业基础课程、专业核心课程和教育实践课程为主要内容,并研习与小学学科相对应的学科类课程和学科教学法;在专业技能形成方面相对侧重语文和数学,兼顾科学、英语等学科。该模式以培养能胜任多学科教学、在多个学科中相对擅长语文和数学教学的毕业生为目标④。

2. 分科培养模式。此模式借用中学教师的传统培养模式,但在科目层次却与分科专业的设置上体现差异。该模式针对小学开设的学科来培养小学教师,强调小学分科教学的既存事实,认为专业化的小学教师应具有专门的知识与技能,培养德、智、体、美、劳全面发展,学有专长,具备小学教育专业知识,能够胜任小学教育,教学工作并且具有现代教育观念,能从事教育科研的小学教育工作者。⑤

3. 综合培养+学科特长型(亦称大综合、小分科型)。即学生在大学的前两年学习通识教育类课程和专业基础类课程,第三年针对小学所开设学科,学生根据自己的意愿选择某一学科作为自己的专修方向,然后系统、深入地学习专修学科的专业知识、技能以及教学法;一部分师范院校的方向课程分中文、数学、科学、英语、艺术、社会、信息技术等八大学科,也有一部分高师院校设立的选修方向较少,只有语文、数学、科学、英语四个主要学科,或者仅有语文、数学学科,但无论选修的方向数量多寡,主要为小学培养某一学科方向的专门教师⑥。在这种模式之下,也存在差异,比如部分高师院校的小学教育专业并非为小学教育培养所有需要的教师,像英

---

① 顾明远:《师范教育的传统与变迁》,《高等师范教育研究》2003 年第 3 期。

② 孔繁、姜楠、陈雅楠:《论小学教育本科专业的综合培养模式》,《沈阳师范大学学报》(社会科学版)2013 年第 2 期。

③ 因本研究主要关注目前已经形成的小学教师培养模式,故而综述主要集中于此,特注明。

④ 刘立德、阮成武:《高师小学教育专业的学科建设及其发展趋势》,《课程·教材·教法》2008 年第 12 期;冬臣、马云鹏、解书:《本科小学教育专业培养方案分析》,《当代教师教育》2010 年第 6 期。

⑤ 马云鹏、解书、赵冬臣、李业平:《小学教育本科专业培养模式探究》,《高等教育研究》2008 年第 4 期。

⑥ 刘立德、阮成武:《高师小学教育专业的学科建设及其发展趋势》,《课程·教材·教法》2008 年第 12 期;冬臣、马云鹏、解书:《本科小学教育专业培养方案分析》,《当代教师教育》2010 年第 6 期。

语、美术科教师主要由英语、艺术、体育专业培养,小学教育专业主要培养语文、数学教师,但可以兼及科学、历史等科目。

4.反向综合型(也可以叫大分科,小综合型),即在学生普遍学习通识类教育课程和专业基础课程的前提下,表面上看是分文综合(大文方向,中文与社会)和理综合(大理方向,数学与科学)方向培养,但实际上在大文、大理方向各自的内部培养模式上仍然采用综合培养模式。文科综合方向的课程主要有中文(中文和中文教育类课程较多)、社会、历史类课程,但偏重语文方向;理科综合方向的课程主要是数学(数学和数学教育类课程较多)、科学、科学技术应用类课程,但偏重数学方向。学生在大二下学期或者大三上学期根据自己的兴趣和知识背景必选其一。个别高师院校除了开设文综合方向和理综合方向,还开设艺术综合方向、教育技术方向和英语方向。[①]

在总结经验、概括模式的同时,也有部分研究者对当前的小学教师培养模式进行了批判性反思[②]。认为以综合性为小学教师培养的主要特征,是对"由历史原因造成的现实缺陷的合理化",尽管已经为业内人士所公认,但其依据却缺乏学理和实证基础。在小学教师的培养实践中,因过去强调综合性而导致在综合的表象下,造就了未来小学教师在专业能力方面的全面平庸,阻碍了本专业学生的专业发展和可持续发展,使师范毕业生在专业发展中呈现出什么都懂一点、又什么都懂不透,在专业行为中"知其然而不知其所以然"、样样精通却又样样稀松的尴尬局面。[③]

其实,造成我国目前小学教育教师培养模式差异的主要原因,在很大程度上源于本科层次小学教育专业建设的历史。目前,我国的小学教育本科专业建设主要有三种,一是教育科学学院小学教育本科专业,二是初等教育学院小学教育本科专业[④],三是新升格或合并的非师范本科院校办小学教育专业。

教育科学学院小学教育本科专业脱胎于原来的师范大学教育学院(包括新近由专科师范学校升格的本科师范院校)(系)、综合性大学教育学院(系)教育学本科专业,承续中学教师的培养模式,倾向于以分科型小学教师培养模式,并且由于这类院校的教育学学科和心理学学科师资的原因,学校在课程设置上侧重于教育学、心理学课程知识的学习,在教学过程中重视理论知识的教学和学术能力的培养;也由于师资原因,这些小学教师培养专业增加学科课程和师范技能训练课程存在较大困难。

---

① 刘立德、阮成武:《高师小学教育专业的学科建设及其发展趋势》,《课程·教材·教法》2008年第12期;冬臣、马云鹏、解书:《本科小学教育专业培养方案分析》,《当代教师教育》2010年第6期。

② 许可峰、刘淑红:《关于小学教育本科专业综合性培养模式的反思》,《高等理科教育》2012年第6期。

③ 司成勇、张芹芹:《论小学教育专业的性质和特点》,《湖南第一师范学院学报》2011年第6期。

④ 谢培孙:《小学教育本科专业建设:困惑与对策》,《沧桑》2009年第2期。

初等教育学院小学教育本科专业则是由原来的中等师范学校(以下简称"中师")整体并入本科院校(一般是中师学校先升格为专科学校,再并入本科院校)而形成的,源自这一办学传统的小学教育专业一般相对完整地保留了中师的教育教学传统,又因为有相对强大的学科教师和技能培训教师队伍,且继承了原中等师范学校注重综合能力的传统,在培养实践中倾向于综合型模式。升格自中师的小学教育本科专业在发展过程中分逐渐分化,形成两种培养方式:一种是专业建制基本保留原来中师底子,教育教学保留中师传统,重基本技能和学科教学实践,但在理论学习方面往往比较欠缺;另外一种是并入教育学、心理学系的教师,同时为了达成"本科"的学术标准,大量增加理论课程,而原来中师相对重视的技能课程与学科课程则大大削弱。

大量的非师范院校在小学教师本科化的浪潮中,也十分踊跃地挤进小学教师培养领域来分一杯羹,这一类型的专业建设相对都比较艰辛,而且办得成功的专业也不是很多,原因是多方面,有因轻视小学教育、小学教师而轻视小学教师培养的认识偏差造成的,有因高校教师自身学科基础和专业方向不匹配引起的,也有因对师范与非师范专业在人才培养方面的目标、方法、途径、标准的认知差异而形成的。

仔细分析不同的培养模式及其存在问题的内在原因,不难发现,如何处理好传统优势与当代需求之间的关系,如何在传承与创新之间寻找到合适的接榫之处,如何使高校教师在变化的专业发展形势之下形成专业发展的动力和能力、如何整合专业建设中拥有的资源、如何不断把认识到的问题作为进一步发展的资源,是解决目前小学教师培养中存在问题的关键环节。换句话说,虽然我们在十几年的小学教师培养实践中进行了不懈的探索和研究,也取得了令人瞩目的成绩,但在某种意义上讲,我们的小学教师培养实践还在很大程度上沿袭着传统的路径,小学教师的培养模式,还被动受制于师资队伍的数量和结构,而"师资队伍数量和结构的差异必然会影响专业建设"①。要想改变现状,摆脱因袭的惰性,就必须对发展过程中存在和不断形成的问题有正确的认识,并积极、主动、努力地寻求突破,只有这样,才能更好地把握小学教育本科专业建设的发展机遇,建构出适宜、高效、独特的小学教师培养模式。

这正是我们探索基于艺术素养的小学教师培养模式的认识基础。

使"基于艺术素养的小学教师培养模式"这一探索得以进行的一个最为重要的基础,是我们在小学教师培养实践中不曾割断的传统血脉。作为一个有百年办学历程的老专业,在新时代小学教师本科化的促动中,我们努力做到了变动中的不变:相对稳定的课程结构、相对稳定的教师队伍、相对稳定的办学理念、相对稳定的专业建设方式,但在这种稳定之中又不断融入新生力量,使我们这一中师教育的老

---

① 司成勇:《小学教育特色专业建设"四问"》,《现代教育科学》2011年第1期。

传统在时代变迁的风云中重新焕发生机,并不断插枝添叶,再现无限风光。尽管在当今的中国小学教师培养领域,能够保持中师传统并回应时代需求不断创新的小学教育专业并非独此一家,但我们的经验因有艺术的融入和基于艺术的整体而具有了不可复制的独特性。

第四节   研究问题与研究成果

历史是我们应该继承的一笔财富,也是当下发展的基础。如何传承和发展学校办学历史中优秀而又珍贵的艺术教育资源,并使之在新的历史条件和现实背景下融入新质,从而成为滋养全体教师和学生发展的资源,是本研究最为朴实而真诚的出发点。基于艺术素养的小学教师培养模式即是依据我们对小学教师工作与艺术的关系,杭州师范大学独特的师范教育传统,以及我们近 20 年的办学实践经验进行深入思考和概括的基础提出来的。

杭州师范大学小学教育的传统是公共艺术教育的传统[①],它曾经以培养非艺术教师的艺术教育实践、成“完全之人物”的人才培养理念、生活与艺术下融合的实践方式和浓郁的学校艺术文化氛围,在中国现代教育史上培养出具有卓越艺术气质的教育与文化人才;今天,在小学教师学历要求提升、专业素养要求多元丰富的背景下,如何承接学校悠久的艺术教育传统,打造小学教育专业具有艺术特色的课程与教学体系,创造以艺术教育、艺术素养为核心的人才培养方式,凭借厚重的艺术教育氛围、多元的艺术教育与实践平台、渗透式的学科教学,使广大学生在职前教育中“生长”出艺术气质,以“专业实践、学科渗透、平台提升”为平台提升学生的艺术素养,是我们进行小学教育专业建设的研究和实践变革的重心。

通过“基于艺术素养的小学教师培养模式”研究,我们试图回答以下问题:第一,在小学教师培养方案设计中,如何体现艺术素养提升的潜在价值与显性措施?第二,如何在教学过程中(主要指艺术专业教学和学科课堂教学两个方面)渗透艺术素养的培养内涵,做到学科教育与艺术教育的“无痕”衔接?第三,如何判断与评价艺术教学与实践过程中学生形成的艺术素养与艺术能力?第四,如何从制度、平台、资源、指导等方面保证师范生有充裕的艺术实践机会,保证课内与课外、校内与校外、学习与实践诸方面在学生艺术素养提升方面形成合力?因此,我们在教育理念、艺术素养标准与评价体系、课堂教学方式、课外及校外艺术实践方面进行了系统的思考和实践探索,形成了兼具传统特质与当代创新的“基于艺术素养的小学教师培养模式”。

---

① 丁东澜、戴丽敏、黄岳杰、袁德润:《人文学堂艺术校园》,杭州:浙江大学出版社,2013 年,第 42 页。

　　本研究成果可以从理论和实践两个方面进行阐述。

　　理论研究主要包括三部分。第一，小学教师培养中艺术素养培养的理论基础，本部分主要探索小学教师培养与艺术教育之间的关系；第二，小学教师培养中艺术素养教育的历史梳理，主要从历史的角度梳理小学教师培养中曾经形成和探讨过的艺术素养培养经验和理论思考；第三，小学教师培养中艺术素养培养的国际比较研究，主要从中外比较的角度，探讨艺术素养在小学教师培养中的价值和经验。理论研究从纵向的历史发展和横向的国别比较两个维度给我们的模式建构提供理论和历史资源的支撑。

　　实践研究可以分成四个部分。第一，小学教师艺术素养标准的确立与认定，标准的厘定主要依据在于对艺术基础素养特性的认知、学校传统中形成的艺术教育特色、区域性教师专业发展需求和实践需要、师范生专业技能提升过程中艺术素养形成的规律等方面；第二，艺术学科的实践探索，主要是我们基于学生实际水平和他们未来的专业发展特点、中小学教育教学实践现实等，而进行的艺术类学科的专业选择和教学方式更新；第三，艺术素养在小学教师培养中的渗透。这一方面的探索尤为重要和艰难，其困难之处一在结合学科与艺术的特性，二在如何有意识地帮助高校非艺术教师形成对艺术素养的理解，并不断提升自己在相关学科教学中的艺术渗透能力，以及在学生专业实践（主要指教育见习、实习）中指导学生专业行为的艺术视野；第四，艺术实践平台的搭建与实践。在这一方面，我们的主要探索集中于搭建日常与节点性的艺术实践平台，保障学生的日常艺术实践和专题性质的艺术展示机会，形成理解美、欣赏美、创造美、实践美的常态化环境。

　　经过多年的实践探索，我们已经在相关方面形成了自己的研究成果，主要包括：第一，构建了基于艺术素养的小学教师培养模式的基本模型，并形成了系统的理论和实践体系；第二，形成了艺术课程、学科课程、实践平台三位一体的艺术学习和实践体系；第三，形成了具有本专业特色的小学教师艺术素养标准和评价体系；第四，公开发表了部分研究实践与理论探索的经验。

第二章　研究的理论基础

把艺术素养的提升作为小学教师培养的整合核心,最为重要的价值在于艺术在人性完善方面的重要作用,同时也有我们对小学教师工作对象、工作方式、工作特性的思考,以及当代大学教育中学生艺术素养缺失所造成问题的清醒认识。

艺术实践和艺术体验通过给人带来精神上的愉悦或者说精神上的感染而使人们净化心灵、提高修养,使人纯洁而高尚、自由而舒展、和谐而完美,它对完善人性、高扬生命精神以及提高人的综合素质,培养正直、智慧、有审美能力的人才具有其他任何事物都难以替代的作用。小学教育专业承担着培养小学教师的重要任务,为国家基础教育阶段的儿童成长培养具有专业水准的师长,其审美水平、审美能力的高低,直接影响着新一代社会公民的精神气质、审美素质、品德修养、价值观和人生观。因此,在小学教师培养中加强艺术教育受到不同时代教育家、教育思想家以及关注教育事业的仁人志士的关注和重视;在当今强调素质教育、提升全民族素质的教育政策背景下,小学教育更要注重艺术素养的提升。总之,艺术教育在当代小学教育培养中具有更加重要的价值和意义。

第一节　艺术教育是人性完善的载体

艺术是人类文明的重要组成部分,它能够通过给人带来精神上的愉悦或者说精神上的感染而使人们净化心灵、提高修养,使人纯洁而高尚、自由而舒展、和谐而完美;同时,它还能通过深度的情感交流、表达、投射、应和等行为,达到促进人的道德情操、理性思维和心灵的和谐的目的,对完善人性、高扬生命精神以及提高人的综合素质、培养正直、智慧、有审美能力的人才具有其他任何事物都难以替代的作用。

人类从其诞生之日起,便开始不停地探寻生存的意义与生命的价值,从某种意义上说,人类的整个发展历史就是自觉追求生命价值的历史,正是在不断的探索与发现、批判性反思和修正的过程中,人类的为人之性不断得到提升和完善,并确立了人在自然和社会中的中心地位,也获得了以真、善、美为核心的人性光芒。人类本身就是一个审美的存在物。艺术是人类生命精神的展现,是人类价值理想的表达,"人类的进化过程,本质上也是人的文化进化和艺术进化的过程,或者说是人的艺术化过程"。① 艺术创造作为人类一种高级的精神活动,是人类文明的重要体现,是人的内在价值的印证。它展示了人类内心世界的丰富性,同时艺术也塑造着人的内心世界的丰富性。

艺术源于生活、高于生活,又反过来作用于生活。艺术与现实、艺术与表现、艺术与形式最终都将融为一体而成为人类灵魂的重要构成。康德曾经说过"人是教育的产物",在他看来,人的最高目的是道德的文化的人,而教育的首要任务则在于提升与改造人的自然本能,即使人脱离其固有的动物性特征,而且"每个人都要以一切聪明和道德的示范来促使对这个目的的逼近"②。受康德的影响,席勒甚至宣称,"人是审美教育的产物",他认为艺术教育可以通过更高的更完善的对人的教育来保持人的和谐天性,保持个体发展完整性,保证个体的自由和多样性发展。

艺术教育的价值在于它可以把真和美注入人类的心灵深处,并使真和美以绵延不绝、不可摧毁的生命力在生命的过程中向上发展,并成为生命成长的重要动力。艺术教育在人性的发展过程中具有由感性过渡到理性、使两者达到平衡的中介和桥梁作用。因此可以说,"艺术教育更本质的特征是人的教育,是使人性完善、人性丰富的教育,是人的全面发展与和谐的教育,是一种感知世界和理解世界的方式的教育"③。艺术教育可以为人的现实幸福生活创造条件,因为它可以培养人的想象力、创造力和表现力,培养丰富、和谐而充实的情感,帮助个体在充满诱惑与不完美的现实世界中保持宁静的心态、弹性而灵活地看待世界的方式,并通过艺术化的表现和表达方式,实现个体与社会、个体与他人、个体与自然之间的和谐与融洽,使个体获得审美化的生命体验,为实现个体的完满人生奠定基础。

在教育思想史上,以强调科学教育著称的斯宾塞甚至强调实用知识在人的完满生活中占有主导地位,认为科学知识是人类教育生活中最有价值的知识,但他同时也把审美文化和娱乐的价值放在人生教育的重要地位,斯宾塞断言"没有油画、雕塑、音乐、诗歌以及各种自然所引起的情感,人生乐趣会失掉一半",把建筑、雕塑、油画、音乐、诗歌等艺术表现形式比喻为人类文化生活中的花朵,人的审美教育在个体教育中占有重要地位,审美意识和审美能力的培养,从一开始就是教育的一个必不可少的组成部分。

总之,艺术教育在人之为人、人的自我形成过程中占重要地位,它具有满足

① 张之沧:《艺术与真理》,上海:上海人民出版社,1999年,第16页。
② [德]康德:《实用人类学》,邓晓芒译,重庆:重庆出版社,1987年,第48页。
③ 周政文:《人生与艺术教育的当代意义》,《铜仁学院学报》2011年第1期。

人的特殊精神需求、提升国民人文素养、传递和发展优秀人类文化的价值,"艺术教育看起来是感情世界的东西,对人起着微观行为的教导,但它对人的宏观方面的建树和成长、对人的全身心的发展,却起着潜移默化的促进和补足作用。艺术教育说到底是人的精神文明教育,或者简明地说,是'修养'的教育,是'灵魂'的教育,是'做人'的教育。它与思想政治教育、道德伦理教育、人文教育、行为规范教育一道,互相配合又互相渗透地在人的整体心理和精神素质塑造方面发挥着独特的作用。"[①]

第二节　艺术教育在小学教师培养中的价值

美育是学校教育的重要组成部分,也是培养全面发展的社会公民的重要手段。小学教育专业承担着培养小学教师的重要任务,为国家基础教育阶段的儿童成长培养具有专业水准的师长,其审美水平、审美能力的高低,直接影响着新一代社会公民的精神气质、审美素质、品德修养、价值观和人生观,因此,在小学教师培养中加强艺术教育受到不同时代教育家、教育思想家以及关注教育事业的仁人志士的关注和重视;在当今强调素质教育、提升全民族素质的教育政策背景下,小学教育更要注重艺术素养的提升,艺术教育在当代小学教育培养中具有更加重要的价值和意义。

没有美育的教育是不完全的教育。在学校中通过美育的实施,丰富学生的审美经验,培养学生的审美能力,而美育以艺术及其他事物作为审美对象,其中艺术是审美最集中、最典型的形态,因此艺术教育成为美育的最佳途径,承载并实现美育的意义。艺术教育是学校美育的重要构成,这一点已经成为社会的共识。对于以儿童教育为主要工作内容的小学教师来说,加强艺术教育,促进美育实施,较之非师范类大学生以及中小学生,都具有更加重要的意义。

其实在近代中国开始培养小学教师之日起,艺术教育便是教师培养中的一个重要组成部分。在1912年公布、1916年修改的《师范学校规程》中,即规定师范生要"谨于摄生,勤于体育,富于美感,勇于德行,这一包含了知、体、美、德诸方面的师范教育理念一直传承下来,成为师范院校办学的向导,所不同的是在不同类型的学校中,艺术教育的地位、内容、方式存在较大差异而已。

蔡元培是中国美育思想的倡导者之一。他在1901年所作的《哲学总论》中,首次引用"美育"这一概念,并把它作为学校教育中的一个学科进行介绍;出任南京临时政府教育总长后,于1912年2月在《民立报》发表《对于新教育之意见》,提出了

---

① 刘强、周景春:《艺术教育的价值及开展学校艺术教育关键问题的思考》,《吉林教育》2006年第1、2期。

包括美育在内的"五育"并举的教育方针,并提出把美育纳入"中、小学校、师范学校教则"①,并于1912年12月公布的《师范教育令》中进行了政策说明,正式确立了艺术课程在师范学校教育中的地位。蔡元培重视艺术的非功利性价值,把艺术教育作为情感教育的主要手段,并从学理出发对艺术教育的性质、作用、意义和价值进行了论述,确立了艺术教育作为美育最主要的实践途径和落实方式,使之成为教师培养中的重要组成部分。

中国艺术教育实践首先在师范教育中开始。20世纪初,中国现代教育制度刚刚确立,大量新开办的小学校里急需教师,大力发展师范教育便成为解决新学校教师问题的主要措施,艺术教育也随即在首倡之初便在师范学校中得到发展,其中作为杭州师范大学前身的浙江省立第一师范学校的艺术教育最有特色也可以说成就最高,培养了丰子恺、潘天寿、刘质平、吴梦非等绘画、音乐人才,他们都是中国现代艺术教育的中坚力量。其中自有一批艺术教育实践开拓者的贡献,但其主要推动者经亨颐校长更是功不可没。

经亨颐是一位艺术教育实践的积极倡导者和行动先驱。他对艺术教育的贡献首先表现在他对艺术教育的重视。作为一所非艺术师资培养的普通师范学校,他把艺术教育置于教育教学至关重要的地位。当时艺术教育在大多数学校里还属于"点缀"的情况之下,他能够开辟专门的艺术教室、购置昂贵的艺术器材、选聘顶尖的艺术教师、制定制度保证艺术教学与艺术实践的时间和空间并亲自参与学校教师和学生的艺术实践活动,他的行为即使在今天,都依然是难能可贵的。

他之所以对艺术教育付出如此多的心力,是因为他对艺术教育在培养未来教师方面的重要价值有着深刻的认识。他认为艺术教育最为重要的价值,在于它对师范生的人格陶冶,而师范生的人格和谐事关基础教育的未来。经亨颐将德育称之为"人格教育",认为师范生如不具备高尚的道德品质,便不配为人之表率,即所谓"教育者须有高尚之品性";而在他看来,艺术教育与人格教育的关系之间存在着至为密切的关系,他曾经说过,"图画、国文两种可为代表,最合人格教育之本旨",并认为"艺术教育仅美育上之问题,已与人格主义之教育较为接近。若以艺术教育作艺术主义之教育解,则艺术与教育之交涉,不视为美育范围内之事,即教育事业之新解释,教育为一艺术,教育家为一艺术家,此所谓美非术之美,乃为美的人格之陶冶。对于从来之教育根本的改善,反对形式耳。凡主知之教育,废除科学主义而为艺术主义,则艺术教育全与人格教育相一致。又可自教育事业之新解释转出美感之新解释。艺术教育之所谓美,非狭义之美,与人格有密切关系者也。"②

① 舒新城:《中国近代教育史资料》(上册),北京:人民教育出版社,1981年,第303页。
② 经亨颐:《最近教育思潮》(在浙江省教育会夏期讲演会上的讲演稿),收张彬编《经亨颐教育论著选》,北京:人民教育出版社,1993年,第110页。

经亨颐把艺术教育作为实现人格教育的一个重要手段,直截了当地提倡美育。1917年8月,他作了一次题为《最近教育思潮》的演讲,归纳了人格教育的15个要点,其中就有这么几条:"人之精神,不但自知力而成,有较深之感情意志作用为根据,以之内省直觉;又有自由活动之萌芽,而含有开辟新生活新价值之创造力";"教材不可偏重科学,须重艺术;而为情之修养,又当一变宗教教授,而改正意志锻炼之方法。"[1]在1913年发表的《全浙教育私议》中,针对当时世道人心的实际状况,强调:"非先去社会心理上腐烂之秽膜不可。其法为何? 莫如提倡美育……倘能稍知美意,即可脱离恶俗之污秽,一如栽植草木,已除其蔓芜,去其污秽矣。"[2]

艺术教育先驱者的艺术教育观念在当代仍然闪耀着难以掩盖的光芒,具有超越时代的意义和价值。在当代小学教师培养中,我们认为,艺术教育至少在以下几个方面具有必要性和可行性。

第一,艺术教育与师德提升紧密相关。师德问题已经成为当前学校教育中的一个重要问题,说它已经成为一个重要的问题,并不是仅仅因为常常见诸报端的恶性、侵害性事件,更是指在日常教育生活中教师因多种原因而形成的功利化教育观念和行为,以成绩为唯一目标的评价和培养标准,得过且过的工作态度,缺乏耐心,缺乏宽容、公平、公正地对待所有学生的为师伦理等,这种现象的存在并非个案,而导致这种现象存在的原因固然与来自社会、家庭、教育主管部门的外在压力有很大关系,但从个体发展的角度来讲,也与缺乏审美情感体验、视野局限、难以多角度地感受生活和工作事件关系密切。情感体验、审美视角、多角度地感受生活的能力,这些都不是知识,不可能通过"教"的方式获得,只能通过实践过程中的体验逐步形成,艺术实践便是一个绝佳的路径。从这个意义上可以说,在今天物质丰富、欲望泛滥、诱惑无限的时代背景下,艺术教育、艺术熏陶等对于师范生来说就显得尤为重要和迫切。

第二,艺术教育可以有效提升师范生教育教学技能水平,提高师范生深度理解和探索教育教学实践的能力。小学教师的职前培养,在技能方面的标准是具有适应当代小学教育的理念、基本能够进行小学不同学科的课程教学、掌握课堂管理与班级管理的理念和方式、能够进行初步的教育教学研究的人才,或者说我们培养的是在底线意义上合格的小学教师。因此,在小学教育专业的培养实践中,教学技能的培养就成为重中之重,这也是原来中师传统中最为重要的经验和传统之一,这一传统和经验在今天的小学教师培养中,仍然需要得到尊重和学习;但同时也要看到,国家之后要提高小学教师的学历水平,停止师范招生而开办小学教育本科专

---

① 经亨颐:《最近教育思潮》(在浙江省教育会夏期讲演会上的讲演稿),收张彬编《经亨颐教育论著选》,北京:人民教育出版社,1993年,第110页。
② 经亨颐:《全浙教育私议》,《教育周报》1913年第3、5期。

业,其原因也部分地在于:原来注重教学技能训练的中师传统,难以适应当代中小学发展对教师能力、水平和素养的要求。由中等师范到高等师范的层次提升,不仅仅是学历层次的提高和学习时间延长的问题,它更重要的是要培养具有较高的教育教学基础素养、较高的理解教育教学行为能力和探索教育教学改革的具有自我发展潜力和动力的新型教师。要达到这一目的,目前在师范高校中广为采用的方法是增加教育类、心理类课程的教学,增加研究性课程,增加学生在学习过程中的批判性反思的机会,这些都是非常有效,至少可以在知识的意识上显性地通过学生的语言表达和纸笔测试呈现出来;其实,要提升师范生对教育教学行为理解与探索能力,还有更为深层和潜在的方法,那就是艺术教育。

小学教师培养的层次由中师到本科的升格,增加了学生在校学习的时间,从政策设计者的目的上看,这一延长了的学习时间一方面可以给学生提供更多的实践机会,另一方面设计者希望能够通过通识课程的教学,开阔学生的眼界,提升学生理解、体验、感悟生活与工作的能力。如果从教学的目的和获得结果的方式上,对通识教育进行一个粗略的分类,可以分成"知"的学问和"行"的艺术,"知"的结果是以更为宽广的视角了解世界,"行"的结果则在于理解世界、社会、群体行为和人本身。艺术教育是通识教育的一个重要组成部分,它以"行"为重心,以理解为结果。艺术重理解,技术重操作,两者彼此相连,可以相得益彰。在艺术活动中,学生会特别强烈地感受到创造的激情,绘画、音乐、舞蹈、手工、戏剧等艺术活动,可以给学生的教学技术、技能训练增添灵感和丰富性,增加学生灵活运用所技术、技能的创造性和创造弹性。把学科教学与艺术教育和艺术实践相结合,可以大幅度提高学科教学的对话性、形象性、活动性、表演性,有利于把课堂由静态转换到动态,从而培养技术、技能的人文性,培养学生对待专业技能的积极态度和创造态度,使他们所获得的技术、技能更加丰富,更加高效,更加具有现实生成力。艺术教育,将以提升未来教师审美素养的方式,实现他们专业技能和专业素养的全面提升,而且这一提升将对他们未来的职业能力和专业发展水平具有持续的影响力和驱动力。

除此之外,艺术教育还可以直接培养师范生的教育教学能力,这些能力包括:①语言表达艺术与教师口语训练。口语和书面语是教师教学的主要手段和工具,教师的口头语言和书面语言不但要在结构上正确,更要在内容上丰富,在形式上优美;因此,教师不但要懂得说与写的规律,更要讲究说与写的生动、简练、幽默、和谐,在这些方面,文学和艺术教育具有不可替代的作用。②待人接物的态度与顺利交流的能力。教师的管理与交流,不同于工业或技术管理,他们不但需要与同伴、领导交流,更要与家长、社区沟通,而由于背景和期待不同,教师在与这些与学校存在紧密关联但又要求不同的群体和个体交流时,就不仅需要技术,更需要艺术。在语言运用、语气和态度的把握、情感的体验和他者立场的培养方面,艺术教育都有独到之处。③外在形象与表述的艺术之美。外在形象之美主要表现为衣饰之美,它不表现为华丽,而表现为得体:仪表大方、自然,仪容须端庄、典雅是教师气质与风格的外在表现,反映出教师在色彩、场合、品味等方面的审美情趣和对美的感悟能力;表述之美则主要指教师在专业工作中外显专业行为中呈现的艺术之美。比如,书法艺术的培养和训练,可以使教师拥有充满美感的一手好字,对于学生来说,它不仅是一种美的享受,更可以激发出模仿与学习的欲望,促使他们萌生出对于中国文字与文化的好奇与探究的兴趣,这一点是任何口头的说教都难以达成的。其实,仔细想一想,我们在受教育的过程中,有多少人不是因为老师的一手好字而开始自己的书法之旅呢?又有多少人因对书法之美的喜好而逐步迈入对绘画、音乐、文字、建筑、戏曲、雕塑等的学习与研究呢?类似于书法的教师艺术技能还表现在绘画、手工、舞蹈、音乐、戏曲等方面,这些技能和技法可以在教师日常的专业行为,诸如CAI课件制作、班主任工作、课外活动开展、社会调查和家访以及教学工作环境布置等方面得到应用,既帮助教师更好地完成日常工作,又以教师自身内涵的艺术素养给学生提供润物无声的滋养。这就是艺术之妙。

第三,艺术教育是提升小学教师综合素养的必由之路。这里所说的综合素养,更多地强调教师作为一个社会存在个体的综合素养,而不仅仅指他的专业素养。作为教师,他首先是一个社会个体,然后才是一个专业工作者,他的个人素养的高低,影响着他的工作态度、业务水平、与学生及其他相关人员的关系,更影响着他的工作对象——小学生的人格面貌和精神品质。学校教育是一种有组织的活动。学校的办学指导思想、师资队伍建设、办学条件改善、课程体系和专业学科建设以及教学管理、校园文化建设、学生管理等等,不可避免地带有强烈的功利色彩,长期处于这种环境中的个体,更需要有较强的个体综合素养,因为过强的功利性是小学生成长过程中最具杀伤力的羁绊,而学生一旦从生命之旅的起点便被强烈的功利心态和行为所控制,他的精神生命的健康成长便会偏离正常的方向。艺术教育因其所具有的超越功利性的特征,可以弥补社会环境与学校目的的偏差。通过审美活动的开展和美育专业课程的教学,艺术教育可以充分发掘学生的个性,通过艺术技能课程的学习和艺术实践,学生可以在亲身体验中感知美、认识美,从而获得心灵的快感和审美的快感,使自己成为在精神力量上日渐强大和完善的人,并逐渐使自己拥有在诱惑和压力面前保持自我良好心态的基本能力和修养。

从教师对学生影响的角度讲,以美启智是未来小学教师的重要工作手段。小学教师的主要任务是启发学生的智慧,培养学生的情感,给学生了解和理解现实世界打下智力和情感的基础,其工作内容与真有关,与善有关,更与美有关。真、善、美是人类存在所追求的终极目标,德育、智育、体育、美育是培养完美人格的重要途径。艺术教育是美育的重要组成部分,是启迪智慧、发展想象力、培养创造性的重要载体。爱因斯坦曾经说过,"想象力比知识更重要,因为知识是有限的,而想象力概括着世界上的一切,推动着进步,并且是知识进化的源泉。严格地说,想象是科学研究的实在因素。"①而想象力、联想力属于直觉思维的范畴,它们主要来自审美教育中的艺术感悟、艺术体验和艺术创造。"大量的事实已经证明,以美启智、以美育促进学生对自然科学知识、技能的学习和掌握对培养教师教育专业人才,对未来的学生都具有非常重要的作用。哈佛大学甚至规定研究生必须修读包括小提琴课程在内的艺术课程,其目的就是以美启智、以美引善。"②也正是在这个意义上,对于教师教育专业人才培养来说,应加强艺术教育,首先需要对他们"以美启智",以使他们掌握坚实宽厚的科学技术和人文科学知识、能力,同时使他们到小学做老师时又具有所需要的以美启智的能力。

第四,加强小学教师培养中的艺术教育,也是当前课程改革与素养教育的要求,是实现我国基础教育改革目标的重要保障。中小学正在进行的基础教育改革——课程改革和素质教育改革,不但需要在教育理念、培养目标、教材体系、教育实施方式和条件等方面提供保障,而且更需要一大批具有较高综合素养、拥有全新的教育理念的新型高素质师资队伍作保障。高素质的教师队伍可以通过教师的职后培训来培养,更为重要的培养渠道,就是高等师范院校的相关专业。小学生精力旺盛,易于接受新生事物,喜欢模仿,对社会生命的各个方面充满好奇与探索热情,可塑性强。作为小学生生活中的重要他人和与他们朝夕相处的老师,若不仅具有较高的专业知识,而且具有较高的艺术修养,就可以在教好各自课程的同时,不断熏陶、培养学生的艺术修养,形成良好的素质教育氛围,在潜移默化中对他们的审美情绪、艺术爱好和艺术修养的形成产生重要的影响。

为了提升美育在各级种类学校中的开展与实施,原国家教育委员会专门成立了艺术教育委员会,负责指导全国学校的美育工作。1993 年 2 月,国务院颁布了《中国教育改革和发展纲要》,其中第 35 条明确指出:"美育对于培养学生健康的审美观念和审美能力,陶冶高尚的道德情操,培养全面发展的人才,具有重要作用。要提高认识,发挥美育在教育教学中的作用,根据各级各类学校不同的情况,开展形式多样的美育活动。"这既为我们大力开展和提升艺术教育提供了政策支持和保障,也再一次从国家层面上强调了美育的重要性,强调了广泛开展艺术教育的必要性。开展高水平的艺术教育,不但是我们响应国家政策的重要举措,而且是师范院校小学教育专业为中国基础教育的发展和小学生综合素质的提升必须承担的责任和义务。

总之,艺术教育对小学教师培养来说是必要的,其作用和价值潜在而深远,每个真正关注中国基础教育发展的小学教师培养者,都必须对此有清醒而深刻的

① 曾繁仁:《走向 21 世纪的美育——论我国审美教育的现代意义》,收《爱因斯坦文集》(第 1 卷),北京:商务印书馆,1976 年,第 284 页。

② 钟仕伦:《论美育与教师教育专业人才培养》,《高等教育研究》2008 年第 6 期。

认识,只有这样,才能尽可能创造条件,给学生提供充足的机会并学会欣赏艺术、参与艺术创造,学会用艺术的形成表达自己的个体和专业行为,培养出具有深厚艺术素养的当代小学教师。

第三节　基于艺术素养的小学教师培养思路

认识是行为的基础,也是我们不断反观、批判和调整我们行为方式的理论支撑;然而,不管是多么深刻、系统的认识,终归属于个体的主观看法,是现实行为的遥远的背景,要想拉近认识与现实之间的距离,需要我们创造条件、设计思路、尝试实践、不断调整完善实施过程。就艺术素养的小学教师培养模式构建来说,我们的实践设计主要基于以下几个方面的思考:

第一,我们的小学教师培养理念。具体说就是"综合培养,有所侧重",这一理念基于我们对小学教育特征的认识,也是我们专业发展传统的延续,并在综合思考区域小学教师专业发展现实需要的基础上发展和创新而成。

第二,我们的艺术教育传统。杭州师范大学小学教师培养的传统直接继承于浙江省立第一师范学校,保持了该传统的绵延和更新,形成了我们的办学特色。

第三,我们的现实师资和设备条件。杭州师范大学小学教育专业的师资以原中师师资配置为基础,并不断引进高学历、高水平理论人才,引进具有较高专业艺术水准的艺术师资,并创造条件提升师资参与小学教育教学实践改革的机会,鼓励教师通过服务社会来提升自己的业务水平,形成了一支在理论素养、教育教学能力、指导一线教师发展方面都具有过硬水平的高校师资队伍,这是我们实现改革目标的基础;更为重要的是,我们具有一支涵盖书法(硬笔、软笔、粉笔)、绘画、器乐、舞蹈、声乐、手工等专业教师的艺术师资队伍,这是我们可以尝试进行"基于艺术素养的小学教师培养模式"建构的最主要的条件和最为强大的后盾。

具体来说,我们的研究思路包括以下几个方面:第一,坚持"综合培养,有所侧重"的人才培养理念和方向;第二,以艺术素养为整合核心,全面思考小学教师培养的各方面因素,力争使所有的方面形成育人合力;第三,厘定小学教育本科师范生艺术素养标准,使之成为教学和学生专业能力发展的指导标准;第四,以标准为指向,全面提升本专业教师的教育教学能力,具体来说就是强化艺术专业教师的教学与教师发展的关系,提升学科专业教师在教学过程中的艺术素养渗透意识和能力;第五,搭建艺术实践平台,为艺术实践提供资金、制度和智力支持。

一、"综合培养,有所侧重"的人才培养理念

作为一个以培养小学教师为主要任务的专业,杭州师范大学小学教育专业自本专业开办以来,一直遵循"全面发展,学有专长"的人才培养目标,培养适合时代要求的、能主动适应现代社会、经济、科技与教育发展需要的小学教育师资以及从事小学教育教学研究、小学教育管理等工作的专门人才,把培养具有人文精神、科学素养、创新能力和进一步发展潜力的新型小学教师作为学院发展的基石。

在小学教育专业建设实践中,我们首先把目光确立在小学教育培养的当代要求与小学教育教学改革的关系上,探索具有高等教育共性和小学教师教育个性的人才培养规格,把"综合"作为本专业建设思考的起点。我们着重对培养本科学历小学师资的小学教育专业设置的必要性、专业特征、人才素质结构、培养目标、培养规格、课程体系等进行系列性、创新性的理论研究,提出具有实质性意义的"综合培养,有所侧重"的人才培养模式的思路与方案,设计了四年制本科小学教育专业的人才培养方案。对本科学历小学教师的培养目标定位、培养规格、课程体系构建、学科专业类和教育专业类课程的比例、理论学习与实践操作、分科培养与综合培养的比较研究等方面形成一系列研究成果。

我们在人才培养设计中的"综合培养,有所侧重"培养理念主要体现在以下方面:

第一,在人才培养方案设置中,我们注意处理好几对关系:第一,综合与侧重的关系,即在加强大学通识教育和综合素质培养、拓宽视野、夯实基础的同时,通过设置不同的课程模块和选修课程,使学生在具备 1—2 门学科的专业知识基础上,做到全面发展,学有专长,适应小学教育的要求;第二,学科专业知识与教育类知识的关系,在重视学科知识学习的同时,加强教育理论学习和教育教学行为的训练;第三,教育理论学习与教育实践的关系。重视教育理论课程教学改革、加强教育实践环节,设置模块限选课程和大量任选课程,构建四年一贯与见习、实习相结合的教育实践模式,提高学生理论与实践相结合的能力。

其次,在课程体系的构建中体现高等教育本科专业课程体系的共性(大学通识)、高师教育专业的个性(双学科或双专业教育)和"小学教育"本科专业的特性(综合培养,有所侧重),并以艺术素养的提升为核心,构建融知识、能力、素质结构为一体的课程体系。我们设计的"平台＋模块"课程体系(见图 2-1),构建了公共基础、学科基础、专业基础三个专业发展平台,以及专业模块选修平台,形成了内含小学语文、数学、科学等 12 个模块的课程体系,形成了四年一贯长达 18 周的教育见习、实习计划;52 个稳定的实践基地为学生每个学年的教育见习、实习提供了良好的服务平台。该课程体系较好地体现了"宽口径,厚基础"的人才培养思路和"强能力,高素质"的人才培养特色。

12 个专业模块选修课程

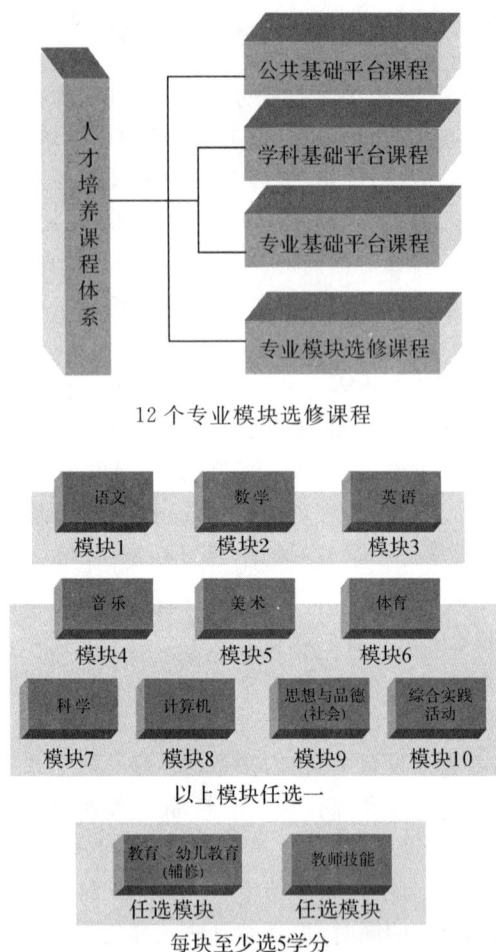

图 2-1　小学教育专业"平台＋模块"课程体系

在"综合培养，有所侧重"的人才培养模式实行全面发展的综合培养与有所侧重的定向培养相结合的原则指导下，在课程开设中，依据小学新课程改革要求，除了开设教育类课程外，重视综合性课程的开发（自然科学基础、社会科学基础、几何学、分析学、汉语等），提高学生人文素养、科学素养，注重学生知识结构的宽广度。我们根据小学教育的专业特点和市场需求，开设的小学教育专业中有中文教育方向、数学教育方向、科学教育方向、英语教育方向、音乐教育方向、美术教育方向、现代教育技术、综合实践活动教育等各类专业方向课程，这些课程几乎涵盖了小学教育各个学科领域，帮助学生掌握较为宽广的人文科学、社会科学、自然科学等方面的基础知识，形成综合性的知识结构，培养学生具有进一步学习与发展的潜能和较强的知识迁移能力，使学生在各自的专业知识结构中具有一定的拓展延伸，即培养学生在全面发展的基础上能有某一学科方面的特长,在未来的基础教育教学工作中具有后劲与潜力,为今后的进一步发展打下扎实基础。

第三,把实践技能的培养作为人才培养的核心环节。综合性是小学教育专业区别于高等师范教育其他专业的基本特征,有所侧重则反映了小学教师在教育理论与方法及任教学科方面的特殊要求,要想使两者在人才实践中得到全面、真正落实,则需要以提高师范生的专业实践技能为抓手,而强化实践能力又是我们专业一直以来的发展传统,故而,在本专业"综合培养、有所侧重"培养理念的指导下,我们重点抓住实践这一关键环节,逐渐形成了"综合培养、有所侧重、强化实践"的培养模式,这一理念既包含了原有培养模式中"综合培养,学有专长"的人才培养目标的内涵,又强化了"实践"在教育教学和学生发展中的重要地位,以更好地适应我院本科专业学生的未来职业定向。

在人才培养路径上,"综合"主要指学院人才培养的内容整合及对人才培养规格的要求,其中包括对新的培养模式的理论探索、对理论与实践关系的现实思考、对原有教学内容和教学方法的整合与改革,以及建设适合本学院专业发展的新的课程体系等内容;从具体的学科建设角度看,包括对原有的技能类课程、教育类课程、学科专业课程简单相加而构成的培养方案体系的减肥增效;改变选修课与必修课的课时比重和学分分配方式;改变课堂教学方式等等。而实践包括三个方面的内容:教学内容与实践需求相结合;课堂教学中强化实践因素,把理论学习与实践能力的培养结合起来;细化、具体化原有的见习、实习内容和模式,强化学生实践技能和专业情意的培养。

目前高等教育中存在的普遍现象,是教学内容和方法过于学术化,追求教学内容的体系化、理论层次高深化,而往往忽视现实的社会需求,导致"学非所用,用非所学",一定程度上造成资源浪费,降低了高等教育的个人效益和社会效益。对于小学教师培养来说,学生职业和专业定向非常明确,他们将直接为本地区的小学教育服务,他们的"学"必须与他们未来的"用"建立直接的关联,否则很可能在就业竞争中被淘汰,造成"学而无用"的局面。教学内容与实践需求的结合,一方面需要认真研究本地区不同层次的小学对教师专业发展的现实要求,使教学内容和实践锻炼与现实需求相吻合,以"适应"于实践;另一方面要从更高的教育层面审视目前对小学教师要求条件的合理性,在"综合"上下功夫,培养学生的反思、批判和研究意识与能力,以影响和改变现实需求中的不合理因素,构建学生未来发展的长远目标。

作为一个"边实践,边研究,边建设"的专业,小学教育专业的优势是原有教育教学传统中注重实践、注重技能培养的教学理念、教学方法和富有教学经验的专业教师团队;作为一个教育类的本科专业,相对高深的系统理论学习,它又是人才培养"本科性"的特征和保障。但在高等学校的教育教学实践中,实践课程和理论课程并非天然地存在着密切的关联,而往往是自成体系,难以相互补充。对于小学教学专业来说尤其如此。原有师范教育的"师范性"与目前本科专业的"本科性"如何在小学教育本科专业中实现现实意义上的整合,是保证小学教育本科专业"专业性"的一个关键因素。理论和实践的结合,不等于既有理论又有实践,也不等于简单地加重理论课程与实践课程的量,而是需要通过教育教学实践不断探索,在实践中研究,在研究中实践,通过内容的整合和方法的改进在一定程度上实现使理论和实践能够融为一体的目标。

　　细化、具体化原有的见习、实习内容和模式,强化学生实践技能和专业情意的培养,是培养师范生专业实践能力的一个重要保障。这一问题的提出,主要针对目前见习、实习内容和模式中存在的针对性不强、效率不高的问题。通过细化、具体化的操作,让见习、实习成为学生接触现实、了解实践、提高能力的平台,在强化和提高学生实践技能的基础上,在真实的情境中培养学生的专业情意。

　　"综合培养,有所侧重"的人才培养理念,强化实践的人才培养实践策略,以及力争在"实践"与"综合"两者之间建立联动关系的努力,在一定意义上体现了我们的人才培养模式在人、事、理三个方面协调渗透,实现学院人才培养理念和实践的双向互动与提升的追求。综上所述,我们形成的人才培养方案呈现出以下特点:通识课程领域宽,执教学科要求高;教育类课程实践特色强,注重教育研究能力提升;模块选修丰富灵活;艺术能力培养和教师职业技能培养密切结合,培养出具有人文精神、科学素养、创新能力、实践能力相统一的新型本小学教师服务的能力,在现有国家级小教特色专业的基础上,打造出具有鲜明特色的小学教师专业人才队伍。

　　对于我们的人才培养理念以及在此理念基础上的课程设计、人才培养定位、教学方案设计等方面的探索,学校组织的专家论证意见认为:小学教育专业培养目标明确、恰当。符合学校办学的定位,也符合地方经济和社会的复合型、应用型高级人才的要求,适应了小学教师的职业要求和基础教育课程改革的趋势。基本规格的设计比较科学、全面,体现了文理渗透、艺体兼备、注重人文素养和科学精神和谐结合的人才培养特色。尤其是"形成综合性的知识结构,具有较强的知识迁移能力和从事小学素质教育的基本学养"的提法,体现了时代的要求,是全国小学教育专业需要研究的重大课题,具有良好的示范作用。专业必修课程设置,体现文理渗透、注重人文素养和科学精神和谐结合的人才培养特色,也符合小学教师必须承担多门课程的教学任务和其他的教育任务的职业要求。在具体的课程安排上注意其延续性,符合当前教师教育注重实践能力训练的发展方向。在专业选修课程的设置上,本课程方案采取了模块的方式,体现了"宽口径,厚基础"的人才培养思路,也基本符合高等教育阶段学生学习选择性的要求。

　　基于"综合培养,有所侧重"人才培养理念而形成的研究项目"实践综合型小学教师专业人才培养模式创新研究与实践"获得杭州市教学成果二等奖。

二、以艺术素养为核心整合教育各因素

作为一个由中师升格而成的小学教育本科专业,我们拥有良好的培养师范生技能、技法的传统习惯和经验,具有较强的艺术特色,小学教育专业已经作为国家级特色专业建设予以立项,其人才培养坚持兼顾综合、有所侧重的理念也得到了较为广泛的认同,并在专业培养实践中获得好评。但在专业建设过程中,我们也发现,由于既要兼顾专业发展的传统,又要提升学生修习课程的广度和层次,在我们的培养方案和课程设置中就难免需要保留原有的特色,同时又要加入大量的大学本科水平的教育学专业课程和学科专业课程。从理论上讲,原有师范院校的培养方式突出的是小学教育的特点,而且这些培养方式经过多年的锤炼和积累,已经相对成熟,在小学教师的培养方面有独特的价值,这种模式下培养出的毕业生也比较适合初等学校的现实需要;而本科层次的教育理论课程和学科专业课程,则有效地保证小学教育本科专业的师范性和本科性,两者的结合是互补的、全面的。然而在操作层面上看,三个方面的内容之间存在重叠与交叉。在实践现有人才培养方案的过程中,我们发现它存在着一些不利因素,诸如:必修课程门类较多,导致学生课业负担过重,自由发展的空间相对较少;学科特色不明显,导致毕业生招考缺乏竞争力;课程设置中过多涉及艺术类学科但用人单位不招收我院艺术类人才;部分课程开设时间和课时比例存在不合理现象……面对小学教师培养的特殊性,如何在新形势下既兼顾原有的艺术特色,又体现学科专业特性,如何实现办学传统、办学特色、办学时代需求之间的整合,以培养具有扎实理论功底和较强实践能力的毕业生,成为一个急需解决的问题。

直面专业建设中存在的问题,把特色、经验与发展需求融合到人才培养的实践中,形成新的时代背景下的人才培养风格,是我们在专业建设中重点要解决的问题。经过反复讨论、磋商,在进行广泛调查、专家咨询和论证的基础上,我们决定把艺术素养作为整合教育因素的核心,力图使学科、专业、技能、实践等诸方面的专业行为,通过"艺术"这一传统特色融合成为教育合力。

首先,整合艺术教师帅资团队,形成艺术教师队伍中的研究力量。艺术教师在技能方面个个都有独到之处,在教育中也往往会习惯性地以相对"惊艳"的技术展示、传授为主要方式,学生的艺术学习在很多情况下也是以模仿、操作为主要方式。形成艺术教师中的研究力量,首先在于增加艺术教师与其他学科教师之间的交流,改变艺术课堂教学重技能传授轻理解和创造的习惯,把艺术教育课堂教学中学生的参与、理解和创造的激情激发出来。艺术教师研究的第二个方面,是对艺术技能与小学教师专业能力之间关系的思考和探究。在传统的艺术课教学中,教师重在教学生模仿基础的艺术创作方法,教学方法接近于对艺术专业学生的教学,但小学教育专业并不以培养小学艺术教师为目标,他们需要的是把对艺术的思考、理解和

实践能力,融合到自己的学科教学实践中。因此,我们力求使我们的艺术教师团队思考如何体现"小学教育专业艺术教师"的独特性,而不仅仅满足于"艺术教师"的教学行为方式。

其次,整个艺术教育各门类,以小学教师专业技能为思考重心,构建艺术类教育课程群。在课程群的构建过程中,我们一方面关注艺术师资的构成,以师资的专业构成为基础尝试开发综合型的课程,在艺术课程与艺术课程之间、艺术课程与相关的非艺术课程之间搭建可能的联系,丰富艺术类课程的内容;另一方面加强艺术教育的全程化实践,保证在大学四年的学习中,学生在任何时段、任何条件下都有接受艺术教育的机会,为此我们设计了必修与选修相结合、普及与提高兼顾、技能与欣赏双修的艺术教育课程体系,保证艺术教育既有梯度的递升,又有回归的可能,在课程体系上体现为两条线:一条线遵循艺术技能和实践能力提升的逻辑,由浅入深、由低到高地给学生提供艺术欣赏和艺术实践的指导课程,保证所有学生都可以按部就班地获得艺术学习和实践;另外一条线则相对随意和宽松,主要根据学生的需要设置课程,这些课程不一定按照严格的课程规划进行教学,它可能是学生有兴趣、有探索要求的某一艺术门类或方面,也可能是学生在学习过程中发现特别擅长或特别不擅长但却对他们的专业发展比较关键的某些艺术方面。

第三,强化学科类教学与艺术课程的相互关系,增强艺术教育在各学科教学中的渗透。学生艺术素养的提升不能仅仅依赖艺术类课程的教学和实践,它更需要渗透到学生的日常学习实践之中。因此,强化学科类教学中的艺术教育内涵,就成为我们人才培养模式构建实践中的一个非常重要、同时也是非常具有挑战性的任务。需要解决的第一个问题便是态度问题,即愿意不愿意的问题,因为对于大多数学科教师都是艺术的门外汉,也正是因为自己是外行的原因,又往往把艺术看作需要独特天赋、可望而不可即的能力。这样的认识有其道理,但也在一定意义上曲解了艺术和艺术教育。要解决这个问题,需要学科教师对艺术教师的技能和教学有初步的了解和理解,更需要引导、提倡、鼓励和政策支持。

解决了态度问题,还需要解决能力问题。我们组成跨学科研究小组,以培养小学教师艺术素养为研究视角,探讨不同专业在学生艺术素养形成过程中的价值,以及不同专业在学生艺术素养形成过程中可以采用的增强学生艺术素养的方式、方法,不同学科、专业的教师深度挖掘学科教育中的艺术资源,探索学科教育与艺术教育相结合的手段和方法,研究艺术教育在学生教学技能和整体素养提升中的层次与节点,在课堂繁体中尝试运用偏重艺术的视角来分析和指导学生思考和解决问题的路径。这样的探索充满挑战,充满辛苦,但教师们也在理论与实践两个方面收获了基于艺术素养的小学教师培养的经验和新认识,在提升学生艺术素养的过程中,丰富了自己认识和看待事物的视角,提升了自己面对教育教学技能培养问题的艺术敏感性。

在理论研究的合理性论证以及对它山之石借鉴的基础上,结合我院的具体情况和地区性初等教育发展需求,花大力气做好实践综合型小学教师培养的课程群建设,包括小学语文、小学数学、小学科学、小学艺术、小学教育专业教育学、心理学、双语教学等课程群建设,在所有的非艺术类课程群中,都强化艺术教育的视角;在艺术类课程群中,则强调艺术与学科专业技能的匹配和结合。重点做好教育类课程、艺术类课程建设的整合,体现小学教育专业课程的教学特色,学院还推出精品课程培育制度,重点扶持艺术与学科教育相结合的综合学科,为这些学科的发展提供制度、资金、人力和改革空间支持。

通过四年多的探索、研究和实践建设,小学教育专业已经初步形成了一批可以贯通艺术与各学科的教师,培育了一批艺术内涵丰富的学科课程,形成了艺术技能与教学技能相融合的专业培养路径,构建了基于艺术素养的小学教师培养模式。

三、拟定小学教育本科师范生艺术素养标准

构建基于艺术素养的小学教师培养模式,最为关键的因素是形成结构性强、有层次、有连续性、可检测、导向性强的小学教育本科师范生艺术素养的标准,该标准必须能够成为我们人才培养过程中强有力的支撑。这一工作也是我们模式构建过程中花费力气最多的一个方面。

制定小学教育本科师范生艺术素养标准首先需要成立一个对艺术教育和艺术素养及其价值具有高水平认知和实践能力的团队。团队主要包括三个部分,一部分是我们以本专业艺术教育为主要构成,他们都是在小学教师培养方面进行长期艺术教育实践的能手和专家,对小学教师艺术素养的构成要素及其层次、结构有着清晰而深刻的见解;一部分成员是校内、外艺术实践及艺术教育的专家,他们能够从小学教师培养的局外给我们提供不同的看待小学教师艺术素养的视角和经验,并对我们的思考和研究成果提出意见和不断完善的建议;还有一部分成员是我们的学生,包括已经毕业的优秀毕业生和仍然在校就读的学生。他们可以从两个方面给我们提供厘定标准的资源:第一,已经毕业的优秀毕业生可以从实践需要的角度,结合他们已经形成的艺术素养在不同学科的实际工作中所发挥的作用,以及在工作过程中感觉到的缺失,给我们已有的认识增加基于经验的补充;在校师范生则从通过对他们艺术学习中的经验、困惑、困难的及时反馈,而对我们所形成艺术素养标准的可行性及其培养途径等提供参考意见。

制定艺术素养标准的依据,主要在于两个方面:第一,不同艺术门类的基础技能和规范,在这一方面我们主要考虑如何遵从艺术教育的自身规律,以艺术门类为单位进行分层分类,确定师范生应该具备的艺术技能,以及培养这些技能的方法与路径;第二,师范生艺术技能提升和素养形成的基本规律。我们的师范生都来自高考,高考成绩是他们能否进入小学教育专业的唯一依据;而且,在高中生中,艺术类

专业的艺术教育相对高、深、专,而且艺术类专业录取时的文化课成绩要远远低于小学教育专业,因此接受过艺术启蒙的学生,大多以进入艺术类专业为目标,进入小学教育专业的绝大部分学生,他们的艺术基础几乎可以说等于零;更有甚者,还有一部分学生因缺乏最为基础的艺术天赋而在接受艺术教育的过程中遭遇到更多困窘。基于这种艺术教育的基本状态,我们在制定艺术素养标准时,需要首先考虑的就是底线和层次问题,根据学生的艺术水平和艺术学习的可塑性,制定任何学生都必须达到的底线标准;同时,体现艺术实践和艺术欣赏能力不断发展的层次性,分阶段制定标准,使教师和学生都能够清楚地知道他们的前进方向和下一步要求,提高标准在教师的教育教学和学生的艺术学习实践中的导向意义,底线和层次性的艺术素养标准与我们小学教师培养中艺术教育的主线相配套。主线之外,我们还为部分学生提供"非常规"的艺术教育机会。所谓非常规的艺术教育机会,主要是指给部分在某一方面特别有兴趣或者特别不擅长的学生,提供"小灶"(当然需要在学生提出需求的基础之上),这个"小灶"的意义不在于传统意义上的"培优"、"补差",而在于给在艺术方面特别优秀而又有发展愿望的学生提供高层次的发展支持,也给那些在一开始接触艺术时手足无措、随着学习进程的加深而渐入佳境的学生提供"回炉"的机会,目的在于让所有的学生都可以在原来水平与天赋能力的基础上,不同程度地提升自己的艺术素养水平。

小学教育专业本科生艺术素养的制定依据是教师的实践经验、艺术体验、艺术学习经历,以及我们对小学教师艺术素养形成规律的研究和思考,但这些标准是否能够真正反映当代小学教师的现实需求、是否具有现实实践过程中的可操作性、是否能够真正在师范生专业技能形成过程中发挥导向作用,还有待实践的检验,这一标准体系还有完善的可能和空间。在四年多的探索与实践过程中,我们注意及时、全方位地收集反馈信息,举行阶段性的师生、团队研究性的座谈,聘请校内、外专家进行咨询和会诊,并根据研究所获得的信息以及基于调查、座谈、咨询结果而形成的分析与判断,不断进行调整和完善,形成了对于本校本专业发展来说相对成熟的小学教育本科专业师范生艺术素养标准。

附:小学教育本科师范生艺术素养标准

艺术素养是小学教师必备的基本职业素养,体现了小学教师职业特征的独特性,是小学教师出色地履行教育教学工作职责的重要保证之一。在小学教师的职前培养中,有效提升师范生的艺术素养、培养师范生把艺术素养融入专业技能之中,是杭州师范大学小学教育专业培养中的特色与追求,也是我们在小学教师培养方面优良传统的当代延续。

为了保证小学教育本科专业师范生在职前培养中艺术素养提升的层次和高质量,我们特制定本标准,其目的一方面在于给考核和评价提供依据和准绳,另一方面在于给教师和学生艺术素养的培育和发展提供方向。

一、设计原则

《小学教育本科师范生艺术素养标准》以《小学教师专业标准》为制定的主要依据和参照,整合杭州师范大学小学教育专业培养实践中形成的经验和特色,在具体标准制定时遵循以下的设计原则:

(一)标准应体现阶段性,对教师培养实践具有可操作的实践价值和前瞻性;

(二)标准应体现先导性,对教育培养实践具有方向性的引领作用;

(三)标准应体现国际性,合理汲取国际小学教师培养的经验和发展理念,教师能力中有共同的因素,专业特性上存在着许多共性。

(四)标准应体现与培养实践的匹配,使之可以成为评价与指导培养实践的实用标准。具体体现在两个方面:第一,与课堂设置相匹配;第二,与教育实践相匹配。

(五)标准体现出梯度,即考虑艺术素养的底线标准,又考虑发展性指标。

(六)标准应体现出长程性,即现实发展需求与未来发展指向的统一,使之对教师职业培养与职业生涯都有重要的价值和意义,并且能与职业后教育相衔接。

二、具体内容

表 2-1　小学教育本科师范生艺术素养标准

领域	阶段	底线标准	发展目标
声乐	一年级	1. 了解人体发声器官的构造; 2. 了解歌唱的基本原理; 3. 学会歌唱的呼吸及发声的共鸣,建立正确的歌唱状态; 4. 能完成简单的声乐作品;	深度理解歌唱的方法及特点,能够根据作品特点恰当地演绎。
	二年级	1. 巩固掌握歌唱的训练技巧; 2. 掌握正确的富有表情的歌唱能力; 3. 能独立完成初、中级声乐作品; 4. 了解各种不同风格的声乐作品;	了解各种声乐作品的体裁和歌唱方法,能够在理解作品内涵的基础上生动、有表现力和审美创造的演唱。
	三年级	1. 演唱各种不同风格的儿童歌曲; 2. 结合所学的舞蹈技能进行歌舞表演;	尝试把艺术表现力与教师教学技能的形成相整合。
	四年级	1. 在教学实习过程中能独立完成相关的教学活动; 2. 能协助音乐教师参与学校艺术社团(声乐)活动的排练与指导;	尝试在教学实践中创造性地应用艺术技能。

续表

领域	阶段	底线标准	发展目标
钢琴	一年级	1. 钢琴弹奏姿势、手型基本正确,学会运用正确的触键方法; 2. 掌握非连音(跳音)、连音以及双音的方法; 3. 能独立完成简单的钢琴作品; 4. 了解不同的各种伴奏音型;	通过学习提高听辨能力,掌握各种不同的节奏,提高音乐表现力。
	二年级	1. 能双手配合演奏较复杂的小型钢琴作品; 2. 掌握乐曲弹奏时情感的表达; 3. 能弹奏简单的儿童歌曲伴奏谱并边弹边唱;	掌握儿童钢琴伴奏谱各种伴奏音型并能够灵活运用。
	三年级	1. 能独立完成中小型钢琴作品; 2. 能为儿童歌曲编配伴奏并边弹边唱;	能够尝试在小学生的学校生活中创造性地应用钢琴技能。
	四年级	1. 在教学实习过程中能独立完成相关的教学活动; 2. 能协助音乐教师参与学校艺术社团(器乐)活动的排练与指导;	能够为小学生设计中、大型学校艺术活动。
舞蹈	一年级	掌握舞蹈基础知识、基本体态、基础舞姿、基本技能;	能够创建儿童舞蹈步伐;提高对舞蹈艺术的感受与表达能力。
	二年级	掌握儿童舞蹈的风格特征、舞姿韵律,能有较好的肢体协调能力和舞蹈表演能力,掌握儿童舞蹈创造的基本技法以及运用肢体表达思想情感的能力;	能够恰当地用肢体语言表达情感;尝试创编儿童舞蹈。
	三年级	掌握和了解外国风格性舞蹈的基础知识和风格特征,并能在儿童舞蹈创编中运用;	能够创编舞蹈短剧、舞蹈组合;结合所学音乐知识胜任小学歌舞表演的创编与教学。
	四年级	在教学实习过程中能独立完成相关的教学活动,能协助音乐教师参与学校艺术社团(舞蹈)活动的排练与指导;	能够为小学生设计中、大型学校艺术活动。
书法	一年级	1. 让学生了解书写在小学和全科教学中的作用; 2. 初步了解汉字书写的基础知识,做到笔画规范、严谨、合度,字体统一、美观、整齐,书写准确、迅速等; 3. 了解汉字书写工具发展、中国书法史概述、汉字基本用笔特征、汉字基本造型特征;	能深刻认识汉字书写的重要性且能认知到汉字书写的规范法度。

续表

领域	阶段	底线标准	发展目标
书法	二年级	1. 了解钢笔书写的历史、了解历代精品小楷作品； 2. 掌握钢笔为代表的硬笔书写的特点、钢笔笔画的特点与写法、钢笔字的结构特点与写法； 3. 能进行硬笔书法作品的临摹（楷书与行书）、硬笔书法作品的创作； 4. 能用粉笔进行楷书书写；	在规范的基础上能用硬笔与粉笔书写得更加快捷、美观。
	三年级	1. 初步掌握楷书（行书）临摹技能，做到笔画规范、严谨、合度，字体统一、美观、整齐，书写准确、迅速等； 2. 掌握楷书（行书）发展概述、唐楷的基本用笔、唐楷的基本结构，完成楷书仿作； 3. 能有效地运用于教学实践中；	经过基础训练掌握规范的软笔书法的法度，在此基础上深入临习其他字帖，并不断提高。且可以教习学生。
	四年级	1. 使学生认识到书法创作重要性，初步掌握书法创作技能； 2. 在笔画规范、严谨、合度，字体统一、美观、整齐的基础上做到章法和谐； 3. 能初步进行集字创作；	创作出优秀的集字作品。
美术	一年级	1. 认识视觉艺术的造型基本元素，如点、线、面等，以及其相互组合原理； 2. 认识视觉艺术的色彩基本元素，如明度、纯度、色相等以及相互组合原理； 3. 能够根据范本较准确的临摹简笔画与装饰色彩画；	对造型艺术审美的认识有一定的水准，且能根据需要进行组合创作。
	二年级	1. 将造型能力与色彩能力有机结合，能对儿童画的范本进行较准确的临摹； 2. 将造型基础能力进一步提高，由平面的造型向立体造型推进。能够构建富有节奏美的空间能力； 3. 能够完成儿童画的创作与纸艺作品的创作与制作；	对造型艺术审美能力进一步提高，能将所学的艺术形式直接运用于教学实践。
	三年级	1. 掌握专业的空间表现知识； 2. 以黑白版画为载体，掌握平面空间内运用丰富的元素处理复杂造型的能力； 3. 掌握几何石膏体的写生能力；	通过石膏写生的训练让学生掌握在二维空间营造三维空间的能力，通过版画的学习掌握在二维的空间表现丰富图像的能力。

续表

领域	阶段	底线标准	发展目标
美术	四年级	1. 在纸艺的基础上使学生掌握更丰富的手工制作与表达能力； 2. 认识中国绘画及其审美特点； 3. 初步掌握中国画表现技法，能临摹小写意花鸟画与工笔花鸟画；	能将手工制作作品直接作用于教学实践与班级建设实践，将中国绘画所承载的传统精神渗透于教学实践。

四、提高课堂艺术内涵

提高高校课堂教学的艺术内涵，主要通过提升小学教育专业不同学科（艺术类与非艺术类）教师的科研和教学水平来实现，其目标主要在于通过教师科研与教学水平的提高，实现他们在透视实践和变革实践方面的能力，这一能力是实现把艺术教育和师范生专业技能水平相融合的最为关键的因素，更是提高高校教师在学生的教学见习、实习实践中从艺术素养角度指导学生思考和提升专业素养能力的关键环节。

在高校教学课堂艺术内涵提升方面，我们主要进行了以下几个方面的探索：第一，加强艺术课堂管理，进一步强化艺术课堂教学规范。第二，进行招生改革探索，从源头上提高学生的艺术素养基础，保证艺术教学的基础水准；第三，所有教师进入小学一线的教学实践，提高他们理解一线教学、参与一线教学变革的能力，并以此作为增强高校教师教学能力、以艺术素养为视角的实践透视能力，提高他们在课堂教学中基于艺术素养的对话与生成能力。

制度是规范行为、形成习惯、使各项事物正常运行的保障。在提高课堂艺术内涵方面，我们主要从两个方面进行规范：教师的教学行为规范和学生与教师的礼仪规范。教师的教学规范包括常规听课制度、青年教师教学技能竞赛制度、优秀教师观摩制度、教学督查管理制度、教学反馈管理制度、技能实训管理制度等（开放琴房、舞蹈房、书画教室，安排学生进行教师基本功训练），使教师有充分的机会参与艺术学科与本学科的研讨、交流和课堂实践，为强化艺术专业教师的教学与教师发展的关系，提升学科专业教师在教学过程中的艺术素养渗透意识和能力提供条件和基础保证。

学生与教师的礼仪规范则充分体现了小学教师工作的严谨性与美育特征。从教师方面讲，在教学以及与学生的日常交往中，要做到语言美、形象美，在课堂教学中则要体现出教师工作的师范性，树立严谨、儒雅、一丝不苟的教师职业形象，为师范生提供具体的榜样，这是一种"美"的熏陶而不是"知"的学习，这样的陶冶才最容易转化成学生的实践力量。在学生的礼仪规范方面，我们也进行了大胆的改革，制定并坚持教学常规，希望通过日常实践，从细微处入手，培养学生文明礼仪行为，使美的实践渗透到学生生活的点点滴滴。我们倡导温文尔雅的行为方式,提倡关爱、尊重、活泼的师生关系,营造认真、严谨的学习氛围,对于这些要求和导向,我们既有入情入理的倡议,有严格适宜的制度,更有绵密的日常实践。校园里师生见面的礼仪问候、上课铃声响起一声"老师好!",包含着学子对老师的尊敬,学生对自己专业的尊敬,也内含着对学生美的行为熏陶。在课堂教学过程中,不随便离开自己的位置、手机关机或处于静音状态、上课专心听讲、不带早餐进教室、女生不穿太露的衣裤,这些看似与当今"开放"观念不太匹配的要求与实践,恰恰培养的是"礼仪"背后的美的涵养和职业气质。

从艺术素养与教学技能结合的角度说,我们也通过教学辅以制度化的考核体系,实现重技能、重艺术的培养理念。与课程群建设相配套,我们还建立了不同学科小学教师培养的教学技能考核要求,包括小学语文、小学数学的说课模拟上课技能、教案撰写技能、书写技能、课堂语言艺术技能、课件制作技能、课堂行为观察与剖析能力等,全方位培养师范生适应一线教学各方面的技能,使得学生在教学手段技能(板书、语言艺术、课件制作等)、教学学科基本技能(教案撰写、说课、模拟上课等)和科研技能(课堂行为与观察等)方面有了极大的融合与提高,为师范生教学技能培养奠定了强有力保证。同时,我们推出对所有小教师范生进行教学技能的达标考核制度,只有考核合格才可以进一步参加教育实习和实践活动,极大地激励了师范生对于教学技能的学习和训练,同时也使我们的在校师范生乐于并敢于把自己已经获得的艺术修养与教学技能相结合。

从招生方式入手,对学生的艺术基础进行把关,是我们提升教学艺术内涵的另一举措。招生制度的统一性对小教专业生源的冲击和影响。小学教师人才培养具有一定的规律性,要把一个本科生培养成为合格的小学教师,需要具备一些入学前的先天条件,如身体素质、文化特质、艺术底子等。但近几年来,师范类招生不能面试,对招生工作带来一些不利因素;而这些不利因素必须在本科四年的教学和学习中得到弥补和改善,以培养出既适合社会当前需要又具有较大发展可能的初等教育学校教师,这一任务并非不能完成,但至少给我们全体学生艺术素养的全面、大幅度提升造成了一定困难,也给部分艺术基础较差或者艺术天赋偏低的学生造成极大困扰。

基于对这一现实问题的思考,也是对原中师招生面试制度这一经验的继承,我们努力策划并实施了小学教育专业招生"一位一体"改革工作。在省教委的同意和支持下,自 2011 年起,三位一体招生工作顺利展开。在三位一体招生中,我们通过面试和其他优惠政策,有效降低了传统的高校招生制度对初等教育生源的冲击和影响。中国和世界各国的初等教育师资培养有一个不争的事实:并非人人都具备成为一名小学或幼儿园教师的条件,并非每一个高考生通过四年本科培养都能成为一名合格的小学或幼儿园教师。学习成绩一直低下的考生要成为一名优秀教师势必困难,成绩好但心理素质或教师基本素养先天不足的考生要成为一名(好)老师更是难上加难!所以挑选综合素质好、具备先天教师条件的考生是培养一代能担负起基础教育众人的关键!"三位一体"招生综合评价了考生的"教师基础条件",其做法符合初等教育对教师培养人才的挑选。在校考环节,所有担任考官的高校专家、小学校长、幼儿园园长都有同感:通过面试具备教师基本素养的考生入围了,而先天不足的考生则基本不会或不可能进入该专业。这是小教教育本科专业三位一体招生体现出来最直接的作用,简单讲,经过学校组织的面试和综合评价入围的考生,作为培养单位,我们心里是有底的,虽然现在作百分之百的定论或许为时过早,但我们已经做好准备,将对不同办法录取的考生单独编班进行对比研究,以寻找证据与规律;从学生方面看,那些对于小学教师这一职业要求本身存在着先天不足的学生来说,也因此可以避免因信息不对称或者对该专业不了解而盲目进入该专业,以免造成个人痛苦和人才浪费的尴尬。

"自主测试、参加高考、综合评价、提前录取"的考试录取举措,有效提高了学生入校时的艺术基础素养,为我们基于艺术素养的小学教师培养模式建构提供了有利条件,也提高了小学教育专业的男生比例,这是我们收获的意外之喜。同时,我们率先在国内尝试进行的"三位一体"招生改革,也在一定意义上打破了我国推行多年的"一考定终身"传统高考制度,对深化与完善"新课改高考"具有积极的现实意义。

最后,提高课堂教学艺术内涵是鼓励所有高校教师进入小学一线的教学实践,提高他们理解一线教学、参与一线教学变革的能力,并以此作为增强高校教师教学能力、以艺术素养为视角的实践透视能力,提高他们在课堂教学中基于艺术素养的对话与生成能力。高校教师对一线教学实践的理解和透析能力,是他们能否把艺术素养自然地渗透进师范生专业能力培养过程中的基础和关键因素,传统的理论传授型教学方法和理论应用于实践的师范生培养理念,在当今的师范生培养中已经不再适应。为了提升高校教师指导实践的能力,并以此为基础提升小学教师培养实践效益,我们制定了具有学科特色的合作研究方案,立足办学特征,拓展地方横向研究,以小学课堂教学改革和小学教师发展为研究基础,积极拓展地方科研领域,根据学院专业特点和师资队伍现状,制定科研工作目标,通过科研培育逐渐形成以教学研究和社会横向科研服务为内容的科研特色。

基于专业特点,小学教育专业的科研工作主要围绕小学教师专业人才培养研究和服务地方教育科学研究两个方面。我们以附属小学及教学实践基地为试验田,积极进行教学科学研究,先后申报并完成"教师行为与儿童观察"、"心理理论与同伴交往"等省部级课题;建立了基于课堂教学研究需要的"教师行为观察实验室"和"课堂教学分析实验室";同时,我们把拓展地方横向科研服务作为专业发展的一个突破口,学院依托10多所附属小学和50多个教学实践基地,进行基础教育的横向课题研究。学院和东城教育集团及金城教育集团的合作,涵盖数学、语文、音乐、美术、英语五大学科方向,取得了双赢的教学科研成果。

我们要求小学教育专业的教师必须贴近基础教育第一线,每位教师每学期下小学听课至少两次,新教师要下小学锻炼不少于一学期,广泛邀请一线名师名校长来学校举办新课标学习论坛,作系列讲座,聆听国家课改实验基地的小学骨干教师的现场公开课,与小学教师联合举办互动式评课等活动,使小学教育专业师生真正了解基础教育,实现"面向小学,深入小学,了解小学,服务小学"的办院宗旨。在这个过程中,教师们对小学教育教学发展与改革趋向做到心中有数,在日常教育教学工作中将这种改革与发展的信息及时融合进自己的课堂教学中去。同时小学教育专业的教师在教育实践中发现现阶段小学教育实践中存在的热点、难点问题,找到理论研究、探讨的切入口,架起研究与教学一体化、理论与实践一体化的科研立交桥,为所在小学解决教育实践中存在热点、难点问题给予理论上的援助,提高杭州市小学教育教学科学研究质量,从而使理论和实践两支队伍水乳交融,优势互补,在共生共长中相互推进。

走入基层进行教育教学科学研究,是小学教育专业教师提升自身能力的基础;积极引进和培育人才,提升师资队伍的整体科研和教学水平,则是快速提高专业办学质量的捷径。学院想法是设法在科研队伍建设方面采取了不少有效措施,积极引进人才,师资队伍建设得到较大改善。2009年,学院组建了六个院级学科教学研究所,在此基础上,2010年,学院依托上海教科院顾泠沅教授为杭师大特聘钱江学者,组建"课堂教学分析实验室",组织团队进行研究,有多名学科教法老师积极参与,工作正在逐渐展开。同时,学院还选派优秀学生和教师到国外教育交流,邀请国内、外专家来院学院交流、讲学,为教师发展提供力所能及的各种条件和平台。除此之外,我们在师资配备、教学科研经费、招生等方面均有鼓励措施。学校鼓励教师下小学锻炼,根据小学教育专业课时多,需普及艺术教育等特点,在人员编制、经费核算等方面也有优惠措施。近三年,小学教育专业有近20位教师在学校资助下,脱产或半脱产参加学历培训或下小学锻炼,学校每年投入小学教育专业20万元建设经费,加上学院创收经费投入,合计约70万元。这些政策和措施形成合力,整体提升了小学教师专业的师资水平,目前学院有多名教师担任省级以上学术组织的主要职务。(见表2-2)

表 2-2 教师担任的省级以上学术组织主要职务

组织及职务名称	人数
中国教育学会理事	1 人
全国小学教师教育专业建设委员会常务理事	1 人
中国音乐家协会手风琴学会常务理事	1 人
全国高等院校教师教育专业音乐教材编委会委员会副主任	1 人
中国高等教育学会语文教育专业委员会学术委员	1 人
中国高等教育学会语文教育专业委员会语文教学法研究中心主任	1 人
中国教育学会儿童心理专业委员会理事	1 人
中国教育学会师范美术教育专业委员会副秘书长	1 人
浙江省教育学会副会长	1 人
浙江省教育学会理事	1 人
浙江省教育学会小学教师教育分会常务副会长	1 人
浙江省教育学会小学教师教育分会常务理事兼秘书长	1 人
浙江省教育学会小学教师教育分会理事	1 人
浙江省高等教育科学专业委员会理事长	1 人
浙江省音乐家协会理事	1 人
浙江省音乐家协会手风琴专业委员会会长	1 人
浙江省音乐家协会电子琴专业委员会会长	1 人
浙江省教育厅艺术教育委员会副秘书长	1 人
浙江省青年书法家协会教育委员会主任	1 人
浙江省书法家协会会员	1 人
浙江省美术家协会会员	1 人
西泠印社社员	1 人

五、搭建艺术实践平台

艺术平台的搭建,主要是为了保证学生能把掌握的艺术实践能力表现出来、把形成的对艺术的理解表达出来,把现实生活中、教育教学技能形成过程中的艺术内涵挖掘出来。与学校公开艺术教育所搭建的艺术平台相比,我们所搭建的艺术平台具有两个方面的独特之处:第一,以教育实践和学生的教师专业技能形成为目标;第二,艺术实践的整合核心领域是小学教师的日常实践。

就小学教师专业技能形成的实践支撑来看,我们在50所小学建立了教学实践基地,制定了四年一贯的全程性、渗透性的教育实践计划,使小学教育专业培养的人才真正认识基础教育、了解基础教育、服务基础教育,实现人才培养的实践性和创新性;重视教学实践基地建设,在四年中有计划、有步骤、循序渐进地培养学生的实践能力,将学校教育与教育实践和社会实践相结合,适应人才培养的时代性。

积极参与并建设校师范生教学技能示范中心建设项目,其中最为重心的项目即艺术类实验室,占学院技能类实验室的份额超过60%。(见表2-3)

表2-3　初等教育学院小学教育专业师范生技能示范中心项目

序号	实验室(中心)名称	地点	对应专业	对应课程	系、部
1	教师行为观察室	艺201	小学教育专业	教师行为观察	小教系
2	科学实验室	艺448	小学教育专业	小学科学实验与指导	综合理科
3	智能机器人实验室	艺305	小学教育专业		综合理科
4	"三模"制作实验室	艺305	小学教育专业		综合理科
5	书法实训室(休闲坊)	艺102,104	小教、学前等专业	书写、书法	艺术
6	美术实训室	艺106,108	小教、学前等专业	美术类课程	艺术
7	舞蹈实训室	艺206,210	小教、学前等专业	舞蹈类课程	艺术
8	电钢琴实训室	艺342	小教、学前等专业	琴法类课程	艺术
9	琴房	艺术中心	小教、学前等专业	琴法类课程	艺术

2012年在学院搬迁到仓前新校区的规划中,我院首先考虑的也是新校区中小学教育专业师范生技能实训中心的设置问题,目前已经落实小学教育专业的有16个教学实验室,18个教学实训室,124个琴房,有关涉艺术教育的项目规划见表2-4。

表2-4　(新校区)初等教育学院小学教育专业师范生技能示范中心项目安排

序号	实验室(中心)名称	对应专业	对应课程	系、部
1	远程控制多媒体教室	小教、学前等各专业	学科教学法训练等课程	综合文科、理科
2	普通话实验室	小教、学前等各专业	普通话、教师口语等课程	综合文科部
3	心理及教师行为观察室	小教、学前等各专业	心理及教师行为观察等课程	小教、学前
4	心理实验室	小教、学前等各专业	心理学类课程	小教、学前
5	心理辅导工作室	小教、学前等各专业	心理辅导类课程	小教、学前

续表

序号	实验室(中心)名称	对应专业	对应课程	系、部
6	"三模"制作实验室	小学教育专业		综合理科
7	智能机器人实验室	小学教育专业		综合理科
8	综合活动实验室	小学教育专业		综合理科
9	数码摄像实验室	小教、学前等各专业		综合理科
10	课件制作室(含编辑室)	小教、学前等各专业		综合理科
11	书法实训室(2个)、书法工作室(3个)、储藏室	小学教育专业	书写、书法	艺术
12	书画休闲坊	小教、学前等专业	书法	艺术
13	美术实训室(3个)、美术工作室(2个)、储藏室	小教、学前等专业	美术类课程	艺术
14	手工实训室(3个)、储藏室	小教、学前等专业	手工类课程	艺术
15	舞蹈实训室(3个)、更衣室、化妆间、储藏室	小教、学前等专业	舞蹈类课程	艺术
16	电钢琴实训室(2个)	小教、学前等专业	琴法类课程	艺术
17	音乐实训室(含音乐活动室)(4个)、储藏室	小教、学前等专业	音乐类课程	艺术
18	琴房	小教、学前等专业	琴法类课程	艺术

在艺术实践平台建设上，我们广泛组织学生参与学校的公共艺术类表演、比赛、艺术创作活动等，并结合专业特点，独创年度性艺术实践类综合实践活动"六艺节"，和以艺术为主要内容兼及教学实践技能的特长生评比活动，以"六艺节"和特长生评比为抓手，将课内学习和课外训练结合，全面提高学生的艺术素养，以及语言表达和现代教育技术等教师基本职业技能，实现学生的全面发展。

拥有良好的艺术素养需要丰富的艺术类课程、教学作为手段，我们的小学教育专业广泛开设了音乐、美术、舞蹈、书法等艺术类课程，同时我们开设了普通话、课件制作、现代教育技术等教师职业技能课，并在两者之间寻求结合的最佳节点，保证教师职业技能的训练过程中有充足的艺术实践和艺术体验，通过具体的专业技术实践锻炼来提高学生的艺术素质，让学生成为全面发展的人。

为了保证学生有足够的时间进行技能训练，按照技能训练的学习规律，学院将琴房、音乐、舞蹈、书法、美术教室全天开放，同时安排了学生课外训练时间，保证学生有时间、有地方、按要求进行教师职业技能训练。为了进一步提高学生的教师职业技能学习的积极性，小学教育专业从2004年开始每年举办"六艺节"[说、唱、弹、舞、书、画(课件制作)]，通过多种方式，如简笔画人人过关考试和钢琴比赛、班级舞蹈比赛、美术与书法比赛等方式,在普通话、声乐、器乐、舞蹈、书法、绘画和课件制作方面,给学生以展示的空间和舞台,形成学生学习教师职业技能的氛围。

小学教育专业还进行特长生评比活动。在语文教学、数学教学、音乐、美术书法、舞蹈、科学制作等 11 个方面进行多种形式的考核,符合要求的同学获得的特长生证书就作为学校向用人单位推荐的推荐证书,引导小学教育专业学生将理论学习与教学实践、教师职业技能训练相结合,培养具有良好应用性的实践综合型师范教育人才。

在这些措施的保证下,我校小学教育专业本科毕业生以基础扎实、知识面广、从教能力强、科研潜力大、心理素质好,普遍受到用人单位的欢迎,每年的教育实习和毕业分配工作前夕,都有用人单位提前来要我们的实习生和毕业生。近年来学生在与艺术相关的国内、省内比赛、展演中获得了好成绩。部分学生获奖情况如下(表 2-5)。

表 2-5　小学教育专业部分学生艺术相关类奖项(不完全统计)

获奖名称	奖励等级	获奖人/单位
红丝带艾滋病海报设计大赛	一等奖	初等教育学院
杭州师范大学第九届大学生多媒体作品设计竞赛	平面设计类三等奖	何伊婷《尘封的记忆》
	动画设计类三等奖	龙娜《井底之蛙》
	课件设计类三等奖	沈绿萍《古诗学习》
浙江省第七届"挑战杯"赛博大学生创业计划竞赛	"子渊"少儿国学乐园(一等奖)	陈娅(团队成员,排名第二)
浙江省师范生教师技能大赛	优胜奖	丁羽　夏红萍
首届浙江省大中小学生规范汉字书写大赛	软笔一等奖	杨佳佳
中国教育学会第 22 次全国学术年会论文征集和评选活动	全国优秀论义二等奖	沈莉芳
杭州师范大学第十一届"挑战杯"大学生课外学术科技作品竞赛	二等奖	诸金娥、沈若静:《杭州市小学高段语文教师理答行为的调查与研究》
	三等奖	吴飞飞等:《志愿服务对"90 后"大学生道德社会的影响研究——基于对杭州 12 所大学的实证研究》 郑燕婷、吴晓青:《小学生良好学习习惯的现状调查与对策研究》

续表

获奖名称	奖励等级	获奖人/单位
杭州师范大学"艺海拾贝"书画比赛	硬笔书法类一等奖	楼叶丹　杨苻淇
	硬笔书法类二等奖	陈　岑　徐　晶　林洁玲　卢郦澜　沈绿萍
	硬笔书法类三等奖	郑　燕　郑丹玫　吴淑萍　吴丽花　钟倩茹
	软笔书法类一等奖	丁　羽　蒋　茹　钱　泳
	软笔书法类二等奖	张令凯　许亚菲　方敏敏　阮慧慧　罗　静　高佳丽　厉莉
	软笔书法类三等奖	金杭莉　江　俊　潘佩琼　吴绚灿　胡双阳　高钟梅　高　晨　许　芸　陈晓妮　葛佳燕　夏红萍　鲁思思　蔡欢欢
	绘画类一等奖	张瑜佳　屠琼箫
	绘画类二等奖	陈　亦　苏叶娜　孙　佳
	绘画类三等奖	夏国婕　曹　越　孙亚琪
杭州市大学生暑期社会实践活动	优秀团队	"彩虹夏令营"暑期社会实践小分队

　　获奖仅仅是我们艺术教育和师范生艺术素养水平的一个外在的呈现,更为重要的是,我们在专业建设中已经形成浓浓的艺术文化氛围,丰富多彩的艺术类活动和师范生专业技能与日常行为规范中透露出的厚重的艺术素养,已经成为我们人才培养模式的一张耀眼的名片,成为被社会大众尤其是一线小学校长和教师们认可与称道的特色:在教育部组织的本科教学评估中,教育部评估专家组来到初等教育学院,饶有兴致地参观了艺术中心展厅内学生美术书法作品展,以及美术、书法、舞蹈实训室,以及教师行为观察室、琴房等专业教室。专家们被学院浓郁的文化氛围和书香气息所吸引,书法作品、粉笔字立板和绘画、手工艺术作品表现出初等教育学院人才培养的特色——注重教师职业技能,文理兼修、艺体兼备,让前来参观的专家纷纷驻足观赏。他们十分欣赏走廊里展出的我校多位著名校友和著名教师画像。专家们认真观看了学生现场书法练习、舞蹈课和多媒体课件制作展示等,并同学生进行了亲切交流。当得知我院学生通过三四年的专业训练后,大多成为师范技能扎实、艺术素养深厚、素质全面的"能手"、"多面手"时,专家们表示赞赏并给予高度评价。

　　经过多年建设,小学教育专业已经逐步形成一支师资结构优化、人才培养特色成熟、独特的小学教师培养机构,我们拥有一支既有深厚理论素养、又有丰富教育教学实践经验且对培养具有深厚艺术素养的小学教师的路径和方法有独特见解、在一线小学教育界有较大影响的师资队伍,形成了文理渗透,文科、理科、艺术学科协调发展的学科比较优势,打造出立足杭州,面向全省,辐射全国的具有初等教育人才培养特色的专业品牌。小学教育专业是浙江省高校首批一百个重点建设专业之一,并于2006年成为浙江省小学教育人才培养实验基地,2008年该专业成为国家级小学教育特色专业。

第四节 模式建构

经过多年的探索和实践,在不断修正、完善的基础上,我们基本完成了"标准取向"的基于艺术素养的小学教师培养模式的构建,我们在"完成"之前加上了"基本"作为定性,是因为这仅仅是我们探索的初步结果,尽管已经在人才培养实践中呈现出成效,但还是有很大的有待完善和改进的空间。

"标准取向"的基于艺术素养的小学教师培养模式可以简单地概述如下:

第一,"标准取向"中的标准,主要指的是师范生艺术素养的标准,它是一个有层次、有梯度的标准体系,一方面规定了师范生必须达到的艺术素养的具体项目,另一方面规定了评价的标准。艺术素养标准属于底线标准,即所有师范生都必须达到的,但达到标准的时间具有灵活性,部分学生在大一、大二即可达到标准、通过考核;部分学生则要晚一些,比如到大三甚至大四。与底线标准并列的,还有提高性标准,这些属于师范生培养过程中艺术素养提升的"荣誉"标准,即部分在艺术方面能力强的同学可以申请达标,达标后颁发相应的证书。

第二,"师范生艺术素养标准"不是"师范生艺术技能标准",它不但强调师范生应该具备的艺术内涵,更为重要的是,在厘定标准时要充分考虑艺术与教学技能的融合,师范生艺术技能的提高并非我们人才培养模式中的最终目标,它在一定意义上是要为师范生专业技能的形成和发展服务,它的目的在于师范生艺术技能形成过程与结果的丰富性和艺术美感。

第三,"标准定向"主要表现在三个方面:①在学生的专业发展方面,本模式形成的体系化、有层次、弹性考核的标准,使学生有可能在艺术素养标准提升方面享有知情权、策划权、决定权,从而实现他们在艺术能力方面的主动性;②在课程建设与教学改革中,艺术素养标准成为教学内容、教学方法、教学手段等变革的核心依据,它体现为艺术课程与非艺术课程与教学的双向渗透;③以艺术实践为抓手的师范生技能形成过程中的指导与考核,侧重指导和考查学生艺术素养与专业技能相结合的能力。

  "标准取向"的基于艺术素养的小学教师培养模式可以用图 2-2 作一简要的说明,具体措施与方法将在以下各章进行阐述。

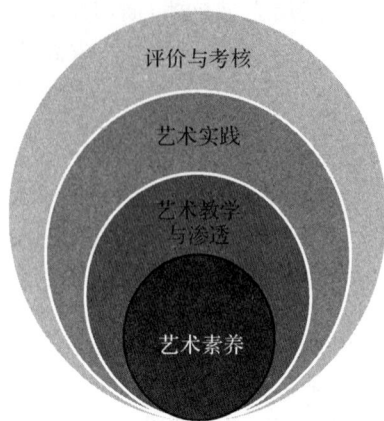

图 2-2 "标准取向"的基于艺术素养的小学教师培养模式简图

第三章　师范教育中艺术素养教育的历史发展

第一节　清朝末期师范教育中的艺术素养教育

19 世纪末至 20 世纪初,中国社会处在剧烈的变革和动荡中,中西方文化间的碰撞对话,以及传统封建大国国力的衰微,让国人明白了变法维新、改革教育的重要性。1897 年(清光绪二十三年)上海南洋公学设立的"师范院",是中国新式师范教育的开端。1902 年张謇在南通创办通州师范学堂,为中国第一所中等师范学校。1905 年清政府设立学部,中国教育管理近代化开始了。清末中国的师范教育大多参考日本,培养师范生的艺术素养在当时中国社会上下有了初步的认识。

1902—1907 年,王国维发表了《论教育之宗旨》、《孔子之美育主义》、《霍恩氏之美育说》、《论小学校唱歌科之教材》等一系列文章,系统地阐述了美育之价值及功用的学者。他在 1906 年发表的《论教育之宗旨》一文中说:"美育者,一面使人感情发达,以达完美之域;一面又为德育与智育之手段。"然而王国维的教育思想在当时虽并没有引起广泛的关注,但在清政府的师范教育中已经具备了艺术素养的相关内容。

1902 年 9 月清政府颁布了《京师大学堂章程》。京师大学堂师范馆的课程有伦理、经学、教育学、习字、作文、算学、中外史学、中外舆地、博物、物理、化学、外国文学、图画、体操等。在第一至第四学年的课程设置中,除第二学年的图画课每周两课时外,其他学年均占到每周三课时。在《京师大学堂章程》中还规定了习字、图画、手工的具体教法:如习字先教楷书,次教行书,次教小篆。并明确交代老师的教字之法,切忌草率、软弱、攲斜、不洁、松散、奇怪。图画则以位置形状、浓淡得宜为主,辅之以渲染彩色之法。手工则先教竹木细工,其次普通金属细工,再次纸制细工、最后黏土细工等①。

1904 年 1 月清政府颁布了《奏定初级师范学堂章程》《奏定优级师范学堂章程》。指出，师范教育要"变化学生气质，激发学生精神，砥砺学生志操，在充教员者最为重要之务；故教师范者当化导各生，养成其良善高明之性情，使不萌那妄卑鄙之念"，"必须常以忠孝大义训勉各生，使其趣向端正，心性纯良"②明确规定了省会的初级师范分完全科要学习修身、读经讲经、中国文学、教育学、历史、地理、算学、博物、物理及化学、习字、图画、体操等课程。满足写一手好字，能绘一些简单的图画之需要。

1907 年女子师范教育开始。当年 3 月颁布了《女子师范学堂章程》，以培养女子小学堂教习、蒙养院保姆及有益家庭教育之贤母旨。课程开设有修身、教育、历史、地理、算术、格致、图画、家事、裁缝、手艺、音乐、体操等。其中开设图画课的目的在于精密观察物体，能描摹其形象神情，兼养成尚美之心性。手艺则切于女子之手艺，使其手指巧致，性情勤勉，补助生计。音乐选有裨风教者，以此感发其心志，涵养美德。其中在第一学年至第三学年的教学中，手艺每周有四课时（第四学年为三课时），教图画和音乐的课时为多。

第二节　民国时期师范教育中的艺术素养教育

"中华民国"成立后，教育部进行了一系列教育改革和相关问题的研究，开创了中国教育的新局面。其中蔡元培先生的教育思想和改革措施影响深远。1931 年，蔡元培曾在《二十五年来中国之美育》一文开宗明义："美育的名词，是民国元年我从德文的 Sthetische Erziehung 译出，为从前所未有。在古代说音乐的、说文学的、说书画的，都说他们有陶冶性情的作用，就是美育的意义，不过范围较小，教育家亦未曾作普及的计划。最近二十五年，受欧洲美术教育的影响，始着手于各方面的建设，虽成绩不甚昭著，而美育一名词，已与智育德育、体育等，同为教育家所注意，这不能不算是二十五年的特色。"③民国元年，蔡元培出任首任教育总长后，撰写了《以美育代宗教说》《文化运动不要忘了美育》《美术的进化》《美学的进化》《美学的研究法》《美术与科学的关系》《美育实施的方法》《美育》《以美育代宗教》等文章。在蔡元培看来，"美育者，应用美学之理论于教育，以陶养感情为目的者也。人生不外乎意志；人与人互相关系，莫大乎行为。故教育之目的，在使人人有

---

① 舒新成：《中国近代教育史资料》中册，北京：人民教育出版社，1981 年，第 675—676 页。
② 舒新成：《中国近代教育史资料》中册，北京：人民教育出版社，1981 年，第 675—676 页。
③ 蔡元培：《蔡元培全集·第一卷》，杭州：浙江教育出版社，1997 年，第 79 页。

适当之行为,即以德育为中心是也"①。他在《以美育代宗教说》中认为:"纯粹之美育,所以陶养吾人之感情,使有高尚纯洁之习惯,而使人我之见、利己损人之思念,以渐消沮者也","要之美学之中,其大别为都丽之美,崇闳之美(日本人译吉优美、壮美)。而附丽于崇闳之悲剧,附丽于都丽之滑稽,皆足以破人我之见,去利害得失之计较,则其所以陶养性灵,使之日进于高尚者,固已足矣"②。在《美育实施的方法》一文中,蔡元培认为学生不常在学校,社会应该给予更多美育的机会。他对美育在社会中实施的策略有了具体分析:社会美育应该从专设的机关谈起,其中美术馆可以罗列各种美术品,分类陈列;美术展览会,须有一定的建筑,每年举行几次展览会,如春季展览、秋季展览等;可设一定的音乐会会场,定期演奏,在夏季也可在公园、广场中演奏;可将歌舞剧、科白剧分设两院,亦可于一院中更番演剧;影戏馆的演片须经审查,凡无聊的滑稽剧,凶险的侦探案,卑猥的恋爱剧都去掉,单演风景片与文学家作品;历史博物馆所收藏的大半是美术品,可以看出美术进化的痕迹;人类学博物馆所收藏的不全是美术品,或许有很丑恶的,但可以用于比较各民族的美术,或是性质不同,或是程度不同;博物学陈列所与植物园、动物园,这固然不是专为美育而设,仅矿物的标本与动植物的化石,或色彩绚烂,或结构精致,或形状奇伟,很可以引起美感。蔡元培的美育思想中不只是师范教育中的美育,这种美育有宗教的意义,并且在社会中产生持续的效力,是影响人的一生的教育。

随后,蔡元培以教育部的名义陆续公布了《小学校令》《中学校令》《师范教育令》和《大学令》,规定了各级学校艺术课程的具体内容,明确了艺术教育在学校教育中的地位。中小学教学模式中综合有音乐(或唱歌)、美术(或图画)、手工课程。

与此同时,教育部相继颁布了一系列关于师范教育的法规,如1912年9月,《师范教育令》、1912年12月《师范学校规程》、1913年2月《高等师范学校规程》。这些法令为创办规范化的师范教育奠定了基础。其中规定师范学校第一部中的学习科目有修身、教育、国文、习字、英语、历史、地理、数学、博物、物理化学、法制经济、图画、手工、农业或商业、乐歌、体操、缝纫、家事园艺等。同时在女子高等师范学校文科中设置有以下课程:伦理、教育、国文、外国语、历史、地理、家事、乐歌、体操;理科科目有伦理、教育、国文、数学、物理、化学、植物、动物、生理及卫生、矿物及地质、外国语、家事、图画、乐歌、体操;家事科科目有伦理、教育、国文、家事、应用理科、缝纫、手艺、手工、园艺、图画、外国语、乐歌、体操。其中艺术素养教育的介入要使学生谨于摄生,勤于体育;陶冶情性、锻炼意志;富于美感,勇于德行;爱国家、尊宪法,并使学生究心哲理而具高尚之志趣。③ 民国初年,其他一些师范学校也有不

① 蔡元培:《美育》,《蔡元培教育文选》1980年,第195页。
② 蔡元培:《以美育代宗教说》,《蔡元培教育文选》1980年,第32页。
③ 舒新城:《中国近代教育史资料》(中册),北京:人民教育出版社,1981年,第702—703页。

同程度的艺术素养教育。北京高等师范学校、成都高等师范学校开办有图画手工专修科和音乐训练班；南京高等师范学校设有工艺科，以应职业技能之需要；武昌高等师范学校开设了乐歌课，内容有乐曲、声乐、歌曲等；手工课主要学习金木工、石膏熟土及纸细工等；美学课讲授《欧洲美术史》；图画课学习植物写生、标本临画以及水彩写生。

浙江省立第一师范学校校长经亨颐认为，教育者首先应当具备高尚的品德。学校注重学生的全面发展，尤其注重美育。他主张对于学生因材施教，推行自由、自治与自律。在课程设置方面，主张全面发展：文学、艺术、科学、数学、体育、运动，无所不包，而目标则在于为社会培养正直、坚强、学识兼备的人才。经亨颐对艺术素养教育甚为关注，"西湖具天然之雅，历史之光，岂徒供文人骚士之游览，遂足尽其风趣？因地制宜，以之设立美术专门学校，提倡美感教育，谁曰不宜？夫美术学校之设立，有二目的：曰以地力之美而设立美术学校以利用之，曰以地方之不美而设立美术学校以鼓励之。前者精进主义，后者开化主义。吾浙而无美术学校，辜负湖山，岂不可惜？天然图画，点写不尽；音歌啸傲，山谷共鸣。不能分立美术、音乐为二校，暂不妨列音乐为美术学校之一科。长堤柳影之间，多一点缀，较之红砖叠叠之新建筑，相去不知几何也。"①他在任杭州第一师范学校校长时，任用、培育了周树人、朱自清、刘质平、丰子恺、潘天寿等一大批优秀人才。1912 年经亨颐到上海请李叔同来校担任音乐和美术教师。

李叔同是一位全能型的天才，李先生精通作曲、作歌、作画、作文、吟诗、填词、写字、金石、演剧，而且每种都很出色，堪称一位全能的艺术大师。他对美育有独特的理解。他认为，"今严冷之实利主义，主张审美教育，即美其情操，启其兴味，高尚其人品之谓也。此图画之效力关系于智育者也。若夫发审美之情操，图画有最大之伟力。工图画者其嗜好必高尚，其品性必高洁。凡卑污陋劣之欲望，靡不扫除而淘汰之，其利用于宗教、教育、道德上为尤著，此图画之效力关系于德育者也。又若为户外写生，旅行郊野，吸新鲜之空气，览山水之佳境，运动肢体，疏瀹精气，手挥目送，神为之怡，此又图画之效力关系于体育者也。"②李叔同在《音乐小杂志序》中对音乐的功用做出如下阐述："呜呼！声音之道，感人深矣。惟彼声音，金出天然；若夫人为，厥有音乐。天人异趣，效用靡殊。夫音乐，肇自古初，史家所闻，实祖印度；埃及传之，稍事制作；递及希腊，乃有定名，道以著矣。自是而降，代有作者，流派灼彰，新理泉达，瑰伟卓绝，突轶前贤。迄于今兹，发达益烈。云水涌，一泻千里。欧美风靡，亚东景从。盖琢磨道德，促社会之健全；陶冶性情，感情神之粹美。效用之力，宁有极矣。"1912 年至 1918 年，李叔同在杭州第一师范学校亲自担任音乐、美

---

① 经亨颐：《全浙教育私议》，《经亨颐教育论著选》，北京：人民教育出版社，1993 年，第 5 页。
② 李叔同：《图画修得法》，见《李叔同文集》，北京：线装书局，2009 年，第 128 页。

术、手工老师,并且培育出刘质平、丰子恺这样的艺术大师。丰一吟《父亲的恩师李叔同先生》中说"(丰子恺)1914 年来到杭州浙江省立第一师范学校求学的期间,正是受到了音乐、美术老师李叔同先生的启迪、培养和精心教育,才向艺术领域迈出了决定性的一步。"[①]

　　1919 年丰子恺从浙江省立第一师范学校毕业,与吴梦飞、刘质平三人有感于国内艺术师资的缺乏,以私人的财力创办了上海专科师范学校,培养中等与小学艺术教师。1920 年,丰子恺在《美育》杂志创刊号的宣言中说:"我们美育界的同志,为了这个缘故,所以想趁着新潮流,尽力来发展我们的事业。你道我们的事业是什么? 就是'艺术教育运动'。这个运动的基础,就在'学校教育'和'社会教育'里面","我们美育界的同志,就想趁这个时机,用'艺术教育'来建设一个,新人生观。"丰子恺的美育思想和理念是对蔡元培美育替代宗教思想的延续。丰子恺认为:"美好比健康,艺术好比卫生。卫生使身体健康,艺术使精神美化。健康必须是全身的。倘只是一手一足特别发达,其人即成畸形。美化也必须是全心的。倘只能描画唱歌,则其人即成机械。故描画唱歌,只是艺术的心的有形的表示而已。此犹竞技赛跑,只是健康的身体的一时的表现而已。除此以外,健康的身体无时不健,艺术的精神无时不美。可知艺术给人一种美的精神,这精神支配人的全部生活。故直说一句:艺术就是道德,感情的道德。"[②]丰子恺认为艺术教育有重要的力量,"故艺术教育有统一社会思想之力。又有艺术全上主义者,谓艺术乃真游戏,艺术家乃大儿蛮,故艺术即教育。故学校中宜厉行眼的教育,耳的教育,以及触觉的教育(即筋觉的教育)。其科目即图画、音乐、于工、与演剧也。"[③]

　　丰子恺对民国的图画教育和音乐教育也有积极的反思。"图画科之主自,原是要使学生赏识自然与艺术之美,应用其美以改善生活方式,感化其美而陶冶高尚的精神(主目的);并不是但求学生都能描画(副目的)而已。然而多数中小学图画科,都只是追求其副目的而已。其中少数追求得到的,便算是艺术科成绩特殊优良的了。其余多数的学校,可怜连副目的都追求不到。"音乐教育也存在这样的问题。"音乐科之主旨,原是要使学生赏识声音之美,应用其美以增加生活的趣味,感化其美而长养和爱的精神(主目的);并不是但求学生都能唱歌(副目的)而已。然而多数中小学的音乐科,大都只追求剧目的而已。而副目的也多数不能完全求得。因为他们的乐曲不良,而教学法又不良",丰子恺谈到了音乐教育的使命和社会责任。"近来的音乐科,教学法上固然进步一些。但是总平均起来,反而退步。因为选音

　　①　丰一吟:《父亲的恩师李叔同先生》,见《李叔同——弘一法师》,天津市政协文史资料研究委员会编,1988 年,第 266 页。

　　②　丰子恺:《艺术必能建国》,见《丰子恺集》,北京:东方出版社,2008 年。

　　③　丰子恺:《近世艺术教育运动》,见《丰子恺集》,第 154 页。

不良,含有毒质,学生的精神损失很大","到处都是靡靡之声与亡国之音。后来虽经当局禁除,但其势力深入民间,遗音至今不绝。类似的东西又层出不穷。不生耳朵的音乐先生,竟把它们采作教材,害得学生尽行化作卖唱儿"①。

叶圣陶先生对艺术素养教育也是有思考的。1923年8月,他在《教师的修养》中说:"若问宗旨,谁不会说要造就健全的人?而实施起来,不得不由算学教师教算学,由美术教师教美术……这是根本于一的意思,以为把算学美术等等东西萃于学生之一身,这学生就是个健全的人了。"②叶圣陶希望在艺术素养的基础上老师要有综合的素养,"求取知识,锻炼能力,讲究生活的意义跟实践,这些项目可无论处于什么时代,修养都是需要的遇到社会以统称为修养大转变的时代,修养尤其不能马虎,不然就不能适应,不能在大群之中尽个人的本分本志所以要请诸位先生向读者诸君说几句话,希望对读者诸君各方面的修养有点儿帮助,用意就在于此。"③

1927年3月,陶行知在南京创办晓庄师范学校。1930年迫于国民党的压迫而封闭。陶行知认为,培养乡村民众和儿童所敬爱的导师,应具有健康的体魄、农人的身手、科学的头脑、艺术的兴味,以及改造社会的精神,是全面发展和兼具艺术素养的人。所谓健全人格包括:一、私德为立身之本,公德为服务社会国家之本;二、人生所必需之知识技能;三、强健活泼之体格;四、优美和乐之感情。陶行知认为"体健"是人生和学问的一个重要目的,是生活的出发点,也就是教育的出发点。"劳动的身手"以养成吃苦耐劳的精神,乡村教师要能做农人的工作,并拜农人作先生,如此在乡间才有办学的快乐,有助乡村教育之发展。同时教师必须用科学观念来引导儿童学习,才是现代意义上的老师。乡村教师要有虚心、好观察和尝试的态度。更注重培养学生的美术精神,培养"诗的人生"之理想,以此产生"艺术的兴趣"来美化人生,涵泳人文气质。陶行知认为"生活即教育",教育和生活是同一的过程,教育在生活之中,教育必须和生活结合才能发生作用。"教育"在陶行知看来是指终生教育,它以"生活"为前提,学到老,活到老。把教育生活化,把生活艺术化,这就是陶行知追求的知行合一的教育思想。

1932年12月国民政府颁布《师范学校法》,明确规定师范教育中实施以下各项训练:锻炼强健体魄;陶冶道德品格;培育民族文化;充实科学知识;养成勤劳习惯;启发研究儿童教育之兴趣;养成终身服务教育之精神。④

1933年颁布了《师范学校规程》,规定师范学校的课程为公民、国文、历史、地理、算学、物理、化学、生物、体育、卫生、看护、军事训练、劳作、美术、音乐、伦理学、

---

① 丰子恺:《卅年来艺术教育之回顾》,见《丰子恺集》,第155页。
② 叶圣陶:《叶圣陶随笔:生活教育》,北京:北京大学出版社,第96页。
③ 叶圣陶:《笔谈会〈我们要向青年说的〉书后》,见《叶圣陶教育文集》,北京:人民教育出版社,第235页。
④ 李友芝:《中国近现代师范教育史资料》,北京:北京师范学院,1983年,第326—327页。

教育概论、教育心理、教育测验及统计、小学教材及教学法、小学行政实习等科。

1930—1935年，教育部先后颁布了《师范学校课程标准》等一系列文件，规定师范学校的课程为公民、国文、历史、地理、算学、物理、化学、生物、体育、卫生、军事训练、劳作、美术、音乐、伦理学、教育概论、教育心理、教育测验及统计、小学教材及教学法、小学行政实习等科。

1940年3月，国民政府教育部正式公布了《修正师范学校与简易师范学校教学科目及各学期每周各科教学时数表》。1941年7月公布了"师范学校教学科目及各学期每周各科教学时数表"。其中美术和音乐课在三年制和四年制的简易师范学校中每周保障有两小时授课。

1942年8月，国民政府教育部颁布的《修正师范学院规程》规定，师范学院提出，"健全师资应具之条件甚多，而学有专长，常识丰富，乐育为怀，及其哲学素养，有远识，有魄力，多才多艺，和易近人诸端，实为重要之品德"，"鼓励组织各种社团，如壁报社、音乐会、讲演会、话剧社、乎剧社、各种研究会，导引学生致力于术德进修及身心之锻炼。"[1]

1947年4月，国民政府教育部颁布《修正师范学校规程》，规定师范学校、乡村师范学校、三年制幼稚师范科、二年制幼稚师范科、特别师范科，均要开设劳作、美术、音乐课程。简易师范学校、简易乡村师范学校，也要开设劳作（农艺、工艺、家事）、美术、音乐课程。

1948年12月，国民政府教育部颁布了新的《修正师范学院规程》。规程规定，独立师范学院分设国文、英语、史地、数学、理化、博物、教育、体育、音乐、家政等系，并可设体育、音乐、劳作、图画、家政等专修科。

在当时苏区和解放区的师范教育中，艺术素养教育也是重要的内容。1932年10月，徐特立任中央列宁师范学校校长。学生是各级苏维埃政府保送的农民子弟，课程科目有语文、算术、历史、地理、政治、图画、唱歌、生理、体操、游戏、劳作等。在苏区高级师范部的课程中，业务课占40%，政治课占30%，文化课占30%。其中艺术主要开设音乐常识、技能、唱普通歌曲；美术开设绘画常识、技能、画宣传画；戏剧主要开设戏剧常识与简单的表演、演话剧及地方戏；舞蹈主要开设舞蹈常识、基本功等。[2]1946年6月12日，晋察冀边区行政委员会发布《晋察冀边区师范学校实施办法草案》培养初小师资、高小师资、初级教育行政干部。在这类师范学校中也设有音乐、美术课等艺术素养课。

---

①　《教育部教育年鉴编纂委员会・第二次中国教育年鉴》，上海：商务印书馆，1948年，第917—918页。

②　李友芝：《中国近现代师范教育史资料》第三册，及陈元晖：《老解放区教育简史》，北京：教育科学出版社，1981年。

第三节　新中国成立之后中国师范教育中的艺术素养教育

1956 年 5 月,随着社会主义改造基本完成,教育部颁发了新的《师范学校规程》,对师范学校的任务重新作了规定:"师范学校的任务是培养具有社会主义的政治觉悟、辩证唯物主义的世界观、共产主义的道德、中等文化水平与教育专业知识技能、身体健康、全心全意为社会主义教育家业服务的初等教育和幼儿教育师资。"①开设的课程有:语文、数学、地理、历史、体育、音乐、图画、物理、化学及矿物、人体解剖生理学、达尔文主义基础、自然教学法、政治、心理学、教育学、学校卫生、教育参观实习等课程等。

1956 年 6 月,教育部颁发《师范学校音乐教学大纲(草案)》和《师范学校图画教学大纲(草案)》。前者规定:师范学校用音乐艺术培养学生的共产主义思想意识和道德品质,并使学生将来能在小学中进行课内外音乐工作;培养学生爱好中国古典的、民间的、现代创作的以及世界先进的音乐艺术,使学生掌握音乐、器乐的技巧、乐理的知识,培养学生音乐的鉴赏力,使学生掌握小学唱歌教学法方面的知识和技巧。在《师范学校音乐教学大纲(草案)》还规定音乐教学包括唱歌、乐理和视唱练耳、音乐欣赏、小学唱歌教学法、器乐、课外音乐活动。

1958 年"大跃进"开始,许多高等师范院校艺术学科减少招生,甚至停招,高等师范院校中政治思想教育和劳动锻炼教育超越了其他任何学科。艺术素养教育在极"左"思潮的影响下被忽略了,其规模和质量均有大幅下滑。取而代之的是配合政治运动和与生产劳动相结合的教学。

1966—1976 年,"文化大革命"的运动风暴严重波及了中国的师范教育。陈伯达认为师范教育是资本主义的产物,于是全国许多地方中小学音乐、美术课被取消。1966—1970 年,全国各地所有的中等师范学校和高等师范院校停止招生或隔年招生。高等师范艺术系变成了"革命文艺系",把推荐的工农兵学员培养成为政治合格的教员,即"毛泽东思想宣传员"、"阶级斗争的战斗员"、"农业学大寨的好社员"、"忠诚党的教育事业的好教员"。音乐教学以"样板戏"为纲,文化艺术被视为封、资、修、洋、古。美术教学则多参加展览活动、画宣传画等与政治运动密切配合的内容。例如 1972 年 3 月,福建省革命委员会政治部教育组颁发了《关于中等师范学校教学计划的试行意见》。规定中等师范学校所设音乐课程是"学唱革命歌曲和样板戏选段",图画课是为了"毕业后能担任小学图画课教学,能搞革命大批判专

---

① 李友芝:《中国近现代师范教育史资料》(第三册),北京:北京师范学院,1983 年,第 1667 页。

栏和布置会场"①。十年浩劫对中国文化教育造成了不可挽回的损失,这种对文化艺术以及对教育者的迫害不仅与师范教育的优秀传统隔绝,而且一些错误的思想和认识还有根深蒂固的残留。

1976年10月,"文革"结束。1978年4月,邓小平在教育部举办的全国教育工作会议指出:"一个学校能不能为社会主义建设培养合格的人才,培养德智体全面发展、有社会主义觉悟的有文化的劳动者,关键在教师。"②拨乱反正后,国家教委陆续颁发了《中等师范学校教学计划试行草案》《高师四年制本科音乐专业教学计划》《高师四年制本科美术专业教学计划》《二年制师范专科学校音乐专业教学计划》《二年制师范专科学校美术专业教学计划》《三年制师范专科学校音乐专业教学计划》《三年制师范专科学校美术专业教学计划》等,这充分表明党和国家对美育、艺术教育有了新的认识。百废待兴,教育界中也出现了拨乱反正的迹象。

1979年12月,教育部在郑州召开了高等师范院校艺术专业教学座谈会。1980年3月,教育部印发了这次会议的纪要,同时颁发了《高师四年制本科音乐专业教学计划(试行草案)》《高师四年制本科美术专业教学计划(试行草案)》等。

1982年4月,教育部印发了新的《中等师范学校音乐教学大纲(试行草案)》,明确表示:"音乐教学是中等师范学校进行美育的重要手段之一,是贯彻党的教育方针,培养全面发展的合格的小学教师的重要方面"③,艺术素养课程,不仅能对学生进行审美教育,并且能使学生智力和才能得到发展,在小学教师素养中,有不可忽视的作用。

1983年6月,教育部印发了新的《中等师范学校美术教学大纲(试行草案)》,指出:"美术教学是中等师范学校进行审美教育的重要手段之一,是贯彻党的教育方针,培养全面发展的合格的小学教师的重要方面",艺术教育"对于向学生进行审美教育,促进学生智力和才能的发展,以及培养他们作为小学教师应具备的美术素养,都有着不可忽视的重要作用。"④同时这时的艺术教育要使学生热爱祖国的音乐艺术,熟悉民族音乐,接触外国优秀作品,形成正确的艺术兴趣,并形成爱国思想和国际主义思想。

1989年11月,国家教委印发了《全国学校艺术教育总体规划》,课程门类由各校确定。并指出:"为了适应县以下中学教育的需要,高等师范院校可把艺术教育列为第二学位或第二专业课程,各高师院校都应加强艺术必选课教学,组织艺术社

①　杨力、宋尽贤:《学校艺术教育史》,海口:海南出版社,2002年,第87—88页。
②　邓小平:《在全国工作会议上的讲话》,1978年4月22日。
③　杨力、宋尽贤:《学校艺术教育史》,海口:海南出版社,2002年,第117页。
④　《中华人民共和国教育部·中等师范学校美术教学大纲(试行草案)》,北京:人民美术出版社,1983年。

团活动,以提高师范生的艺术修养,使他们具备一定的组织中学艺术教育活动的能力。"①规定中等师范学校(含幼师)设音乐、美术必修课;高等师范院校设艺术必选课。贯彻中央提出的德育、智育、体育、美育全面发展的总方针。

随着教育理论和实践的深化,1993年2月,中共中央印发了《中国教育改革和发展纲要》,充分认识到了美育的重要价值:"美育对于培养学生健康的审美观念和审美能力,陶冶高尚的道德情操,培养全面发展的人才,具有重要作用。要提高认识,发挥美育在教育教学中的作用,根据各级各类学校的不同情况,开展形式多样的美育活动。"②

1995年5月,国家教委印发了《关于发展与改革艺术师范教育的若干意见》的通知,力图建设一支数量充足、质量保证的艺术师资队伍。《意见》指出:"艺术师范教育发展与改革的基本指导思想是,以马克思主义思想和建设有中国特色的社会主义理论为指导,坚持艺术师范教育的社会主义方向;坚持为基础教育服务的办学思想和办学实践,坚持立足现实,面向未来;坚持遵循艺术师范教育的特点和办学规律。"③

1996年7月,国家教委下发的《关于加强全国普通高等学校艺术教育的意见》,指出:"美育是学校教育的重要组成部分。美育对于培养学生健康的审美观念和审美能力,陶冶道德情操,培养全面发展的人,具有其他学科所不能替代的作用。艺术教育是学校实施美育的主要内容和途径.是全面提高学生文化素质,促进高校校园精神文明建设不可缺少的内容。"④以意见的形式促使健全正常的教学秩序,使该项工作尽快走上规范化、制度化的道路。

1996年,国家教委体育卫生与艺术教育司根据国家教委师范司《关于试行"高等师范专科教育二、三年制教学方案"的通知》,制订、下发了《高等师范专科二年制(三年制)音乐、美术专业学科课程方案(试行)》。二年制音乐、美术专业的总课时数各为1800课时。音乐专业课程方案规定,二年制音乐教育专业的学科课程为9门,课程有视唱练耳、基本乐理、基础和声、歌曲分析与写作、钢琴与伴奏、声乐、合唱与指挥、音乐简史与欣赏、艺术概论。三年制音乐教育专业助学科课程为12门,课程有视唱练耳、基本乐理、基础和声、歌曲分析与写作、钢琴与伴奏、声乐、合唱与指挥、音乐简史与欣赏、小型乐队编配常识、器乐课、舞蹈、艺术概论。美术专业课

① 《国家教委体育卫生与艺术教育司·学校艺术教育工作会议文件选编》,北京:人民音乐出版社,1996年,第54—55页。
② 《国家教育委员会·新的里程碑:全国教育工作会议文件汇编》,北京:教育科学出版社,1994年,第81页。
③ 《国家教委体育卫生与艺术教育司·学校艺术教育工作会议文件选编》,北京:人民音乐出版社,1996年,第151—153页。
④ 同上,第181—182页。

程方案规定,二年制美术教育专业的学科课程为 7 门,课程有素描、水彩(水粉)画、中国画、工艺与设计、艺术概论、中国美术简史及作品欣赏、外国美术简史及作品欣赏。三年制美术教育专业的学科课程为 10 门,课程有素描、水彩画、中国画、工艺与设计、艺术概论、中国美术简史及作品欣赏、外国美术简史及作品欣赏、解剖与透视、创作实践、版画。

1999 年 6 月,中共中央、国务院颁发的《关于深化教育改革全面推进素质教育的决定》明确规定:"美育不仅能陶冶情操,提高素养,而且有助于开发智力,对于促进学生全面发展具有不可替代的作用。要尽快改变学校美育工作薄弱的状况,将美育融入学校教育的全过程。中小学要加强音乐、美术课堂教学,高等学校应要求学生选修一定学时的包括艺术在内的人文学科课程。开展丰富多彩的课外文化艺术活动,增强学生的美感体验,培养学生欣赏美和创造美的能力。"①

1999 年 7 月,教育部师范司颁布了《三年制中等师范学校音乐教学大纲(修订稿)》和《三年制中等师范学校美术大纲(修订稿)》。其中《音乐教学大纲(修订稿)》认为:"音乐课是中等师范学校的一门必修课,是实施美育的重要途径。通过音乐教学和音乐艺术形象的感染,提高学生的音乐文化素质,陶冶情操;对于把学生培养成为全面发展的、有正确审美观和创新精神的、合格的小学教师具有重要意义。"②音乐必修课的教学内容有:声乐和指挥、器乐、唱游、欣赏、乐理和视唱练耳、小学音乐教材教法。《美术大纲(修订稿)》认为:"美术是通过改变物质原有形态,传达人对世界的认识与审美理想的视觉艺术。中等师范学校的美术教学是对学生进行德、智、体、美等全面素质教育的重要组成部分,是培养小学教师职业素质的必备要求之一。"教学内容包括:美术鉴赏、美术教育理论、素描、色彩、中国画、版画、简笔画、基础图案、平面设计、立体设计、泥塑、书法等。

---

① 中共上海市教育工作委员会宣传处,教师学习资料,1999 年。
② 《中华人民共和国教育部·中等师范学校教学大纲》,北京:人民教育出版社,1999 年,第 277 页。

第四章　中西小学教师艺术素养培养的比较研究

本书第三章已经对中国的小学教师艺术素养培养的历史沿革进行了详细的论述，接下来，本章将从中西比较的角度，对中西小学教师艺术素养的培养问题进行梳理和阐发。回溯西方历史既往，然后对照中国相关历史，我们可以看到西方的师范教育比中国的师范教育要早200多年，师范教育中的艺术素养培养问题的提出和发展也比中国的发展历程要久远。特别是西方近现代师范教育中学生艺术素养培养的教育理念和实践，可以说，已经发展和积累到较为成熟的阶段，其教育理念和方法广泛且深刻地影响了中国乃至日本等亚洲国家的师范教育。

因此，本章将对西方师范教育中艺术素养的培养问题做一次较为全面的综述性介绍，并对中西师范教育中艺术素养培养的差别及其背后的原因做一些反思。因为在西方师范教育中学生素养的培养问题，是从西方艺术教育这个大范畴中逐渐独立起来的一个教育方向，而且针对教师（并不区分教师的种类）的艺术素养的培养，在历史衍生中是不能脱离艺术教育和其他种类教师的艺术教育问题而孤立来谈。因此，讨论西方小学教师的艺术素养的培养问题，如果统一用师范教育中的教师艺术素养的培养这一提法似乎会更加科学。基于这一总体看法，在本章第一节阐述的西方师范教育中的艺术素养历史发展中，笔者会对西方艺术教育的发展和西方师范教育中艺术教育的发展进行较为详细的梳理，目的是让读者对西方师范教育中艺术素养的培养问题有一个较为清晰的认知印象。本章的第二节，笔者会对美国为代表的西方乃至亚洲国家师范教育中艺术素养的培养问题做案例性的介绍。本章的第三节，是从中西比较的视角对中西方师范教育中的艺术素养的培养问题做一个比对和反思。

第一节　中西师范艺术教育发展的历程

要比较中西师范教育中教师艺术素养的培养问题，必须了解中西艺术教育的发展的历史。因为师范教育中的学生艺术素养的培养是在漫长的艺术教育的发展过程中逐渐衍生出来的,两者之间相互依存、不可分割,因而我们必须对中西艺术教育的发展历史有一个宏观的认识。

曾繁仁教授在《现代中西艺术教育比较研究的启示》中对现代艺术教育的发展做过这样的总结:"现代艺术教育无疑是从西方现代开始的,是与资本主义的发展相伴随的,其目的是从封建专制对人与人权的压抑中将'人'解放出来。所以,艺术教育的宗旨始终是人的解放与人的启蒙。如果从工业革命开始到现在,西方艺术教育则经过了审美启蒙、审美补缺与审美本体这样几个阶段。"①笔者认为曾繁仁将西方艺术教育概括为"审美启蒙、审美补缺和审美本体"三个阶段是较为准确、科学的。在一定程度上,不仅是西方艺术教育,而且就中国艺术教育的发展情况来看,也可以用这句话来概括。中西艺术教育在漫长的发展过程中有发展先后的差别,但在许多地方都有相同之处。首先,中西艺术教育都曾经历过从劳动类别的手艺中逐渐独立出来并成为专门的教育门类的过程。而这背后的动力,是为了配合社会生产的需要。其次,艺术教育也曾经在很长的时间是自然科学教育的陪衬和补充,并没有在教育门类中得到或获得自己的独立地位。最后,艺术教育进入了近现代,逐渐开始有了本体意识,开始强调自己在教育领域的独立性和不可取代的地位。

首先,我们梳理一下西方艺术教育的发展历史。阿瑟·艾夫兰在《西方艺术教育史》中曾经详细地介绍了西方艺术教育的起源和发展。在书中,西方的艺术教育的起源要追溯到公元前480年,经典故事就是:雅典人打败了波斯人,开始重建家园。古希腊罗马学者普鲁塔克(Plutarch)在他的《伯利克里传》中描绘当时的工匠们如何用精湛的技艺创造出美丽的作品。随着物质生产的发展,雅典城邦的统治权开始由从事农业生产者手中转移到商人、手艺人和有知识修养的专门职业者的手中,这个时期一个明显的事实是,艺术家们靠国家和贵族的赞助才得以从事艺术创作。476年罗马帝国沦陷,中世纪开始。由于罗马帝国的崩溃,国家和贵族对艺术家、音乐家和诗人的赞助活动已经名存实亡。中世纪随着基督教逐渐变成社会文化知识传播的控制性力量,教士的文化垄断地位导致普通人阅读和写作能力的下降,整个社会产生了利用艺术引导人们信仰上帝的需要。到了奥古斯丁去世大约2个世纪后的大格里高利教皇时代,艺术被用来阐释和传播宗教信仰,如绘画和雕像可以用来解释宗教信仰的教义。

文艺复兴时期,艺术教育进入了非常重要的发展阶段。人文主义者在这个时期是推动教育发展的主要动力。他们最为重要的贡献之一就是传播了这样一种教育理想:即普通教育本质上对每一个人都是有价值的,因此不应该被局限在圣职人

---

① 曾繁仁:《现代中西艺术教育比较研究的启示》,《文艺研究》2009年第7期,第158页。

员或医生阶层。人文主义者所创办的学校有别于中世纪先驱学校,文艺复兴的倡导者培养学生欣赏过去留下来的文学、建筑、诗歌和戏剧中的美。在中世纪教育中被绝对禁止的审美教育第一次得到了重视。文艺复兴时期,艺术教育提倡是一种符合天才观的教育思想。它的具体表现形式就是学院立足于探索普遍的艺术科学知识,艺术教育逐渐成为教师和学生能够齐心协力共同发展、并分享理论知识及艺术技艺的基本原理的途径。

到 17 世纪,人文主义者提倡人的主体地位,强化具有人文色彩的审美教育,这时艺术教育出现了新的转机。随着经验主义科学研究的兴起,曾经作为博学者典范的古典人文主义者的富有诗意和想象力的暗喻(allusions),如今却被认为只是耽于幻想的方式,不适合于命题知识的交流。转向的契机出现,科学语言既不同于一般语言,又有别于文学和艺术语言。17 世纪中后期,建筑、音乐、绘画等被系统的用来塑造一个宏伟庄严的形象,宏伟形象的塑造是为了维护国王的神圣的权力而采用的策略。在当时欧洲重要王国——法国,这些手段同时也是为法兰西谋取在欧洲的领导权地位而施展的一个计谋。值得注意的是,在 16 世纪末到 17 世纪,教师培养中的艺术素养的培养开始衰落,教师的教育方法开始退化为一种典型的语言形式主义。但艺术教育在师范教育中也有保留的部分,如 17 世纪图画虽没有成为普通教育中的常规教学内容的部分,但它逐步成为绅士教育的一个组成部分。①

艺术教育到了 18 世纪开始有了审美的本体意识。曾繁仁教授指出,到了 18 世纪,欧洲开始了著名的启蒙运动,以法国“百科全书派”为代表的启蒙运动明确提出“启蒙”的口号。在那样的时代,审美成为“启蒙”的重要手段。他们一反传统文艺对贵族的歌颂,要求歌颂普通的人民,并将之称为“最光辉、最优秀的人”。② 莱辛在著名的《汉堡剧评》中指出,一个有才能的作家“总是着眼于他的时代,着眼于他的国家最光辉、最优秀的人”③。而文克尔曼则提出著名的“自由说”,他说:“艺术之所以优越的最重要的原因是有自由。”④

18 世纪末,艺术教育遇到了伴随工业革命而来的社会巨变。“18 世纪末期,资本主义现代化过程中社会矛盾愈来愈尖锐,资本主义制度与工具理性的弊端愈来愈明显,出现人与社会、科技与人文以及感性与理性日渐分裂的情形。这就是所谓‘西方的没落’与‘文明的危机’。在这种情况下,美学学科出现明显的‘美育转向’,

---

① 关于西方艺术教育的发展详见[美]阿瑟·艾夫兰:《西方艺术教育史》,邢莉、常宁生译,重庆:四川人民出版社,2000 年,第 26—65 页。

② 曾繁仁:《现代中西艺术教育比较研究的启示》,《文艺研究》2009 年第 7 期,第 158 页。

③ 莱辛:《汉堡剧评》,上海:上海译文出版社,1981 年,第 9 页。

④ 蒋孔阳、朱立元:《西方美学通史》第三卷,上海:上海文艺出版社,1999 年,第 841 页

由'审美启蒙'转到'审美补缺',由思辨的美学转到人生美学。"①席勒在这个时期提出了美育的概念,对于"美育"的概念。席勒在书中这样描述道:"国家与教会、法律与习俗都分裂开来,享受与劳动脱节、手段与目的脱节、努力与报酬脱节。永远束缚在整体中一个孤零零的片段上,人也就把自己变成了一个断片了。"为此,他提出了通过美育的途径将两者沟通起来,克服理性与感性的分裂。他说:"要使感性的人成为理性的人,除了首先使他成为审美的人,没有其他突进。"②

进入 20 世纪,艺术教育开始回归审美本体。艺术教育的提倡者开始注重其审美的本体特性。杜威在《艺术即经验》中着力于艺术哲学的改造,提出"审美是一个完整的经验"的重要思想……与此同时,在教育领域也开始突破启蒙主义时期以"智商"为标志的、把人训练成机器的见物不见人的"泛智型教育",探索以新的人文精神为主导的"人的教育"。1969 年,哈佛大学校长艾略特提出著名的"塑造整个学生"的教育理念。1945 年,哈佛大学提出《自由社会中的通识》,俗称"红皮书",将人文教育正式纳入课程体系之中,一直延续至今。2004 年,美国理查德·加纳罗与特尔玛·阿特休勒出版了《艺术:让人成为人(人文学通识)》一书,将以艺术为基本内容的人文学教育提到"使人成为人的教育"的高度,意义深远。③

值得注意的是,在西方艺术教育以及艺术教育观念不断更新进步的历史进程中,师范教育中学生艺术素养的培养问题也在逐步地明晰和独立起来。程春云在《艺术教育概论》中梳理了师范教育中的艺术教育发展的轨迹:"在西方,教师事业的发展是从 1642 年英国资产阶级革命后才开始的。随着资产阶级的兴起,对教育和教师提出了更高的要求。1742 年,法国创办了第一所师范学校——巴黎师范学校。到 19 世纪工业生产需要绘图师时,公立学校开始把绘画正式加入教学中。后来在大学中出现了视觉艺术,德国'艺术教育之父'福禄贝尔又把艺术运用到了幼儿教育的活动中来。接着,公立学校的绘画教师分离出来,产生了师范艺术教育。"④此时师范艺术教育开始在师范教育中有了独立性,不过,其专业性还是很模糊的,只是作为非专业性的教育来补充自然科学和社会科学学科的教育。从 20 世纪 20 年代到 40 年代,师范教育中的艺术教育开始具有了专业性,阿瑟·艾夫兰曾说:"从 20 世纪 20 年代到 40 年代,一大批具有个性特征的艺术家——教师把创造性自我表现发展称为一种教学方法。绝大多数这样的艺术家——教师都是受雇于私立学校,在公立学校供职的只有少数例外。"⑤艺术家进入私立学校开始从事专

---

①　曾繁仁:《现代中西艺术教育比较研究的启示》,《文艺研究》2009 年第 7 期,第 158—159 页。

②　席勒:《美育书简》,北京:文联出版社,1086 年,第 51,116 页。

③　有关 20 世纪艺术教育的论述,详见曾繁仁:《现代中西艺术教育比较研究的启示》,《文艺研究》2000 年第 7 期,第 159 页。

④　程春云:《艺术教育概论》,昆明:云南大学出版社,2009 年,第 167 页。

⑤　[美]阿瑟·艾夫兰:《西方艺术教育史》,邢莉、常宁生译,成都:四川人民出版社,2000 年,第 258 页。

业的艺术教育的教学,这标志着从 20 世纪 20 年代开始,艺术教育已经以审美主体的姿态进入学校教育当中,并有了其明确的教育观念即"创造性的自我表现"。这种教育观念改变了以往将艺术教育作为社会化大生产的技能训练手段的定位,也突破了艺术教育是其他学科教育的补充或者辅助的局限,而是更贴近席勒和杜威所提出的"美育"的理念,将审美作为教育对人终身发展最为重要的环节之一。

中国的艺术教育的发展也有源远流长的历史。程春云曾经梳理过中国艺术教育的发展史:在我国古代,据《尚书·舜典》记载,司教学官,一为"司徒",主教"五教"(父义、母慈、兄友、弟恭、子孝),以契为之长;二为"秩宗",主持"三礼"(祭天神、地祇、人鬼),以伯夷为之长;三为"典乐",专掌乐教这类,以夔为之长。这些仪式都带有早期社会职能,有司都是和教育相关的承担者。在原始的社会中,教师还没有形成专门的职业,当时教育具有将生产生活联系在一起,并通过社会实践来达到教化的作用,以道德教化、口口相传、手把手教育为主。随着教育的不断改善,学校成为教育的专门场所,教师也相继成了独立的职业。《礼记·文王世子》中记载,有大乐正、小乐正、大胥、小婿、大司成、龠师、龠师丞、太博、师氏、保氏等,他们大部分都是正式的乐官,同时还肩负着贵族子弟的教育工作。《周礼·地官》所载,大司徒、乡师、乡大夫、州长、党正等肩负着地州的教育职能。①

如果从 1742 年法国创办了第一所师范学校——巴黎师范学校是西方师范教育的起步,那么中国真正意义上的师范教育比西方晚了近 200 多年。中国师范教育中对教师的艺术素养的培养在程春云《艺术教育概论》和邹建平《中国与欧洲艺术环境的比较及思考》中都有梳理。笔者将其概括如下:1897 年 2 月,盛宣怀在上海创办了南阳公学,特设"师范学院"。1902 年,张謇创办了通州师范学校,这是我国第一所私办的和独立的师范学校。同年,张之洞在南京设立三江师范学堂(1905年易名为两江师范学院)。1904 年我国近代教育史上第一个学校章程《奏定学校章程》(1904 年)颁布,其规定,初等小学堂、高等小学堂、中学堂、高等学堂、初级师范学堂和优级师范学堂均开设有图画科目。1906 年李瑞清在南京两江优级师范学堂首创图画手工科。1910 年,清政府设立的师范学校艺术教育开始了练习和对外交流工作。到了新世纪艺术教育在普通高校(其中包括师范院校)中开始日渐普及。中国近代社会在"维新变法"的影响下,以康有为、梁启超为代表的改良派主张效法日本、学习西方文明,提倡兴办各种文化教育设施,提出了设立"乐歌"课的主张,希望通过唱歌来传播新思想。"学堂乐歌"是中国近现代音乐教育的开端。在五四新文化运动的影响下,各种出版物大量发行,在思想上广泛宣传了当时的音乐教育观念,留学生,如李叔同、沈心工、萧友梅等,对近现代音乐教育观的形成产生了重大影响。1912 年"中华民国"成立后,政府大力提倡美育,教育部在文件中一

---

① 程春云:《艺术教育概论》,昆明:云南大学出版社,2009 年,第 167 页。

再要求各级学校重视音乐课的教学,并提出德、智、体、美并列教学。1912 年第一所私立美术专科学校——刘海粟先生创办的上海美术专科学校问世,直到 1918 年才成立了第一所国立美术院校——国立北平美术学校。20 世纪 20 年代,在五四新文化运动的影响下,我国文化界掀起了探求新思想、新知识的热潮,各种学术社团相继建立,对中国音乐教育事业的发展起到了极大的推动作用,如"北京大学音乐研究会"和"中华美育会"、"大同乐会"等。维新派着眼于世界,试图在世界文化体系和政治体系中实现中国的世界化,资产阶级革命派则以世界眼光看中国,两种观念对拓宽中国人的视野都产生了一定影响。

新中国成立后艺术教育在各个师范院校快速发展。2002 年,首都师范大学音乐学院又在全国率先建立起音乐副修专业本科学历教育,并设有"音乐构成"、"音乐与文化"、"音乐商业管理"、"音乐工程"等课程,使得师范教育的发展迈向一个崭新的台阶。2005 年,国家启动并推出了一批"学科课程方案",同时采取立项、招标的办法,启动并推出了一批本科艺术师范教育专业课程、教材改革的试验,以总结推广典型经验。同年提出,乡(镇)中心学校以上的小学、初中以及高中教育阶段的各类学校和普通学校,都应配齐专职艺术教师,规模较大的学校应设立艺术教研组织,并实施"园丁工程"加强艺术教师培训计划,在全国 12 所高等师范院校建立艺术教师培训基地。到 2010 年,除了一些偏远地区外,各乡、镇中心学校以下的小学也要有专职艺术教师或艺术兼职教师。由于社会对人才的需求,师范学校理应加大艺术学科研究生的培养力度,以提高学校艺术教师的艺术素养、艺术知识水平,逐渐壮大教师队伍,至 2010 年达到国家要求的教学标准。[1]

由此可见,中西方艺术教育的发展起步有早晚,但是两者在发展过程中有很多相似的地方。近代中国的艺术教育如同邹建平所说:"在早期洋务派和我国的艺术专业教育始于上世纪初,由当时的一批留洋学子学习、借鉴西方的模式和方法逐渐建立起来的。"[2]这种影响决定了我们在研究中国师范教育中的艺术素养的培养问题,一定要先了解西方师范教育中艺术素养的培养问题。

第二节　西方师范教育中学生艺术素养培养介绍

了解了西方艺术教育以及中西师范教育中艺术素养培养的发展历史轨迹,本

---

① 相关中国的师范教育的历史和艺术教育的概况出自,程春云:《艺术教育概论》,昆明:云南大学出版社,2009 年,第 168 页;[美]阿瑟·艾夫兰:《西方艺术教育史》,邢莉、常宁生译,成都:四川人民出版社,2000年,第 11 页。

② 邹建平:《中国与欧洲艺术环境的比较及思考》,《南京艺术学院学报》2013 年第 6 期,第 2 页。

节将以美国为主要研究对象,兼论英国、法国、德国以及日本等国家的师范教育中的艺术素养的培养问题。通过案例介绍的形式,希望能以师范教育中艺术素养的具体的教育实践来较为宏观地概括西方教师艺术素养培养的面貌。

一、美国师范教育中艺术素养培养的发展历程

美国的艺术教育始于 19 世纪早期,师范教育中学生艺术素养的培养开始于 19 世纪后期。师范教育中艺术素养的教学目标不仅是为了培养教师,而且还肩负着对工人进行训练的责任。这个阶段也是马萱和韩学周将美国的艺术教育划分五个阶段之一的早期艺术教育阶段:"1807 年,美国的第一所艺术学院诞生,即宾夕法尼亚美术学院(Pennsylvania Academy of Fine Arts)。"①"美国的第二所艺术学院为纽约艺术学院,这座学院的领导人虽然是艺术家乔纳森·博朗布尔(Jonathan Trumbull),但管理学院的董事会成员大多是非艺术家的外行。1825 年,一群持不同意见的学生脱离纽约艺术学院,成立了一个独立的组织,即著名的绘画促进会(后来发展为国家设计学院)。第一批艺术教育机构均模仿了欧洲的美术学院,作为欧洲美术学院的变体。19 世纪 70 年代,即工业革命时期,由于机器大生产代替了工业作坊,对工业设计人员的需求也在扩大,这些人才的培养成为亟待解决的问题,各州纷纷提案建立设计学院,并获得了通过。为工业服务的艺术设计学院开始建立,但这一时期的艺术课程强调技能、临摹、模仿作为衡量绘画水平高低的标准,学生的绘画技能很高,但限制了创造力的发挥。"②从这段历史的总结可以看出,19 世纪后半叶,美国的艺术教育特别是师范教育中的艺术素养培养发展得并不成熟。此时的艺术教育应属于非专业的教育,更具有技能教育的性质,在一定程度上是为社会化大生产服务,带有社会功利性特征。这就是美国艺术教育历史上的第一个时期。

第二个时期是进步主义艺术教育时期。19 世纪 90 年代开始,美国的艺术教育有了转向,自此也进入了所谓的"进步主义艺术教育时期"③。"19 世纪 90 年代,美国艺术教育由重视技能训练转向重视艺术作品的赏析,赏析的作品包括文艺复兴时期和浪漫主义时期的作品。19 世纪末 20 世纪初,美国出现了进步主义艺术教育思潮。颇经周折的美国教育迈向新的路程,进步主义艺术教育倡导在教育中让儿童积极参加各种活动,并在参加活动的过程中获得经验、提出问题、发现问题并解决问题,并坚持认为这种从经验中得到的知识才是最为有效的。进步主义艺术教育论者强调,艺术教育应该根据不同年龄阶段的儿童所表现出来的不同特征

---

① [美]阿瑟·艾夫兰:《西方艺术教育史》,邢莉、常宁生译,成都:四川人民出版社,2001 年,第 78—79 页。
② 马萱、韩学周:《美国艺术教育发展的五个阶段》,《教育与职业》2009 年第 8 期,第 189 页。
③ 马萱、韩学周:《美国艺术教育发展的五个阶段》,《教育与职业》2009 年第 8 期,第 189 页。

而设计内容,使儿童在适合自身的艺术教育活动中获得成长和进步。"①美国教育哲学家杜威(John Dewey)在这个时期提出艺术教育工具论,对美国的教育产生了重要而深远的影响:"他强调儿童和他们的兴趣,而不是学科。呼吁学校应该关心儿童对当今现实生活的准备,而不是关于一些模糊的未来实践。"②但教学的实践过程却误解和歪曲了进步主义的理论精髓,最后使对儿童的艺术教育形成了一种教师无干预、无评论的状态,没有把艺术当成一门课程。进步主义理论与实践之间的差距,导致学校的视觉艺术只是为儿童提供自我表现力的机会,教师与学生处于都很随意的"非教育"的状态。③

第三个时期是多学科(DBAE)艺术教育时期。20世纪80年代,美国保罗·盖蒂信托公司出资成立盖蒂艺术教育中心。该中心在20世纪60年代的"学科为中心"的理论基础上,提倡以学科为基础的艺术教育(discipline-based art education,简称DBAE)。包括两层含义:其一是要把艺术教育定位于人文学科领域之中,将其作为一门人文学科予以设置和讲授。其二是这种艺术教育的基础由四门人文学科整合而成,具体涉及艺术创作、艺术史、艺术批评和美学。④ 20世纪90年代以来,美国的艺术教育进入了多元智能艺术教育时期(即第四个时期——多元智能艺术教育时期)。美国心理学家霍华德·加德纳(Howard Gardner)在1983年出版的《智力的结构》(Frames of Mind)中提出了一个新的智力定义,即"智力是在某种社会或文化环境的价值标准下,个体用以解决自己遇到的真正难题或生产及创造出有效产品所需要的能力"。根据智力的定义,加德纳提出了关于智力结构的新理论——多元智能理论(The Theory of Multiple Intelligences),在美国教育教学改革中产生了广泛积极的影响。在《多元智能》一书中,加德纳指出:"艺术教育目前正在美国复苏,已经成了美国教育改革中不可忽视的话题。几乎所有的人都呼吁增加艺术课的学时,增加受过良好训练的艺术师资,学生毕业时在艺术上应达到一定的要求。"⑤美国已有上百所学校自称为多元智力学校,还有很多教师以多元智能理论为指导思想进行教育教学改革,取得了显著的成绩。美国艺术教育的第五个时期即社会艺术教育时期。此时,无论是政府还是民众,都不约而同地越来越重视艺术教育。美国国会1994年通过的《2000年目标:美国教育法》,在美国历史上第一次将艺术与语言、数学、历史、地理、自然科学并列为基础教育的核心学科。1996年秋,美国艺术教育协会启动了国家教育改革五年规划,即"通过艺术挑战转变教育"(the transforming education through the arts challenge,简称TETAC),使国

---

① 马萱、韩学周:《美国艺术教育发展的五个阶段》,《教育与职业》2009年第8期,第189页。
② [美]莫里森:《当今美国儿童早期教育》,王全志、孟祥芝译,北京:北京大学出版社,2004年,第71页。
③ 马萱、韩学周:《美国艺术教育发展的五个阶段》,《教育与职业》2009年第8期,第189—191页。
④ 马萱、韩学周:《美国艺术教育发展的五个阶段》,《教育与职业》2009年第8期,第189—191页。
⑤ 马萱、韩学周:《美国艺术教育发展的五个阶段》,《教育与职业》2009年第8期,第189—191页。

家和地方的综合艺术教育相联系,以促进美国整体教育改革,期望通过艺术教育的改革改善学生的学习环境,提高学生的学习成绩。①

　　在美国艺术教育发展的 100 多年里,美国师范教育中的艺术素养的培养也在艺术教育的大范畴中逐渐发展和独立起来。阿瑟·艾夫兰在《西方艺术教育史》中对美国的师范艺术教育进行了具体的详述:美国的艺术师范教育始于 1872 年春天,马萨诸塞州教育局成员菲尔·布里克向一个教育立法委员会提交了一份关于建立艺术师范学院的意见书,并联合史密斯和秘书长约瑟夫·怀特等人向州议会提交了一项法案。第二年州教育局一致通过了这一法案。艺术学院于 1876 年 11 月 6 日正式开学。"学院的目标并不是简单地培养艺术家,或培养造就艺术家的教师。不管什么人,只要看一看由于在生产过程中缺乏审美趣味和艺术修养而被堆积在仓库中的任何一种工业产品,都能够发现,尽管我们在产品设计上投入大量的技术和劳动力,但是其美观方面的不足确实显而易见和令人痛苦。……因此,正如我们主张的那样,让工人在接受技术训练的同时接受一点纯艺术教育,而你们学院的任务就是直接满足最实际的商业利益。我们不能不这样做。"②自此,该艺术师范学院声名大噪。不过,时过境迁,人们从该学院的办学宗旨中看出,学院的艺术教育并不单纯是为了培养教师设置的,而是更多地为了满足商业利益服务。两次世界大战之间,美国的艺术教育是为了"规模较小的、不断扩大招生量的学院培养师资人员。"③二战后美国也遇到了艺术教育师资奇缺的问题,这种状况一直持续到 20 世纪 60 年代中期。在经济大萧条和战争期间加入教师队伍的人非常之少,因此,到了 20 世纪 40 年代后期老一辈教师退休时,学校便出现了严重的后继乏人的现象。教育学院一般都为未来的小学教师开设一门艺术教育方面的基础课程。……战后初期,艺术教育方面的研究生培养局限于硕士,授予学位的部门或是艺术系或是教育系。这些艺术教育计划的研究生通常都是被作为艺术督学来培养的。……与此同时,战后艺术督学的地位开始下降。例如埃斯纳在 1979 年指出,1967 年加州艺术督学的总数是 408 人,但在 1973 年则降至 115 人,而到了 1979 年其总数却不足 50 人。中等规模的中心城市正面临着严重的经济问题,原因是较富裕的家庭移居郊区,取而代之的是那些较贫困的家庭。于是,学区便通过削减全学区的管理人员来节约开支,它们在更大程度上依赖课程负责人和管理机构……1968 年夏季,随着两个在职教师学术专题研讨会的召开,正式开始了这一计划的实施工作。三年后,一个谓之"综合性艺术大纲"(Comprehensive Arts Program)的问世,标志着

---

　　① 马萱、韩学周:《美国艺术教育发展的五个阶段》,《教育与职业》2009 年第 8 期,第 189—191 页。

　　② [美]阿瑟·艾夫兰:《西方艺术教育史》,邢莉、常宁生译,成都:四川人民出版社,2000 年,第 138—139 页。

　　③ [美]阿瑟·艾夫兰:《西方艺术教育史》,邢莉、常宁生译,成都:四川人民出版社,2000 年,第 293 页。

这项计划的结束。为了发展和检验这一综合艺术教育思想,JDR 第三基金会耗资 23.2 万美元为本地区提供了经费。计划组的艺术家、教师和艺术家们忙于为各种专题学术讨论会作指导,并担任各种分派的任务。其他成员则是为了使各类艺术成为普通教育的组成部分而调整它们在交叉学科教学活动中的作用。在计划实施的第一个三年中,完成了一系列的教学单元的编写工作,这些单元可供任课教师在正式的大学教学中运用。在计划的最后一份报告中列出了 14 个与艺术有关的教学单元……1963 年国家教育协会进行了一次全美艺术和音乐教学调查(NEA,1963)。这次调查暴露出有 75％ 的小学艺术课程是由小学任课教师担任的,只有 25％ 的小学有专业艺术人员。查普曼(Chapman,1982)发现,到了 1979 年,18％ 的小学艺术课是由艺术教师担任的。我们前面所说提到的督学教职总量的下降,大多数任课教师在艺术教学上显然都得不到或很少得到帮助和指导。她指出:一个标准的艺术教师大概要担任 500～1500 名小学生的教学任务,因此对大批学生来说,接受艺术教学的课时相对较少。[①]

到了 19 世纪 70 年代,美国师范教育中女性从业者也日益广泛。在教师从业要求中,对女性从业者的首要要求就是"必须是具备高尚道德品质的淑女。艺术和音乐方面的修养,被看作是已经获得这种品质的证据"[②]。在具体课程设计上,美国阿博特女子中等学校的艺术史课程的开设和女子高等师范学校雕像复制品的收藏,标志着艺术欣赏作为女子中等教育的组成部分。除了马萨诸塞州 1873 年建立的第一所师范学校之外,还有一些私人赞助建立的艺术学校。普拉特学院和克利夫兰艺术学院就是这样的艺术学校,他们主要培养艺术教师和督学。但与培养艺术专门人才的课程不一样,如 1908 年普拉特学院的学习课程是两年,而克利夫兰学院则是 5 年之久。以 1971 年波士顿地区聘请瓦尔特·史密斯为开端,各城市学区和州教育部门开始聘请艺术专家,以检查和指导图画教学活动和后来增设的大量艺术科目的教学。大多数督学来自麻省艺术师范学校的毕业生。[③]

从以上梳理中,我们可以看到美国的师范艺术教育的观念和实践经历了曾繁仁所说的:"审美启蒙、审美补缺与审美本体"三个阶段。在具体的师范教育的艺术素养的培养问题上,值得注意的是,美国的师范教育不仅培养从事教育行业的老师,而且还培养艺术教育方面的督学。督学作为检查和指导各级教育部门艺术教育的实施情况的主要监督人,在 19 世纪后期到 20 世纪中后期美国艺术教育的发展过程中起到了重要的作用,同时弥补了当时在基础教育岗位专业教师严重不足

---

① ［美］阿瑟·艾夫兰:《西方艺术教育史》,邢莉、常宁生译,成都:四川人民出版社,2000 年,第 294—337 页。

② ［美］阿瑟·艾夫兰:《西方艺术教育史》,邢莉、常宁生译,成都:四川人民出版社,2000 年,第 189 页。

③ ［美］阿瑟·艾夫兰著:《西方艺术教育史》,邢莉、常宁生译,成都:四川人民出版社,2000 年,第 139—241 页。

的问题。甚至是到了二次世界大战后，"艺术教育方面的研究生培养局限于硕士，授予学位的部门或是艺术系或是教育系。这些艺术教育计划的研究生通常都是被作为艺术督学来培养的。"①美国的艺术教育的督学制对其他国家甚至亚洲的日本在艺术教育方面起到了很大的作用。

二、法国、德国等欧洲国家艺术教育的发展与师范生艺术素养培养的概况

（一）法国师范教育中学生的艺术素养的培养

相比美国 19 世纪后期才发展起来的师范教育，法国的师范教育起步较早。根据研究，法国在 16 世纪末就已经有了师范教育的萌芽。但是相比美国师范教育那种为了配合工业化大生产需要的理念和做法，法国的师范教育具有更为浓厚的宗教背景。"1598 年，亨利四世宣布天主教为国教，从此，天主教在法国重新取得了统治地位，成为法国封建专制制度的精神支柱。十七、十八世纪天主教会同胡格诺教派进行着长期的残酷斗争。各教派为了扩大教会势力，争相开办学校，几乎所有的学校都掌握在教会团体手中，虽然各教会团体的学校在教学内容和方法上有各自的特点，但是它们都把宗教放在首要地位。"②"热月"政变以后，法国的师范教育出现了倒退，甚至于走向失败。除中、高等教育有所发展外，革命时期国民教育中的民主、革命的因素已丧失殆尽，各地所设小学因经费不足、教师不合规格，几乎全部失败。③

直到拿破仑统治时期才恢复了 1795 年创办的巴黎师范学校，但在师范教育的课程设计中官方更为注重科学研究："于 1808 年三月赦令将其改组为培养国立中学教师的学校，招收三百名男青年，在校寄宿，授以文学和科学的教学艺术，注意严格的师范训练，特别重视科学研究"。④ 此时的师范教育还没有确立艺术教育在教师培养中的重要作用，艺术类课程也没有在课程整体设计中得到应有的重视和体现。但是，大革命时期建立的师范学校法令和第一帝国的法案中规定，在学校课程设计中只有"语文、算术、物理、地理、音乐、美术、体育等科目，没有教育培训。"⑤从中可以看到，早期的法国师范教育中艺术教育一直作为基础理论教育出现在教育培训之前。随后，教会团体开始大量办学。天主教会仍旧掌握着大部分学校特别

① ［美］阿瑟·艾夫兰：《西方艺术教育史》，邢莉、常宁生译，成都：四川人民出版社，2000 年，第 293—320 页。

② 戴本博：《外国教育史（中）》，北京：人民教育出版社，1990 年，第 180—181 页。

③ 具体内容参见戴本博：《外国教育史（中）》，北京：人民教育出版社，1990 年，第 196 页。

④ 详见戴本博：《外国教育史（中）》，北京：人民教育出版社，1990 年，第 461 页。

⑤ 邢克超：《法国师范教育发展的几个特点》，《外国教育动态》1988 年第 3 期，第 35 页。

是初等教育的办学权,"教会团体开办的学校大量增加,到 1863 年达 17200 所,女子教育完全为教会所垄断。初等学校仍然控制在天主教会手中,课程仅限于读、写、算的基本技巧和宗教教育"。① 法兰西第三共和国时期,师范教育得到了空前的发展。

　　进入 20 世纪,法国为了配合生产技术的需要,发展了大批职业技术师范学校。二战后,从 1959—1969 年,戴高乐政府推行了几项重要的教育法令,其中对大学院系进行了调整和改组。在这些改革中取消了大学的院系,建立了"教学和科研单位",并提出了使"文学、艺术、社会科学、经济同科学、技术结合"的理念。② 可见,二战后的法国教育改革已经将艺术教育提到与社会以及自然科学并重的位置。在 1986 年法国公布的师范教育教学计划中,我们可以看到法国师范教育的课程分为四个部分:①教育理论与实践课程,其中包括教育理论培训和学校实习;②学科培训(科学、方法论和教学法);③小学教师行政和社会职责培训;④语言和文化课程的选修。其中艺术教育作为一门单独的学科,涵盖美术和音乐,单列在学科培训当中,课时安排为 100 时数。与此对照的是,法语和数学的时数分别为 150、135,科学技术和史地公民教育分别为 190、120。③ 可以看出,虽然在课时量上艺术教育仍旧处在科学技术教育之下,但是作为一门单独学科已经单列在师范教育的学科门类当中。

　　(二)德国师范教育中学生的艺术素养的培养

　　戴本博的《外国教育史》中对德国的艺术教育问题做了非常详细的梳理。对于师资培养德国有着良好的传统。早在 1679 年,赫克就在哈列开设了第一所师资院。1747 年,朱理·赫克(1707—1768)在柏林创立师资院,国王给予资金补助。1753 年将该校收为皇家机构,而且向全国各地推荐,凡需要教师者可向该校聘请。在柏林师资院的影响下,普鲁士各地也纷纷设立了同一类型的学校,如 1751 年在汉诺威,1753 年在瓦芬比特,1764 年在西里西亚的格拉兹,1765 年在布勒斯劳,1768 年在卡尔斯路等地先后成立了师资培训机构。除了采取上述专门教育机构培养师资外,普鲁士政府还采取了另一种方式,即制定一些条件较好的学校代行师资之职,并且将这一措施明文规定于学校法之中。1765 年 11 月公布的《西里西亚罗马正教学校法》中指出:"任何人如果要受聘为教师",应予以珍惜做一名好教师所必需的一切机会。……德意志的另一个公国奥地利于 1771 年在维也纳建立了第一所师范学校。1774 年由费尔比格拟定了一部教育法典。其中规定各省都必须设立学务委员会,负责管理教育工作;规定各个乡村都需设立小学,主要城镇设

---

① 详见戴本博:《外国教育史(中)》,北京:人民教育出版社,1990 年,第 464 页。
② 详见戴本博:《外国教育史(下)》,北京:人民教育出版社,1990 年,第 371 页。
③ 邢克超:《法国师范教育发展的几个特点》,《外国教育动态》1988 年第 3 期,第 36 页。

立高级小学；各省设立师范学校，并对教师的资格、待遇、课程的设置、儿童的就学等问题做了明确的规定。根据该法的规定，师范学校开设的课程相当庞杂，有宗教、读法、算数以及应用、语言、科学、人文科学、外语、医学、家庭经济原理、历史、地理、教育和教学方法。①

到了 19 世纪，普鲁士政府将教育特别是初等教育当作其政治复仇的手段。教育的内容都以爱国主义为核心内容。音乐、美术等艺术课程都是为了政治服务，但是，尽管这样，在师范教育中艺术教育仍然获得其独立的地位。"这个时期的学校充满了极其浓厚的爱国主义的思想感情，例如德语和德国历史、地理课程，一方面给予学生有关的知识，另一方面则向他们贯彻爱国的思想教育；音乐也着重陶冶人民的爱国和爱上帝的精神；图画和数学则强调实际的价值；卫生和军训、体育则着重于身体的健康和锻炼；宗教则注重敬神忠君的道德，培养自我牺牲即服从权威的精神。"②

在 19 世纪艺术教育在中等教育中有了其独立地位的原因，要归结为德国教育部长洪堡的改革。在其具体的改革举措中，我们可以看到洪堡的教育改革以对教师资格的严格考试为切入口，从而重整师范教育中的课程设计。逐步将艺术教育在整个师范教育中凸显出来。戴本博在《外国教育史》中对其教育改革做了如下的总结：首先是重视教师资格的考试，1831 年对教师资格进行严格考核，凡有志于当教师者，无论大学毕业与否，都应接受哲学、教育学、神学以及古文科目的考试。考试一般分为口试和笔试。笔试学科包括思维的敏捷、德语、缀字法、写作、历史、地理、自然知识、通奏低音记谱法（thorough bass）、书法、绘画；口试科目有宗教、圣经知识、心算、咏唱、提琴演奏及语言表达能力等。正因为要求很严，因而在德国，教师职业在社会中有很高的地位。其次，洪堡的教育改革还重视学校课程的整顿。1816 年其"公布了中等学校的教学计划，将学科分为：第一类语言学科，包括拉丁语、希伯来语以及德语。并规定法语及其他外语为选修科；另一类为科学学科，包括自然科学、历史、地理及宗教。再另一类为体操、音乐，学生自由选修"。③ 师范学校修业三年，招收小学毕业生，开设的课程如下：

第一学年：宗教史导言、德语、读法、书法、算术、几何、数学、图画、唱歌和声学、风琴、钢琴。

第二学年：耶稣信仰与道德研究、德语、自然、数理、地理、自然哲学、博物等等。

第三学年：动物、植物、矿物、物理、历史、心理学、作文、习字、图画、音乐、教学

① 详见戴本博：《外国教育史（中）》，北京：人民教育出版社，1990 年，第 203—204 页。
② 详见戴本博：《外国教育史（中）》，北京：人民教育出版社，1990 年，第 477 页。
③ 戴本博：《外国教育史（中）》，人民教育出版社，1990 年，第 480 页。

法、实习。①

　　二战后,联邦德国非常重视师资培训,并重视教师的艺术教育。从20世纪60年代开始,就采取措施普遍提高中小学教师的教育程度,并规定教师的培养要在师范学院和师范大学完成。教学课程的设计上要求将专业学科、教育学科和实践活动结合起来。但是从20世纪60年代以来,德国的师范教育改革一直处于教育变革的争论当中,高等师范教育在德国作为独立的教育机构正在消失,大部分高等师范教育都被纳入大学中成为独立的教育系。教师训练在大学的课程安排中设为两个阶段:一是修业阶段,包括专业课程和教育科学;二是实习阶段。不同的州这些课程在师范教育中的安排是不一样的。例如,在卡塞尔综合高等学校教师训练模式中,艺术教育必须纳入专门科学和专门学科教学论的教师培养课程中。艺术课程列入其中,与以往不同的是,艺术课程除了课堂学习之外,还要实际练习。②

　　(三)日本师范教育中的学生的艺术素养培养

　　日本的师范教育明显地受到了美国师范教育的影响,艺术教育作为师范教育之重要部分,同样如此。从学校规则到学制的设定,在日本的师范教育中都能看到美国师范教育的痕迹。明治政府1872年在东京开办了第一所师范学校,标志着日本的近现代师范教育的开始。这所学校聘请美国教师奥脱来授课。奥脱受聘工作,采用的是美国师范教育中的导师制来管理和教育学生。他修订了学校的规则,"将师范分为本科和预科,前者修业二年,后者修业一年,开设的课程则有数学、历史、地理、博物、理科、体育、音乐等。1874年2月,又在东京设立女子师范学校,规定该校修业年限为五年,分为十级……"③但是,日本当时的师资是极度匮乏的,如1876年的52000名小学教员之中,师范毕业生仅占1/6,所以几所师范学校根本不能满足日本教育发展中对师资的渴求。为此不得不使用有学问的旧士族及原寺子屋的教师来补充师资配备。④

　　第二次世界大战以后,日本在教师培训方面,已经不再满足于了解教材和教学法,而是希望教师具有广阔的知识,同时兼具一定的艺术技能和素养。对于小学教师,在业务方面则要求十分熟悉初等教育课程科目,深入教育理论的学习,"要求了解儿童在各个发育阶段的学习兴趣和能力,了解儿童的社会的、生理的和情绪的需要,了解把教材挑选和提示得使学习容易的途径"⑤。对于中学教师,对艺术专业

---

①　洪堡教育改革的具体内容参见戴本博:《外国教育史(中)》,北京:人民教育出版社,1990年,第478—482页。

②　孙祖复:《联邦德国师范教育改革的若干问题及教师训练模式种种》,《全球教育展望》1984年第4期,第19—20页。

③　戴本博:《外国教育史(中)》,人民教育出版社,1990年,第512—513页。

④　详见戴本博:《外国教育史(中)》,北京:人民教育出版社,1990年,第512—513页。

⑤　详见戴本博:《外国教育史(中)》,北京:人民教育出版社,1990年,第229页

课要有深入的研究,同时还要求在社会科学、自然科学和人文科学方面具有广泛的知识。其理由是,"教师工作是一个广阔的专门行业,而不是一种狭隘的手艺,因为他们对未来的公民负有普通教育的责任;日本培养教师很重视其基础知识的学习,每一个师范生不仅要学习自然科学的基础知识,同时还得学习社会科学的基础知识。自然科学包括:数学、物理、化学、地理、生物。社会科学则有:文学、历史、艺术、音乐、哲学、社会学、经济学、法学和政治学。"① 从此可以看出艺术素养的培养已经在教师培养的学科设计上有了体现,只是将之作为社会科学的分支加以设立。以奇玉大学的教学计划(表 4-1)为例在具体的学科课程设计上,艺术教育(音乐、美术等)所占用的课时的比例已经与自然科学和文学类的课程持平。

表 4-1　奇玉大学教育学院四年制初中专业教学计划②

课程	专业学科	学时学科	国语	英语	社会	音乐	美术	数学	理科	体育	家政	职业
四年制初中教育专业		基础学科	40	40	40	40	40	36	36	36	36	36
	专业学科	教育学科	20	20	20	20	20	20	20	20	20	20
		任选学科	40	30	40	40	40	40	40	40	40	18

第三节　中西小学教师艺术素养培养的比较与反思

　　本章前两节了解了西方师范教育中学生艺术素养的培养历史演变过程,具体对比了各国艺术教育方面的立法和具体实施内容,旨在对西方教师,包括小学教师的艺术素质的培养做一个宏观概括研究,也在微观层次进行了介绍。在接下来的篇幅,我们进一步比较和反思中西方师范教育中学生艺术素养的培养观念和模式。

一、中西师范教育中艺术素养培养的共同之处

　　简单地说,中西师范教育中艺术素养的培养都受到物质生产需要的制约。尽管有些时代背景(宗教和启蒙、维新革命)也产生过重要的作用。

　　根据现有资料,笔者发现,中西师范艺术教育模式和观念的相同之处在于,中

---

①　戴本博:《外国教育史(下)》,北京:人民教育出版社,1990 年,第 229—345 页。
②　戴本博:《外国教育史(下)》,北京:人民教育出版社,1990 年,第 229—345 页。

国的师范艺术教育晚西方 200 多年,受到了西方艺术教育的深刻影响。这种影响表现在近代中国一些先进人物以西方艺术教育作为中国思想维新的工具。比如近代中国以康有为等为代表的维新派对教育的改革走的就是日本效仿西方文明的路线。通过"乐歌课"来传播西方现代文明。五四时期,艺术教育更是成为早期文化启蒙者开启破除传统旧习,开启现代文明风尚的工具。纵观中国艺术教育的开端历程,不禁让人回想到早期希望文艺复兴时期,人文主义者通过艺术教育的改革,来破除宗教对教育的禁锢和统治,使教育回到人自我发现的道路。因此,在笔者看来,中国的艺术教育发展伊始就具有启蒙的意义。

这种延续被历史发展所改变。到了 20 世纪 30—70 年代,19 世纪末承担社会启蒙作用的艺术教育遭受冲击,使得艺术与政治纠缠在一起。从某种意义上说,艺术教育在很长时间里又成为政治宣传的工具,其是非曲直很难简单定论。后来,由于众所周知的原因,中国的艺术教育基本上沿着为工农兵服务的路线发展。正如曾繁仁所说:"20 世纪 30 年代以后,……中国共产党领导的革命文化运动不断发展。这时,审美启蒙与救亡结合,毛泽东文艺思想在斗争中产生并指导中国文艺工作。文艺为工农兵服务,向工农兵普及,由工农兵提高,成为文艺与审美的指导原则。……这种革命的启蒙一直继续到 20 世纪 60 与 70 年代。"[1]这一指导思想全面而持久地体现在中国各级师范教育的实践活动中。

除此之外,中国的师范教育中的艺术素养培养与西方师范教育中的艺术素养培养相同之处,还在于它们都曾经走过很长时间的将艺术教育依附在自然科学之下,自然科学当时与技术性的东西结合在一起,导致艺术教育与生产技艺密切相关。这种教育模式在 19 世纪 70 年代的美国、二战后的日本以及 19 世纪中叶初具规模的英国师范教育中都比较明显。以英国师范教育为例,"其师范教育的发展史为了配合工业革命所带来的社会化大生产的需要。1840 年代末至 1850 年代,英国为了解决工业产品的设计质量问题,任命亨利·科尔对 1837 年创建的第一所设计学校进行了改革。改革后的设计学校,即著名的南肯辛顿设计学校,不仅承担为全国各地的艺术和设计学校培养师资任务,而且还设置了一个为英国初级学校培养图画教师的科学艺术系。科尔认为全英国的初等学校都应该把绘画作为一个常规的学习内容,这是为今后进入设计院校学习打下一个良好的基础。为了配合科尔,1857 年英国在全国的初级学校开设了一门图画课,其目的是使学生获得准确地模仿平面图的能力、理解使用几何学的基本要求和直接描绘物体的能力。1871 年该学院的毕业生瓦尔特·史密斯获聘来到美国的波士顿,主持该地区公立学校的图画教学工作。"[2]

---

① 曾繁仁:《现代中西艺术教育比较研究的启示》,《文艺研究》2009 年第 7 期,第 162 页。
② 戴本博:《外国教育史(中)》,北京:人民教育出版社,1990 年,第 10—11 页。

二、反思一:西方宗教在师范教育中的渗透

除了要了解中西师范教育中学生艺术素养培养的相同之处,我们更应该对比、反思中西师范教育中艺术素养培养之间的不同之处。笔者认为,西方艺术教育的宗教背景问题是有别于中国师范教育的艺术素养培养的一个很大的方面。西方艺术教育发展过程中,人们对宗教问题的认识经历了一个复杂的过程。首先西方近代艺术教育的起点是在宗教势力的促使上完成的。而且在很长时间里教会掌握了艺术教育理念、方向,甚至具体的教学内容的设置。以法国为例:1578 年亨利四世宣布天主教为国教,从此,天主教在法国重新取得了统治地位,成为法国封建专制制度的精神支柱。不管什么教派掌握了学校,他们在学校管理和教学上的内容可能有所不同,有一点可以肯定,那就是宗教信仰是被放在首要地位的。[①] 教会除了控制学校的管理和教学外,还直接控制教师资格的认定。近代乃至法国大革命后,可以说,直到师范教育在法兰西第一共和国时期诞生,乃至第三共和国时期形成较为完善的体系和制度,教会对艺术教育的影响始终难以被清除。一个至关重要的事实是,长期以来法国的小学教育的师资资格一直被教会所控制。"小学教师的头衔是由教会授予,中等和高等教育教师的头衔是由教会和大学共同授予"。尽管后来几经斗争,大学将教师的头衔授予权从教会手上被争取回来,但是小学教师的头衔授予权一直是教会控制的。[②]

再看看德国,即使到了 18 世纪中后期,普鲁士统治时期,一切教育都是在爱国的旗帜下,为维护普鲁士的统治服务,但在教学的课程设计中仍旧可以看到宗教课程是排列在其他课程之前。1774 年费尔比格制定的教育法典中就可以看到宗教课程在课程设计中的重要地位:"根据该法的规定,师范学校开设的课程相当庞杂,有宗教、读法、算数以及应用、语言、科学、人文科学、外语、医学、家庭经济原理、历史、地理、教育和教学方法。"[③]再看看 18 世纪中后期的美国,美国教会垄断教育,使教育带有浓厚宗教色彩,"当时的各级各类学校,无论是小学、中学或是大学,都以宗教教育为主。圣经、教义问答成为最主要的课程,甚至图画、音乐、唱歌等也都充满了宗教精神。其他课程如历史、地理、科学等都处于从属地位,极不受重视。"[④]

即使当时的教派不同,对教育的态度也各异,但是对宗教的推崇还是一致的。所以从历史上看,宗教贯穿于西方教育发展的始终,只是其主导地位在不同的时代

---

① 法国教育与教会的关系本文借鉴戴本博:《外国教育史(上)》,北京:人民教育出版社,1990 年,第181 页。

② 邢克超:《法国师范教育发展的几个特点》,《外国教育动态》1988 年第 3 期,第 32 页。

③ 戴本博:《外国教育史(中)》,北京:人民教育出版社,1990 年,第 204 页。

④ 戴本博:《外国教育史(中)》,北京:人民教育出版社,1990 年,第 208 页。

会有变化。师范教育中的艺术素养的培养在 17、18 世纪是为宗教的宣传和渗透服务。到了 19 世纪至 20 世纪中期，艺术教育受到现代化大生产的影响，开始出现为社会化大生产服务的趋向；到了 20 世纪中后期，艺术教育在师范教育中开始确立自己审美本体的地位。但在其中会发现，宗教精神在艺术教育的发展过程中虽然从中心退守到边缘，但是其会沉淀为一种西方根深蒂固的传统文化，渗透在艺术教育过程中。就像 1837—1870 年的纽约学园对宗教信仰的尊崇方式发生改变，提出坚持宗教信仰，但是不束缚于宗教信仰。纽约学园"前后开设的科目就有 149 种之多，其中最基本的科目则有代数、几何、天文、植物、化学、普通历史、美术史、英语、测量、哲学、讲演术、论辩术等。但不管开始坚持什么宗教信仰，但不束缚于某种教义；男女平等，男女合校；具有示范性质，负有培养初等学校师资的任务。"①到了 1874—1875 年，美国师范教育发展中霍瑞斯·曼（Horace Mann，1796—1859）对师范教育中宗教教育问题提出了大胆的改革建议："他认为教育的宗旨是为各种生活作准备，注意社会效率，最终目的是为社会培养有道德的、有立身本领的人。他认为应当对青少年进行宗教教育，但他反对进行某种教义教育，也就是不偏倾于某一教派。"②在此之后，从 19 世纪中后期开始，纽约学园和贺拉斯曼在师范教育中对宗教教育重新定位，基本确定了后来美国师范教育中宗教教育在教育发展中的位置，那就是宗教教育在教育乃至师范教育中是必需的，但是接纳的方式和对教派的态度是开放自由，遵从人本身的选择。所以用"坚持"但不"束缚"可以概括宗教在近现代西方教育中的定位，是比较准确的。

　　相比之下，中国师范教育中艺术素养的培养过程中宗教问题是很少涉及。这当然与中西两国的文化背景有关。但是宗教特别是基督教在西方文化中的影响是巨大的，甚至是西方社会的精神支柱，所以对于西方宗教的态度可以成为我国日后师范教育中艺术素养培养中值得借鉴和反思的一个重要方面。

三、反思二：中西师范教育中艺术教育专业水平的落差

　　通过对中西师范教育中艺术素养的培养的比较，我们也可以反思中国的师范教育中艺术教育的培养中有待正视的问题。我国的师范院校中学生艺术素养比较落后。马松翠的一篇论文统计了青岛市农村幼儿教师的艺术素养现状，从她的统计中我们可以窥一斑而知中国师范教育中艺术素养的落后现状："截至 2012 年 6 月，青岛市有各类幼儿教师 15620 名，其中有教师资格证的人数 4937 人，占 31.6%。从学历看，研究生学历为 19 人，本科学历 1751 人，大专学历 6379 人，普通高中学历 634 人，中专（含职高、职专）6569 人，初中及以下学历 268 人，其中初

---

① 戴本博：《外国教育史（中）》，北京：人民教育出版社，1990 年，第 487 页。
② 戴本博：《外国教育史（中）》，北京：人民教育出版社，1990 年，第 490 页。

中及以下学历的教师都在农村。以原胶南市为例,农村幼儿教师学历在大专及以上的人数是 399 人,占总人数的 39.6%,其余为中专或以下学历,且很多教师非毕业于学前教育专业,甚至没有受过任何幼儿教育培训。原胶南市 36 岁以上的农村幼儿教师 989 人,占总人数的 70% 以上。在取得大专学历的人群中,大部分是通过在职学习拿到的学历证书。由于在职攻读大专门槛较低,教学相对松散,其含金量远远低于全日制大专生。在职学习的主要科目是各种文化课程,基本不涉及艺术类课程,美术知识和音乐常识的学习基本为零。这种师资情况不是个例,在五市普遍存在,较低的学历层次和师资队伍的老龄化深深阻碍了农村学前教育发展。行业中没有新鲜血液的注入,没有新生力量带来新的教育观念和教育方法,所以会造成发展的滞后和专业化程度不高。"①

相比之下,西方乃至日本师范教育中对未来教师的艺术素养的培养层次和专业化水平已经发展到相当成熟的阶段。据江苏省艺术教育现代化模式课题组研究表明:"在美国,小学艺术师资均在综合大学一级培养,50 个州都规定小学所有的教师至少应当取得学士学位。日本、英国、德国小学艺术教师均毕业于综合大学、新教育大学、教育学院、艺术学院等。发达国家的小学艺术教师在大学中受到了良好的艺术教育训练。美国大学把音乐、美术列为必修的人文学科。日本大学把音乐、美术作为培养小学师资的基础课程。英国在培养小学师资的教育学院和综合大学教育系中也把音乐、美术列入了必修科目。发达国家小学艺术教师的培养已走向了规范化轨道。除此之外,发达国家小学还十分重视社会上的艺术人才,建立了特聘小学教师制度,聘请音乐家、画家来小学从教。如日本各都、道、府、县均设限于本地通用的'特别教师许可证',使社会上的艺术专业人才在小学艺术教育中发挥作用。"②相比之下,中国师范教育,乃至于已经进入教学一线工作岗位的教师,无论是学历水平还是专业艺术教育的层次都与西方国家以及日本有很大的一段差距。

值得注意的是,无论西方国家还是日本建立特聘小学教师制度,非常重视从社会吸纳艺术专业人才到小学一线教学岗位从教,以此来提高小学艺术教育水平。这项措施的作用其实与美国 19 世纪后期督学在师范教育和基础教育中所起的监督和规范作用是一样的。而在中国,社会上的专业人才很少介入小学甚至大学的教育教学活动中。所以这就涉及中国师范教育中艺术素养培养应该反思的第二个问题,我国师范教育中艺术教育专业的培养问题。

---

① 马松翠:《农村幼儿教师艺术素养现状与对策研究——以青岛市为例》,《中国成人教育》2013 年第 16 期,第 142 页。

② 江苏省艺术教育现代化模式课题组:《发达国家小学艺术教育现代化管窥及启示》,《外国中小学教育》1997 年第 2 期,第 43 页。

四、反思三：师范艺术教育的非专业化与专业化的界限问题

中国的师范教育中对学生艺术素养的培养还存在着专业艺术教育与非专业艺术教育之间界限的问题。目前我国的艺术教育专业化趋向明显："艺术教育的专业化对艺术教育影响深远，使艺术教育自身走向了分裂，主要表现在两个方面：一是作为普通教育或通识教育的艺术教育，即艺术通识教育；一是作为专业教育的艺术教育，即艺术专业教育。前者在中小学教育中往往作为普通教育，在高等教育中一般作为通识教育；后者主要在艺术高等院校或高校的艺术院系开办。"[①]相对于专业艺术教育，一般认为师范教育中的艺术素养的培养属于非专业艺术教育，作为技能知识成为未来教师的必备素质。这也决定了，教师在未来的教育实践中将艺术作为通识教育普及在小学教育的实践过程中。但在非专业教育与专业教育的关系上，两者又是不平衡的，往往作为非专业教育的师范艺术教育受到专业教育的观念影响比较大，但是专业教育的观念一直保持其独立性，很少受到非专业艺术教育的影响。这样造成了专业艺术教育的人才在中国教育实践中很少或者不屑涉足于基础教育的领域。这种矛盾必然与席勒所提出的"美育"观念相背离。王国维在1912年的文章《对于教育方针之意见》中对美育作了一番解释："美感者，合美丽与尊严而言之，介乎现象世界与实体时间之间，而为之桥梁。此为康德所创造，而嗣后哲学家未有反对也。"[②]原清华大学梅贻琦在20世纪30年代初就任清华大学校长时明确提出：清华大学的培养目标是……他在早年的《论修养》一书中力主通过美育"复兴民族"，并要求青年彻底觉悟起来。他说："现在我们想要复兴民族，必须恢复周以前歌乐舞的盛况，这就是说，必须提倡普及的美感教育。"[③]可以看到早年这些教育家就已经意识到，中国要提倡和彻底实现美育，必须将专业艺术教育与非专业艺术教育和谐统一起来，但两者的和谐统一又不能以失去彼此的独立性为代价。正如邢莉和常宁生在《西方艺术教育史》的序言所说："普通艺术教育和师范艺术教育在'艺术'、内涵上与学院艺术教育的统一，并不等于前两者在具体的教学内容、课程设置、教学方法和评估标准等方面可以模仿或套用后者。相反，前两者必须在这些方面保持自己的独立性，尤其是明确将培养中小学艺术师资为己任的初等、中等和高等师范艺术教育，它们能否坚持和突出自己师范性，将直接关系到普通艺术教育的成败。"[④]

本章对比了中西艺术教育的发展历史，列举以美国为主的西方师范教育中的

① 别敦荣、夏晋：《论艺术教育的专业化及其通识性》，《高等教育研究》2013年第2期，第61页。
② 曾繁仁：《现代中西艺术教育比较研究的启示》，《文艺研究》2009年第7期，第161页。
③ 朱光潜：《朱光潜全集》第四卷，合肥：安徽教育出版社，1988年，第9、152页。
④ [美]阿瑟·艾夫兰：《西方艺术教育史》，邢莉、常宁生译，四川人民出版社，2000年，第13页。

艺术教育实践案例,并对中西师范教育中艺术素养进行反思。希望通过本章的介绍,能让读者对西方艺术教育特别是西方师范教育中的艺术素养的培养问题有一个宏观的认识,从而能为研究中国的相关问题提供借鉴和参照!

第五章　行动研究

"基于艺术素养的小学教师培养模式"研究,不仅是一项单纯的课题研究,也是一项培养实践试点。因此,我们在招生改革、培养方案研制、实践平台创新方面都进行了有益的尝试,以下将分节阐述。

第一节　招生改革中艺术素养的关注

从 2011 年开始,经有关部门批准,杭州师范大学小学教育专业已经连续四年开展了"三位一体"综合评价的招生改革。"三位一体"即把单一的高考成绩录取改为"高考成绩、会考成绩、综合测试评价成绩"三项合一后综合评价录取。与以往相比,在综合测试评价环节增加了面试,在面试内容中,就有对才艺展示,特别是对考生的艺术素养基础的关注。比如声乐的音准、节奏、表演;舞蹈的动作、身段、表演;钢琴或其他乐器的音色、节奏、表演;书法、美术的笔法流畅、画面完整,美观;朗诵的普通话发音、语音、语调、表现力,等等。(见图 5-1、图 5-2)

笔者一方面对杭州师范大学初等教育学院小学教育专业 2011 级师范生进行艺术素养前测和纵向跟踪研究,由此获得并分析了相关数据,并为师范生专业素养形成的发生学提供依据,同时也为初等教育师资培养模式的建构和分析提供实证依据。另一方面,也对 2011 级师范生专业形成历程进行实证研究,是为了检验以艺术素养培养为核心的初等教育师资培养模式改革的实践效果。

通过小学教育专业艺术课程的学习和课外"六艺节"等活动的开展,小学教育专业学生的艺术素质和能力得到明显的提升。主要体现在舞蹈、音乐、绘画等方面。在舞蹈方面,通过规范的舞蹈基本训练,学生掌握了基本技术技巧,了解民间舞、古典舞、流行舞等,促进他们舞蹈技能的发展。一方面组织学生参加汇报演出、文艺演出,不断提高自身的舞蹈水平;另一方面,积极引导学生了解儿童的心理和身体特征,观察儿童的生活,创作、表演、编排反映儿童的情趣、深受儿童喜欢的舞蹈节目。在音乐方面,培养学生对音乐的兴趣,使他们想弹想唱、爱弹爱唱、能弹能唱。具体可以采取如下措施：①通过校内艺术比赛培养锻炼学生艺术表现能力和良好的表演心态；②通过开设声乐、练耳、视唱、和声、伴奏等相关课程，让学生掌握基本的乐理知识，具有识谱、伴奏、演唱歌曲的能力，创作儿童歌曲的能力和音乐教学的技能技巧的能力。在绘画方面，可以开展临摹、写生、速写等绘画训练，使学生掌握基本的美术教育的理论和技能，培养学生的观察力、记忆力、表现力；也可以根据小学教学工作的实际特点，开展文学故事绘制、绘本故事、儿童创编作品绘制等绘画课程；还可以通过手工教学，让学生了解手工制作的基本规律和方法，锻炼学生利用日常物品创造艺术作品的能力。经过一年一次"六艺节"的洗礼，小学教育专业学生艺术素质和能力将长远影响着每个学生的发展。

图 5-1　考生来校参加"三位一体"综合评价招生测试

图 5-2　小学教育专业"三位一体"面试现场　考生在展示才艺

第二节　课程方案中艺术课程的设置

我们试图回答以下问题:第一,在小学教师培养方案设计中,如何体现艺术素养提升的潜在价值与显性措施?

有一点要说明的是,我们的学生迈入大学前,艺术素养可以说基本为零。因为他们都由高考统一录取,并且大多数人是未经书法、美术、音乐、舞蹈专门学习。但是,通过4年的学习,绝大多数学生都能有很大的提升。比如有些书法能够达到6级以上水平,特别优秀的可以达到9、10级,有些还能获国际大奖。比如我校学生在浙江省第三届大学生艺术展演大赛中获得三个一等奖、一个二等奖和三个铜奖,在第二届太白杯全国师范院校师生书法大赛中有63名学生获奖,同时荣获团体一等奖和教师园丁奖……

那么我们是怎么做到这一点的呢?一方面是通过课堂教学,一、二年级开设书法、美术、音乐、舞蹈必修课,每个同学都要达到一定的要求;三、四年级开设书法选修课,对书法特别感兴趣的同学可以选择继续学习,提高水平。另一方面,是通过课外练习。鼓励学生多练习书法,充分利用课外时间,把教学内容由课内走向课外,形成良好的对接。

我院的美术教学与美术学院的是有区别的,我院美术教学的内容是紧密结合小学、幼儿教育实际的。比如简笔画,我们的要求是人人过关。因为通过学习,小学教师能够根据教学内容及时地进行画图,在方便教学、提高效率的同时,教学内容也变得格外生动和形象。

这是学生的手工作品(见图5-3),都是用旧的广告张贴画,或旧布和边角布料,运用所学的色彩等美术知识创作而成的,也有一些是用麻做的手工作品。真是生活中处处有美! 这对于培养学生来说,显得格外重要。并通过他们——未来的小学教师、幼儿教师去影响我们的儿童,让他们具有发现美和创造美的能力、变废为宝和化腐朽为神奇的能力,这将会产生多么巨大的影响啊!

下面是其中一届"六艺节"的安排,目前很多项目(比赛)已面向全校。

图 5-3　手工作品

◆ 序—"春暖花开 六艺争妍"初等教育学院第七届六艺节开幕式

　　时　　间：

　　地　　点：

◆ 第一篇："高山流水觅知音·桃花引"

1. 知春华——"琴瑟年华"器乐比赛

　　时　　间：

　　负责人及部门：

2. 寻天籁——"熠熠'声'辉"合唱比赛

　　时　　间：

　　地　　点：

　　负责人及部门：

3. 访霓裳——"舞动奇迹"舞蹈大赛

　　时　　间：

　　地　　点：

　　负责人及部门：

◆ 第二篇："弈苑书香品雅意·荷花谣"

1. 品茗香——"棋开得胜"棋类比赛

　　时　　间：

　　地　　点：

　　负责人及部门：

2. 赏异彩——"书情画意"书画比赛

　　时　　间：

　　地　　点：

　　负责人及部门：

3. 拈花语——"妙笔生花"简笔画大赛

　　时　　间：

　　地　　点：

　　负责人及部门：

◆ 第三篇："师林寻珍志青春·梅花吟"

1. 话神奇——"异想天开"手工制作比赛

　　时　　间：

　　地　　点：

　　负责人及部门：

2. 幻无穷——"巧夺天工"多媒体制作大赛

　　时　　间：

　　地　　点：

　　负责人及部门：

3. 展今朝——"Yi度空间"虚拟课堂评比

　　时　　间：

　　地　　点：

　　负责人及部门：

◆ "争奇斗妍展才情·百花颂"——初等教育学院第七届六艺节闭幕式:颁奖典礼

在学校的大力支持下,学院在艺术楼有近百间琴房和10间专用教室。

学院的艺术楼走廊的布置是我们文化环境育人的一部分,我们总觉得要使学生成为怎么样的一个人,恐怕仅仅告诉他"你要成为怎么样的一个人"是远远不够的,还必须为学生创设一个成长的环境。

初教院是一个历史悠久、名人辈出的学院,已有百年多的历史。学生中有美术家丰子恺等人,这些书法教室和美术教室,还有二楼的舞蹈教室我们都是整天开放的,学生随时可以前来练习,为他们的课外练习提供条件。并且,我们还安排了琴点、舞点、书点,到点练习,养成习惯。

教师行为室是对学生进行教师行为分析的一个场所,可以观看、剪辑,分析课堂录像,可以制作多媒体课件。

学院学生制作课件有两大优势,一是具有美术基础,二是熟悉小学和幼儿教育实际,所以,我们的学生善于课件制作是一大特色。有的实习学校的指导教师还来要我们学生制作的课件。每年"六艺节"我们都要举行课件制作比赛,学生经常在各种课件制作比赛中获奖。

艺术楼的二楼到五楼都是琴房。

五楼是学生作品展的第四部分,主要是学生的手工作品和"六艺节"活动展板(作品展的第二、三部分分别在三楼和四楼,分别是各项活动的照片和简笔画)。这些是学生利用废旧材料制作的手工作品。

推动学生课外主动练习的机制除了举办学生作业展览以外,还有每年的"六艺节"和特长生评比。"六艺"即说、唱、弹、舞、书、画,随着教师技能内涵的扩展,后来,又增加了一项课件制作比赛,给学生提供了展示才华的机会。

大四学生实习回来,我们都要进行特长生的报名和考核,根据小学教育的实际需要,我们在音乐、美术、书法、舞蹈、语文、数学、科学制作等 11 个方面设立了特长生评比制度,极大地激发了学生对于教师职业技能训练的主动性和积极性。同时,学生积四年之功力获得的特长生证书就是学校向用人单位推荐的推荐证书。

由于我院在小学教师专业技能及艺术素养培养方面的独特性,我们的毕业生深受用人单位的欢迎,每当学生实习回来,就会有很多小学的校长前来挑选毕业生,近五年毕业生就业率近 100%。

第三节　实践平台中艺术素养的养成

艺术素养的培养绝不仅是一种技能的提高,更是一种艺术文化的构建。因此,仅靠课堂教学是不够的,杭州师范大学小学教育专业还通过艺术活动激发在校师范生的情趣、体验审美感、体现成就感,同时参与艺术活动也是学生表达自我的重要手段,因此艺术教育在整个初等教育师资培养中具有举足轻重的地位。

杭州师范大学教育学院以艺术带动初等教育师资的培养模式已进行了十多年的探索,取得了良好的效果,积累了较为丰富的经验。每年以"六艺节"为抓手,开展各项活动,通过"六艺节"的开展,显著影响到在读学生,同时由于学生参与过"六艺节",这样的经历及其中的艺术熏陶影响着每一位已工作的毕业生。

所谓"六艺",即初等教育师范生的专业技能"说、唱、弹、舞、书、画"(见图 5-4、5-5、5-6、5-7、5-8、5-9、5-10、5-11、5-12、5-13)。其显性作用是丰富了师范生学习与生活,提升了师范生的教育技能,并有利于促进师范生的全面发展与长远发展。

图 5-4 舞蹈《水姑娘》

图 5-5 合唱节目表演

图 5-6　简笔画比赛

图 5-7　乐器演奏

图 5-8　书法比赛

图 5-9　歌舞表演

图 5-10　话剧表演

图 5-11　朗诵比赛

图 5-12　现场剪纸展示

图 5-13　合唱比赛

由于我国教育制度存在的弊端,学生在高考前大多处于疯狂的填鸭式学习阶段,不停地进行重复练习与记忆,形成巨大的学习与心理压力,并造成兴趣面狭窄的现状。大学的学习环境与氛围是相对宽松的,长期受压抑的学生一旦进入这个环境,会产生严重不适应。因此,大学生就需要发现自己的兴趣并分配好时间。

对学生进行"说、唱、弹、舞、书、画"六项技能教育,可以为学生提供一个合理利用与分配时间的计划平台。学生可以将精力用于学习上述技能,丰富其学习与生活。

艺术是充满幻想与美丽的。"说、唱、弹、舞、书、画"是学生发现美、感受美、表现美的途径与方式。学生在充满美的环境中成长,体验到自然、社会与生活的美好,其鉴赏美的能力获得了提高,同时,提升自身的气质。对于大自然、社会与生活的热爱,也利于学生形成正确的价值观,促进学生的全面发展。

随着现代化进程的推进,社会发展的速度加快,科学与技术飞速发展,知识的更新换代使我们进入了知识型社会。从长远来看,现代社会需要"智慧型"、"知识结构完善"的大学生,而不是"僵化型"、"知识偏倚"的大学生。学前专业学生涉猎"说、唱、弹、舞、书、画"六项知识与技能,可以不断丰富自身知识结构的深度与广度,为适应知识型社会打下坚实的基础。

此外,加德纳的多元智能理论认为人都有多种智能,且每个人的优势智能是不一样的。他将人的智能分为八项,并认为这些智能之间存在有一定的联系,艺术智能是一个重要方面。初等教育师范生的艺术教育,是为他们提供一个发现与展示自身优势智能的机会与平台,以此提升其自我效能感,培养其自信心,并逐渐形成对自我的正确认识,从而进行积极的自我评价,有利于学生的心理健康。学生的自信心一旦形成,自然也会带动其他方面的学习。

"六艺节"的隐性作用是有利于学生就业,有利于培养高素质的初等教育师资,有利于促进初等教育教师个体一生的发展,从而促进我国初等教育事业的发展。

小学教育专业学生去相关校园应聘时,面试程序往往少不了跳舞、唱歌、画画、弹琴或表演特长等,而这些考核内容往往是本科毕业生最头疼的地方。其实,现在许多用人单位对上述技能水平的考核有了一定的灵活性,没有了硬性要求。但这并不代表艺体技能在初等教育中的地位下降了,一定的艺体技能在初等教育中是必要的,特别是小学教育,他们的不同课程正在走向整合,艺体技能在课程整合中的作用就像是融合剂。在初等教育相关的精品课程展示活动中,人们可以发现,在绘画活动中融入了音乐欣赏,在科学活动中融入了绘画,在语言活动中融入了律动等等,这些元素借助教师的肢体语言表演则大大提高了儿童的学习兴趣。基本的艺体技能包括唱歌、跳舞、绘画、弹琴、手工制作、口语表达、棋弈、书法等,这并不是要求初等教育专业学生样样精通,只要每种略通一二就可以了。如果小学教师将这些技能有效地运用于教育教学活动中,那么就可以吸引儿童的学习兴趣,同时培养儿童的艺术想象力和创造力。因此,加强对小学教育专业学生艺术素养的培养,将会为他们以后寻找工作奠定一个坚实的基础。

杭州师范大学教育学院(原初等教育学院、教育科学学院、经享颐学院 2013 年 6 月合并)已举办了十三届"六艺节",每届"六艺节"都有不同的主题,但都一直围绕"说、唱、弹、舞、书、画"展开。另外,为了适应教育发展的需要,其内容得到了扩展,目前已不是当初所含的六个方面了,但名称还一直叫"六艺节"。下面是教育学院已举办的第九届"六艺节"方案,部分内容有所删减。

＊第九届"六艺节"活动方案

"艺起来"—"六艺九载·艺满校园"

杭州师范大学初等教育学院第九届"六艺节"活动方案

一、活动时间:2013 年 3 月—6 月

二、活动目的:秉承我校"人文学堂 艺术校园"的办学特色,立足初等教育学院办学传统和专业特色,将师范生专业素养提升与校园艺术文化活动有机结合,在富有学院特色、历经八届的"六艺节"活动平台上,提升和展示师范生"说、唱、弹、舞、书、画"技能和才艺,打造"一班一品",促成"一人一艺"。

在引导促进学院同学"强师艺"的同时,面向全校同学开展艺术活动,以艺会友,丰富校园艺术文化氛围,提升大学生艺术文化素养,推动师大校园艺术文化建设。

三、活动要求:学院内整体发动,要求以班级为单位,人人参与,鼓励学校其他学院学生参与。

四、活动口号:传承创新,艺满校园

五、组委会设置:

主 任:×××

副 主 任:×××

成 员:×××

执行办公室:×××

活 动 组:×××

宣 传 组:×××

后 勤 组:×××

六、活动安排:

序一 "六艺九载·艺满校园"初等教育学院第九届六艺节开幕式

时 间:3 月 13 日(星期三)13:00

地 点:月桂广场

负责人及部门:×××、主席团、团委素拓部

◆ 第一篇:月桂集书画,惠风藏鹊华

三月驼云,风雷震动于下而云雨囤积于上。初教六艺,薄发九载光华而厚积百年辉润。玉皇古荡,钟灵毓秀,群贤雅集,鸿鹄竞出。月桂师园,书画养心,传道授业,桃李成蹊。

1. 桂子香——描诗意·绘师情 简笔画考试

时　　间:2012 年 3 月 13 日(星期三)14:30

地　　点:月桂广场

负责人及部门:×××、学习部

2. 玲珑绣——妙手生花 书画及手工制作比赛

时　　间:2012 年 3 月

地　　点:艺术楼大厅

负责人及部门:×××、宣传部

◆ 第二篇:春色透帘栊,音韵叠西楼

清浅夏风,说、唱、弹、舞、书、画,六艺细诉心语。舌灿莲花,仰首唤比邻;盛世群音,合响遏行云;琴箫合奏,一曲伯牙韵;婆娑起舞,转袖若飞雪;铁画银钩,为君舞墨香;丹青妙笔,春去留花住。

1. 似醉佳酿——吟风对韵 朗诵(讲故事)比赛

时　　间:2012 年 3 月 20 日(星期三)14:00

地　　点:望道厅(200 座)

负责人及部门:×××、新闻部

2. 雅韵满堂——器乐比赛

时　　间:2012 年 3 月 27 日

地　　点:艺术楼 402(舞蹈教室)

负责人及部门:院社联

3. 风华别样——我的未来我做主 职业规划大赛

时　　间:2012 年 5 月 8 日(星期三)14:00

地　　点:望道厅(200 座)

负责人及部门:×××、就业工作部

◆ 第三篇:江南无醉意,歌舞道人生

云淡风轻,浮世流光,水远山遥,灯火阑珊,虽是前路崎岖,挡不住无限向往。正当年少疏狂,歌笑人生,舞韵悠悠,共谱一春暖阳。六月莲灿,荷叶田田,片片连连。下沙终离,脉脉此情,留恋流连。仓前在即,六艺有情,华绽末章。

1. 蝶戏风流笑——春意如歌 合唱比赛

时　　间:2012 年 4 月 3 日(星期三)13:30

地　　点:艺术中心剧场 1200 座

负责人及部门:×××、外联部、体育部

2. 花影三月俏——舞艺惊鸿 舞蹈比赛

时　　间:2012 年 5 月 22 日(星期三)14:00

地　　点:艺术中心剧场 1200 座

负责人及部门:×××、文娱部、权益保障部

◆"艺久弥新"初等教育学院第九届六艺节闭幕式

时　　间:2012 年 5 月 29 日(星期三)14:00

地　　点:艺术中心剧场 1200 座

负责人及部门:×××、主席团、团委

第六章　各科教学中的渗透

第一节　文学素养及其在课堂教学中的表现

一、文学素养及儿童文学

小学教师的素养在整个小学教学中具有十分重要的作用,它直接决定着课堂的质量以及学生的后续学习;而其中,小学教师的文学素养更是重中之重,它决定着小学语文教学的成败,同时也影响着各门学科的教学。2011 年颁布的《义务教育语文课程标准》规定,"语文课程致力于培养学生的语言文字应用能力,提升学生的综合素养,为学好其他课程打好基础"[①],而文学素养,无论从内涵还是应用上来说都比语文课程更为广阔。所以,厘清小学教师的文学素养诸多问题,对于整个小学教学都具有重要的意义。

那么,什么是文学素养呢? 文学素养有狭义和广义之分,狭义的文学素养是指对于文学理论知识的掌握、丰富的阅读经验、良好的语言表达能力、文学鉴赏能力以及创作能力等,这是外在的狭义的针对文学作品和文艺理论的把握运用,有些类似于语文课程;而广义的文学素养,还包括更为广泛深入和内在深入的文学的精神、文学的思维、文学的情感、文学的视野以及文学的气质,有些类似于蔡元培先生提倡的"人文素养"。蔡元培先生曾经把人文素养细分为语言素养、文学素养、文化素养和美育素养等方面。其中,"语言素养起着基础性作用,是培养和形成其他素养的载体;而文学素养和文化素养是语言素养日臻完善的重要条件,是完善人文素养的关键;美育素养是一种整体把握,是人文素养的最高层次和升华,它主要是指情感、兴趣、审美鉴赏能力等"[②]。由此可以看出,大的文学素养是一个由外而内、

---

① 中华人民共和国教育部:《义务教育语文课程标准》,2011 年。
② 王松泉、张彩霞:《蔡元培的语文素养观》,《语文教学与研究》2004 年第 9 期.

层层深入的综合体,是由技能方法、知识文化、思维能力、道德情感等多层次多方面构筑成的。本文中的文学素养概念,是在以外为基础、以内为目标的两者兼具的层面上运用的。

　　具体到小学课程教学,最新的义务教育语文课标已经对学生文学素养的培养目标做出了明确的规定,"语文课程应激发和培育学生热爱祖国语文的思想感情,引导学生丰富语言积累,培养语感,初步掌握学习语文的基本方法,养成良好的学习习惯,具有适应实际生活需要的识字写字能力、阅读能力、写作能力、口语交际能力。语文课程还应通过优秀文化的熏陶感染,促进学生和谐发展,使他们提高思想道德修养和审美情趣,逐步形成良好的个性和健全的人格。"[①]这是对学生综合全面的语文能力的要求,大到思想、思维、品德、个性、人格,小到识字写字能力、阅读能力、写作能力、语言能力、口语交际能力,在整体要求的基础上促进全面发展还兼顾满足个体发展的需要以此促进学生的个性发展。小学教师是小学生文学素养的传授者和培养者,为了达到上述学生培养目标,必须遵循这些方面的要求,并以在此之上的标准进行自我文学素养的定位与锤炼。

　　比如,最能体现小学教师人文素养积淀厚度的,无疑是小学语文课程。一个能把小学语文课讲好的语文老师,必定不是千篇一律地机械切割和分裂课文,而是在对整篇课文吃透的基础上再进行课文的解读。而这个吃透,就需要对诸如写作者生涯、写作背景、作家风格、作品特色有一个准确整体的把握。很难想象,一个从来没读过《呼兰河传》也不了解萧红凄婉身世的人,会体味出《祖父的园子》灵性飞扬、活泼生动的笔触下隐藏着的强烈悲怆;而对鲁迅生平及创作成就没有深入体会的人,也不会理解人教版六年级小学语文课本,竟然拿出一组的篇幅安排鲁迅作品及其怀念文章。当课堂语文教学变成支离破碎的一个个语段分析,当文学不被当成文学来品味欣赏,只是当成僵死的知识,创作者呕心沥血的结晶就被肢解了,那些极力营构的氛围、苦心孤诣的前后呼应草灰蛇线、人物塑造的步步为营之妙等等都被扼杀磨灭了,片段化的所谓剖析看起来最大限度地实现了课文的教育功能,在这种"工具论"支配下的语言知识课类型的语文教学中,来自文学的课文的最本质的审美特性被贬低甚至忽略了,这只能矮化语文课程乃至文学本身,长此以往,文学的魅力消失了,小学生对语文学习的兴趣大大降低甚至讨厌语文课,小学语文教学还何谈教学效果?甚至小学语文课程本身就丧失了价值。真正的小学语文教师授课,不仅仅要让学生进行字词句等基本知识的学习,更是教师自我文学素养的厚积薄发,需要教师之前积累宽广的文学素材并做到深入浅出。在授课过程中,教师不能单纯依赖教参,而是要从课本出发,结合小学生思维特点,发挥领路人的作用,用规范化和个性化并存的鉴赏带领学生遨游文学王国,使其体会到文学的魅力,从而

---

　　① 　中华人民共和国教育部:《义务教育语文课程标准》,2011 年。

吸引感染学生,从精神、思想、文化、心理等各方面进行真、善、美的熏陶和洗礼。

在小学教师的文学素养要求中,教师的儿童文学素养尤其值得强调。文学从不同的角度有不同的划分,从时间上来看,有古代文学、近代文学、现代文学、当代文学之分;从国别来看,有中国文学,外国文学等;从体裁上来看,有小说、诗歌、散文、戏剧等;从接受对象来看,有幼儿文学、儿童文学、成人文学等。单就小学教育来说,教育的针对主体和接受者都是6—12岁的儿童,这一阶段的儿童具有独特的认知方式与心理特征,儿童文学恰恰最为适合他们,因为儿童文学是唯一地以儿童作为接受对象的文学,具有符合儿童心理和生理特征的"清晰、明确、温和、美丽"的独特品质,反映了儿童思想和生活,以真、善、美主题维护儿童的心灵,营造的是纯洁的世界和纯粹的人性。所以,儿童文学是"适合于各年龄阶段儿童的心理特点、审美需求以及接受能力的,有助于他们健康成长的文学,其中以特意为他们创作、编写的作品为主,也包括一部分抒写作家主观意识却能为孩子们所理解、接受又有益于他们身心发展的文学作品"①。也就是说,儿童文学与小学语文之间自然而然就存在着密切关系。

在现代儿童文学和现代小学教育诞生之初,老一代的文学创作者和教育工作者已经认识到了儿童文学与小学语文之间的关系,比如持"儿童本位论"的周作人认为儿童的文学就是"小学校里的文学",在他看来,儿童文学可以和小学文学教育画等号;叶圣陶编写的《开明小学国语课本》中有大量的儿童文学作品,他认为,"小学生既是儿童,他们的语文课本必是儿童文学,才能引起他们的兴趣,使他们乐于阅读,从而发展他们多方面的智慧。当时我编写这一部国语课本,就是这样想的"②。这与当代儿童文学研究者王泉根的看法不谋而合,"儿童文学与中小学语文教学可以说是'一体两面'之事。这是因为儿童文学与中小学语文教学所面对的都是18岁以下的广大少年儿童,如何为少年儿童提供品质优美的精神食粮,使他们感悟文学之美、母语之美,促进民族下一代精神生命的健康成长,无疑是儿童文学与语文教学共同的文化担当和终极目标"③。可见,由于儿童文学与小学语文在接受对象上的一致性,两者在小学教育中的地位也有了重叠;从另外一个角度来看,相应地对小学教师的儿童文学素养也就提出了更高的要求。

小学教师具备了文学素养特别是儿童文学素养,意味着他找到了一条走进儿童心灵和生活的捷径,他比任何人都更了解儿童:了解儿童需要,了解儿童所思所想所为,了解儿童的喜怒哀乐,从而能够更亲近儿童,能宽容地对待儿童的过失和过错,用喜悦的目光注视儿童的点滴进步,这样也必然将获得儿童更多的信任和亲

---

① 浦漫汀:《儿童文学教程》,济南:山东文艺出版社,1991年,第1页。
② 叶圣陶:《叶圣陶和儿童文学》,上海:少年儿童出版社,1990年,第2页。
③ 王泉根等:《儿童文学与中小学语文教学》,广州:广东教育出版社,2006年,第1页。

近,亲其师信其道,这对于他的教育教学来说,无疑是大有裨益的。

二、文学素养在课堂教学中的表现及作用

一般来说,影响课堂教学效果的因素有很多,比如教师课前的备课,教师讲课状态、学生的课前预习、学生对知识的接受能力以及学生听课认真程度等等,但其中,教师的文学素养会更直接也更持久、更深远地影响课堂教学效果。一个具有良好文学素养的小学教师,会推动整个小学教育教学的良性发展。

首先,在教学内容方面,将文学因素引入小学课堂各门课程的教学当中,可以增加教学的趣味性和丰富性,帮助学生理解并消化吸收教学内容;也可以整合各门课程,发挥总体优势。

比如小学科学这门课的设置是为了让学生了解科学本质,普及科学知识,让学生逐渐体会并培养科学思维和科学精神,如此严谨的内容如何吸引小学生的学习兴趣是值得探讨的。如果在教学过程中,教师运用文学技巧,充分调动学生的形象思维和想象能力,就可以使小学生在兴趣盎然中收获知识。苏教版小学科学六年级上册的《登月之旅》,这篇文章的教学目标是为了让学生了解月球的基本成因、运行以及人类探索月球的历史等。课文一开始"嫦娥奔月"的故事就是一个很好的文学切入点,美妙的神话可以激发小学生的幻想和想象。另外,古往今来关于月亮的文学作品数不胜数,比如唐代诗词就有"床前明月光,疑是地上霜"、"举杯邀明月,对影成三人"、"海上生明月,天涯共此时"等,这是小学生学习过或者听闻过的。科学课上引入这些文学素材,与小学生的已有知识实现了对接,拓展了课程资源,实现了语文和科学两门课程的整合;更重要的是,月亮在文学描写中是如此的诗意,这更增强了学生对月亮"揭开面纱"一探究竟的兴趣,科学与人文的交融使课程教学呈现了张力,同时也为很好地完成科学教学目标打下了牢固的基础。

数学是一门讲究准确的学科,小学数学课程的目的在于培养孩子较为严密的逻辑思维能力和推算能力,教学内容抽象;而小学生以具体形象思维为主要特征,理性思维有待发展,远没有达到能够顺利理解和掌握形而上现象和本质的程度,也就是在教学内容的特性和被教育者的接受能力之间出现了一个显而易见的不对等性。所以,要实现真正有效的教学必须善于运用具体生动的鲜明形象,利用感性材料来展开数学活动。如果在这期间,恰当地运用丰富多彩的文学素材加以缓冲和对接,毋庸置疑会增加教学内容的趣味性和小学生接受的有效性,化枯燥的推理为妙趣横生的快乐发现之旅。比如,小学生在学习乘法口诀的时候,单调重复的口诀可能会引起孩子的腻烦,文学元素的运用可以大大缓解枯燥感,口诀成为可理解可运用的东西,生活中处处可见,诸如数字儿歌就可以在朗朗上口中自然而然地达到记忆的目的。苏东坡有一幅《百鸟归巢图》的画,明朝神童伦文叙为此题了一首数学诗:

天生一只又一只，

三四五六七八只。

凤凰何少鸟何多，

啄尽人间千石石。

明明是百鸟图，而题诗似乎在数鸟的数目，而且数到第八只就停止了。那究竟是多少只呢？奥秘就在于似乎漫不经心的数数当中。第一句中的"一只又一只"，加起来是两只，第二句不能读成三、四、五、六、七、八只，而应该读成三四、五六、七八只。也就是第二句中的数字要按照顺序两两相乘：三四一十二，五六三十，七八五十六，然后这三个数字相加便是九十八，再加上第一句中的两只，总数恰好是一百！也就是诗歌中的数字可以组成一个结果等于 100 的算式：$1+1+3 \times 4+5 \times 6+7 \times 8=100$。这里有标点符号的运用，但更多的是乘法口诀的灵活运用。可想而知，如果仅仅是一连串数字的罗列和机械推算，很可能会磨损好奇、好动的小学生的学习兴趣，也不利于之后数学学习的可持续；而上面的例子融严谨准确的数字运算于生动悦耳的故事当中，当教师揭晓答案的时候，学生的惊奇肯定溢于言表，在领略了数字的神奇和巧妙之后，学生的发现和探索问题的兴趣会被大大激发出来，积极主动地去接近数学，披上文学"面纱"的数学真正走进了学生的心田。

其次，在教学语言方面，小学教师如果能在教学中娴熟地运用充满文学色彩的语言，就能够吸引学生兴趣，加深学生对教学内容的理解，大大地增强教学效果。教学语言相比普通语言，是在逻辑语言、科学语言的基础上加上个性表达后提炼升华而形成的，是一种既具有信息传达又同时具有表情达意的多功能审美的艺术符号。教学中经常出现的声情并茂、循循善诱、娓娓动听、抑扬顿挫、回味无穷等美学效应，主要是靠这种语言艺术来实现的。俄罗斯民谚说，"语言不是蜜，却可以粘住一切东西"，文学语言具有极强的艺术性和感染性，能把抽象的知识变得妙趣横生，能把枯燥的文字变得富有情感，教师通过这种教学语言的引导，能够将学生内心体验一步步激发出来，并最终点燃学生思维的火花。

小学不同的课程、不同的内容、章节应该运用不同风格的语言教学，那么小学教师的文学素养在教学语言上就应该表现为多种多样：既可以"口吐莲花"式的优美绚丽，引人入胜的语言能够渲染气氛，激发学生情感；也可以"惜字如金"式的简洁明快，科学地解释说明事物，使学生清楚明了。前者如小学语文中的抒情散文应该采用声情并茂、激情四溢的教学语言，后者如小学数学课公式说明时就应该采用相对简单明了的教学语言，一针见血地让学生明白公式原理及运用方法。全国著名特级教师、清华大学附小校长窦桂梅老师把小学五年级语文《林冲棒打洪教头》一课上得生动精彩、酣畅淋漓，很重要的一点就是从课文的文体特点和具体内容入手，采用了契合文本的语言来引领学生：由于课文选自四大名著之一的章回体小说《水浒》，加之描绘的是一场高手比武，于是窦老师采用了慷慨激昂、激情飞扬的评书体的教学语言,一下子牢牢吸引住了学生的注意力,使得学生很快地投入到了课文当中。"语文课堂应该是或如长河激浪,奔腾千里;或如高山飞瀑,直下千尺;或是绘形绘声,淋漓尽致;或是入木三分,妙趣横生;如果是抒情,应该是欣然忘其形,怡然似已醉;如果是叙事,应该是一举一动皆成文章,一颦一笑尽在无言;如果是阐理,应该是世事洞明,发人深省;如果是明志,则应是振臂高呼,群情激奋。"①我想,这样的语言要求不仅仅应该是语文课堂所力图达到的,也应该是所有课堂所应追求的目标。

小学音乐课教学如果能够运用文学语言,同样可以大大提高教学效果。因为对于小学生来说,他们音乐能力的发展是以情感体验为基础的,也就是在理解之后,小学生才能体会到音乐所传达的意蕴,融入音乐所塑造的情境当中。文学语言可以作为沟通小学生情感与音乐之间的桥梁,引领小学生进入音乐之境。这里有一个关于《四季歌》的教学案例,音乐教师用充满诗情画意的语言描绘四季美景,以此来进行课程导入:"小朋友们,春姑娘给大地披上了翠绿的薄纱,夏姐姐为大地换上了葱绿的新装,秋伯伯给大家送来了金黄的喜悦,冬爷爷给我们装扮了一个银色的殿堂,随着四季的变化,四季给大树爷爷换上不同的新装,听它在歌唱。"②这是教师在讲述一个充满幻想色彩的微型童话,用绘声绘色的文学语言描绘了五彩斑斓的时光,同时也有小学生能够接受和理解的诗的意境,很快就可以激发学生的纯净爱心和情感,从而进入音乐学习中去,这样的处理方式可以使课堂呈现出诗意的特质。

再次,在教学方式方法上,如果教师能够运用文学方法来进行教学,比如讲故事或表演,就能够很快地创设审美情景和营造情感氛围,最终体现出教学艺术之美。

故事本身对小学生有着巨大的吸引力,讲故事更是一种重要的教学和学习方法,它可以营造趣味横生的氛围,也可以扩展学生的知识,激发学生思维,"故事是小学生知识成长和心理成长的重要一环,对发展小学生的语言能力、开阔视野、激发想象力有着举足轻重的促进作用"③。最关键的是,故事符合小学生具体形象化的思维方式特点,通过故事这个渠道,化理性的抽象知识或思想于有趣有益的故事当中,大大提高了小学生对知识的兴趣和掌握程度。另外,讲故事的人,可以是教师,也可以是学生,也可以是师生对话。教师讲故事,是为了引领和带动学生去通过故事接近知识,教师的故事起着至关重要的导引性作用;学生讲故事,教师能够掌握学生对问题的看法和理解程度,同时也是学生锻炼表达能力的一个很好机会;

①　高万祥:《当前语义教改讨论综述》,《辽宁教育》1999 年第 1 期,第 59—60 页。
②　周莉娜:《小学音乐教学的情感体验》,《教育科研论坛》2007 年第 06 期,第 51—52 页。
③　王笃琴:《英语教学策略论》,北京:北京大学出版社,2007 年,第 36 页。

师生对话,则是对故事的双向交流和表达。

　　小学英语与其他课程相比,特别需要学生的参与和交流,为了让学生张嘴说英语,教师需要采用各种方法来充分调动学生的主动性。其中,讲故事是比较有效的教学方法,它提供了学生语言操练的机会,也可以集中学生的注意力,最终在轻松愉快的氛围中完成英语课的学习。比如句子"Where are you going?"教学中,可以让学生尽情展开想象,构筑不用的地点、情节,讲述不同的故事,如此足以让学生产生浓厚的兴趣。这样寓教于乐的教学,既活跃了课堂气氛,又融知识练习于文学性活动之中。

　　还有,课堂讲课在一定程度上需要表演。而这里的表演又包含两方面含义:有的时候是需要教师扮演表演者的角色,有的时候类似于学生话剧表演,这里主要想说的是前者。一个合格的小学教师应该同时也是好的演员,他的表演很大程度上可以立竿见影地带动和感染学生,从而进入教师所营造的氛围和情景当中,为教学效果奠定情感基础。梁实秋回忆当年梁启超上课讲古诗的时候,"有时掩面,有时顿足,有时狂笑,有时叹息","悲从中来,竟痛哭流涕而不能自己",有时又"涕泗交流之中张口大笑了","每当讲过,先生大汗淋漓,状极愉快"。[①] 这种极具情感投入的课堂表现其实就是一种倾情演出和本色表现,对学生来说,极具震撼效果和感染力,所以梁实秋多少年后还念念不忘。教学其实是对教学内容的再加工,教师的角色就是"再创作者"——在充分理解所教内容的基础上,通过教师个性化的表达传达给学生,这种个性化的表达由于掺入了教师个人的经验和学识,是一种在"原作"基础上的"添油加醋"。这种"添加"其实就是一种表演,需要充分调动教师的面部表情、肢体动作、语音语调,通过表演创设教学情境,激发学生的情感共鸣,由此进入最佳的学习状态。值得强调的是,教师在教学中要做到"入乎其内,出乎其外",既要融进角色的"入境",同时又要表现出对主题和角色的深层理解的"出境"。

　　基于以上,教师的文学素养在小学教学诸多方面都表现出了优越性和突出作用,而师范类院校就是未来的小学教师培训基地,那么在培训过程中注重师范生文学素养的建构、积淀及提高,显然是一项非同小可的重要任务。

三、师范生的文学素养在见习实习及未来的延展作用

　　师范生特别是小学教育专业的师范生,是未来小学教师的最重要储备军,而见习和实习,是师范生们正式走上工作岗位前的"试水",它是塑造教师职业技能的必要环节,有效地促进了教师专业化的成长,对于合格教师的培养具有十分重要的意义。通过见习和实习中的听公开课、评课、优秀教师经验介绍以及写教案、磨课、课后反思等各个环节,师范生们才能真正地把在课堂中所学的理论知识运用于教学

---

① 《那些教书的文人》,《扬子晚报》(美文选粹)2009 年 6 月 11 日,B5 版。

实践当中去,极大地锻炼了教育教学的能力;更重要的一点是,通过见实习,师范生能够有的放矢地进行查漏补缺和自我的提高,在各方面进一步充实完善自己,积累教学经验,提高实践能力,提升综合素质,以便能够更好地适应未来的工作岗位的需要。也就是在教师职业素养形成过程中,见习和实习之类的实战教学是不可或缺的。

文学素养对初次登上讲台的学生来说,更是意义非凡。一方面,学生在见习和实习中有意识地运用自身的文学素养,能够提高教育教学效果。笔者曾经听过本学院两位实习生同课异构的小学语文课,都是人教版六年级下册的《卖火柴的小女孩》。实习生 A 平时就对文学感兴趣,不仅课堂上积极主动与老师互动,而且课后自觉阅读了大量的中外古今的文学作品。实习生 A 在上课时候,能够从安徒生的生平经历和写作特点出发分析课文,而且从课文延伸开去,涉及《白雪公主》、《小锡兵的故事》、《小意达的花儿》、《野天鹅》等安徒生不同创作阶段的经典作品,也能够恰当地运用合适的语调和表情动作去朗诵展示课文,或活泼跳跃,或低沉哀婉,或激情飞扬,一堂课上得有声有色,有味有料,大大开拓了学生的视野,学生听得津津有味,对安徒生的作品乃至童话本身都产生了浓厚的兴趣;实习生 B 对文学不太感兴趣,平时除了课堂上所介绍作品,对经典作家作品关注不够,该生在教学过程中就显示出了捉襟见肘的窘迫,基本是按照教参亦步亦趋,就课文讲课文,不敢越雷池一步,自己讲得战战兢兢,学生听得昏昏欲睡,本来充满童趣的教学内容上得索然无味,不可谓不失败。两者教学效果的鲜明对比,充分体现了文学素养对于小学教师的重要性。但是值得注意的是,文学素养的建构不是一蹴而就的,窦桂梅老师提到过,为了上好《林冲棒打洪教头》这节课,《水浒传》她翻了好几遍,还专门做了读书笔记。所谓台上一分钟,台下十年功,文学素养的形成和应用是需要长时间积累的厚积薄发。

另一方面,在教学实践中获得的经验,使学生进一步意识到文学素养的重要性,更主动地提高自己的文学素养。上文中的 B 同学,意识到了自己文学素养的欠缺,这对其未来的职业生涯肯定是有影响的,于是主动找到老师,开经典作家作品的阅读书目,并定下了详细的阅读计划,争取踏实有效地提高自我的文学素养;A 同学则在实习中充分感受到了文学素养带来的良好教学效果,更加积极地去扩大阅读面和加深阅读深度。这其实是一个良性的循环过程。

这两位同学不仅仅是个案,而是占一定比例的大学生特别是师范类小教生的代表。曾经有人对两省三所师范类院校的准教师们的文学素养做过统计:从阅读情况上来说,师范生们涉猎范围主要是中国现当代文学,古典和外国名著较少涉及,阅读经典的只约 10%;从写作情况来看:经常写作的只约 10%,根本无写作兴趣和习惯、除作业外未写过任何作品、连日记都不爱写的大约占 40%;从学习理论情况来看:绝大多数都是为了应付考试而学,很少有人主动钻研,对课外的理论著作更是敬而远之。① 这与笔者对身边学生了解到的情况基本相同：阅读数量少，而且确保不了阅读质量，对文学理论更是没有学习的主动积极性，这种情况，在小教生中更是占有不小的比例。这是值得引起严重关注的问题，要给学生一杯水，自己至少要有一桶水，可以想象，这样阅读量匮乏、文学素养欠缺的学生在正式走上工作岗位之后，在教育教学中如何能够做到挥洒自如，信手拈来？更遑论素质教育了。这也可以解释，近几年在教师岗位招聘以及后续发展上出现的一种现象：中文系的毕业生，由于具备相对宽阔的文学素养，比小教科班出身的毕业生更受欢迎，后劲更足。鉴于此，应该有意识地从各方面加强教师基本功，提高准教师们的文学素养。

首先，在走出大学校门之前，课程安排上应该祛除急功近利的观念，调整教学内容和教学观念，适当提升文学课的授课比例，并且多加推荐课外经典作家作品和文学理论，引导大学生静下心来，坐下来多读经典，勤加思考，多加练笔，从而为未来的工作打下相对坚实的基础。

其次，走上工作岗位之后，除了保持良好的阅读和写作习惯，还应该持终身学习的观念，与时俱进，不断更新自己的知识结构，和对当下文学作品、文学观念和文学现象的敏锐性，保持对文学的在场感，从而形成极具魅力和个性化的审美能力和审美情趣。

还应该引起注意的是，教育教学具有一定的后效性，文学素养更是具有强烈的未来延展性。教师文学素养可以在教师自身和学生双方面产生复合型效应。美国著名女诗人狄金森说，"没有一艘船像一本书/也没有一匹骏马/能像一页跳动的诗行/把人带向远方"，古今中外卷帙浩繁的经典文学作品中负载了人类丰富的情感体验和深邃的思想精华。博览群书的教师从文学中汲取了精粹，不仅会直接影响教师自己的教学效果，可以居高临下、游刃有余地看待教育教学。比如对教学内容的深入剖析和个性化的解读表达，进而形成极具人格魅力的独特气质；而且教师作为传道者，他的知识衣钵继承者也就是小学生也会受到这种影响力的熏染和辐射，从而形成持续性的代际传承。

就教师文化来说，当教师的文学素养浸染其灵魂并最终成为其人格一部分之后，会在教育教学理念上反映出来。教师具备了厚实文学素养积淀之后，必然会用人文的眼光去解读周围的世界，从而形成一些人文的职业观点，比如合格的小学教师应该阅读一定的儿童文学，因为儿童文学是以学生为本位的，"本质上是成年人与儿童在审美领域的生命交流"②。当教师接受了这样的观念之后，他就会认识到，教育是师生共同成长的过程，是共同创造美的过程，那么在教学过程中教师必

---

① 曹世立：《高中语文教师文学素养的建构及与教学的关系》，硕士学位论文，扬州：扬州大学，2009 年。
② 蒋风：《儿童文学原理》，合肥：安徽教育出版社，1998 年，第 47 页。

然会对自己的学生加以理解、宽容、尊重和热爱。正所谓"学高为师,身正为范",也就是现代社会,教师的职责已经不仅仅是传道授业解惑了,同时也应该是学生效仿的人格和品性榜样。

就学生观念而言,文学因素在教学中的引入使教学内容和形式形象化、多元化,这就开阔了学生视野,培养了学生的开放思维,给学生插上了一双想象和联想的翅膀,让学生自由自在地遨游在知识的天空。更深远的是,教师在文学素养熏陶下形成的人格魅力,会对学生产生情感辐射和人格辐射,让学生"意识到和感觉到自己智慧的力量,体验到创造的快乐,为人的智慧和意志的伟大而感到骄傲"[①],进而对学生人生观和价值观的形成产生潜移默化的影响,同时学生的个性也得以张扬,人格得到了提升。教师的人格魅力会吸引学生感召学生,浸润学生的心田,触动学生的情思,使其真诚地与教师进行对话和交谈;在其精神经历深刻变化后,进而形成了学生自我的情操与个性,最终"青出于蓝而胜于蓝"。著名教育家夏丏尊先生曾经如此评价李叔同博大精深的人文素养对学生的影响力:"李先生教图画、音乐,学生对图画、音乐看得比国文、数学等更重。这是有人格作背景的缘故。因为他教图画、音乐,而他所懂得的不仅是图画、音乐;他的诗文比国文先生的更好,他的书法比习字先生的更好,他的英文比英文先生更好,这好比一尊佛像,有后光,故能令人敬仰。"[②]

总之,小学教师的文学素养具有重要的价值和意义。作为知识的传播者,丰富的文学素养能够使得小学教师的教育教学游刃有余;作为小学生人生观价值观的塑造者,小学教师深厚的文学底蕴能够使得他成为人文精神的传承者,这不仅仅影响小学生人生观价值观的塑造,而且对整个民族精神的构建都意义深远。由此,无论是小学教师自身,还是小学教师的培养机构,都有必要规范而持续地提高小学教师文学素养水平。

第二节　数学教学中要重视学生艺术素养的培养

一、数学与艺术的关系

通常人们认为,艺术与数学是人类所创造的风格与本质都迥然不同的两类文化产品。[③] 两者一个处于高度理性化的巅峰,另一个居于情感世界的中心;一个是

① [苏]霍姆林斯基:《给教师的建议》(上册),北京:教育科学出版社,1980年,第56页。
② 丰子恺:《悼夏丏尊先生》,《新语文学习(高中版)》2010年第9期。
③ 黄秦安:《数学哲学与数学文化》,西安:陕西师范大学出版社,1999年,第275页。

科学(自然科学)的典范,另一个是美学构筑的杰作。然而,在种种表面无关甚至完全不同的现象背后,隐匿着艺术与数学极其丰富的普遍意义。

数学的艺术性及数学美的存在性由古今数学家们的实践已经获得了证明,他们认为数学是美的,并作过许多精辟的论述。亚里士多德说:虽然数学没有提到善和美,但善和美也不能和数学完全分离,因为美的主要形式就是秩序、匀称和确定性,这正是数学所研究的原则。在数学研究中,虽然有大量表面上看来枯燥无味的推理和计算,然而其中蕴含着内在的、深邃的、理性的艺术因素。当我们创造出一种简便的方法,做出一种简化的证明,找到一种新的成功应用时,就会在内心深处激起强烈的美感,同时"美"是数学中公认的一种评价标准。数学中美的东西是好的、比较简单的,受到一致肯定和赞赏的。著名数学家罗素说:数学,如果正确地看它,不但拥有真理,而且也有至高的美,正像雕刻的美,是一种冷而严肃的美,等等观点都肯定了数学具有美学性、艺术性。数学还能陶冶人的美感、提升理性的审美能力。一个人数学造诣越深,越是拥有一种直觉力。正如哈代在谈到数学的作用时所说:"如果数学有什么存在的权利的话,那就只是作为艺术而存在。"

数学与音乐有许多相通和共同之处,音乐中的五线谱、绘画中的线条结构等,都是用抽象的符号语言来表达内容。毕达哥拉斯说过,音乐之所以神圣而崇高,就是因为它反映出作为宇宙本质的数的关系。毕达哥拉斯学派是最先用比率将音乐与数学联系起来。他们发现谐声是由长度成整数比、绷得同样紧的弦发出的,以整数比增加弦的长度能产生整个音阶。乐谱的书写是数学在音乐上显示其影响的最为明显的地方。在乐谱稿中,我们可以找到排号 (4∶4,3∶4 或 1∶4 等)、每个小节的拍子、全音符、二分音符、四分音符、八分音符、十六分音符等等。你可能感到惊奇,为什么平台式钢琴有它特有的形状? 实际上,许多乐器的形状和结构与各种数学概念有关。指数函数和指数曲线就是这样的概念。指数曲线由具有 $y=kx$ 形式的方程描述,式中 $k>0,k\neq 0$。例如 $y=2x$,音乐的器械,无论是弦乐还是管乐,它们的结构都反映出一条指数曲线的形状。对音乐本质的研究,在 19 世纪法国数学家傅立叶的著作中达到顶峰。他证明了所有的音乐——不管是乐器还是声乐——都能用数学算式来描述,他们是一些简单的正弦周期函数的和。难怪有人说,数学是理性的音乐,音乐是感性的数学。音乐中出现数学与数学中存在音乐并非偶然,而是音乐与数学融合一体的完美体现。音乐可以抒发人们的情感,是对人们自己内心世界的反应和对客观世界的感触,因而是以一种感性的方式来描述世界,而数学是以一种理性的、抽象的方式来描述世界,使人类对世界有一个客观的、科学的理解和认识。

数学与绘画、雕刻、建筑等其他艺术形式也存在密切的联系。几何上对线段所作的 0.618 分割,被天文学家开普勒称之为"神圣分割",被艺术家达·芬奇称之为"黄金分割"。在绘画和雕刻、建筑艺术中,我们也看到数学的身影,数学的魅力!

数学为理性思维的产物,艺术是感性认知的结晶。达·芬奇,他是艺术和科学融合的典型,是卓越的代表,是那个人才辈出的卓越时代的天才之一,他不仅是大画家,而且懂数学、懂物理、懂工程。达·芬奇坚持认为,绘画的目的是再现自然界,而绘画的价值就在于精确地再现。因此,绘画是一门科学,和其他科学一样,其基础是数学。他把透视学应用于绘画中。如何在画布上描述现实中的三维景象,曾是困扰文艺复兴时期艺术家们的一大难题。为此,达·芬奇创立了一整套全新的数学透视理论体系,把这种透视理论体系中的数学精神注入绘画艺术之中,创立了全新的绘画风格。

综上所述,数学不单是一门科学,更是一门艺术,甚至可能是一门精雅的艺术。数学与多种艺术形式密切相连,同时具有了多种艺术形式的特征。无外乎 M. 克莱因(美)说:音乐能激发和抚慰情怀,绘画使人赏心悦目,诗歌能动人心弦,哲学使人获得智慧,科技可以改善物质生活,但数学却能提供以上的一切。

钱学森对数学和艺术的关系作了精辟的分析:"从数学思维的角度看,数学工作总是从一个猜想开始的,然后才是数学论证。换言之,数学工作是源于形象思维,终于逻辑思维。形象思维是源于艺术,所以数学工作是先艺术,后才是数学。"与此可见,数学确实需要艺术,艺术也需要数学。

二、培养学生的艺术素养是数学教学任务之一

很多人认为,数学教学的任务就是传授数学知识,发展学生的逻辑思维。其实,这是一个不正确的观念;应该说,数学不仅有利于发展学生的逻辑思维,而且也有利于人们的创造性才能包括审美、直觉的发展。《数学课程标准》在"基本理念"与"课程目标"中,都特别提到了数学的美学价值,即"数学课程应适当反映数学科学的思想体系、数学的美学价值、数学家的创新精神并帮助学生了解数学在人类文明发展中的作用,让他们逐步形成正确的数学观"。在新课程中也有很多图案欣赏与内容设计,这部分内容是数学与艺术的完美结合,抓住这些资源,挖掘其内涵,就能进行数学教育与艺术教育的融合,让数学教学艺术的形象性、情感性、审美性、创造性融入数学课堂。因此,新数学课程理念下的数学教学既要重视数学知识的传授,又要关注对数学内容的美学属性的揭示,使学生在了解和感受数学美的同时,培养起对数学的良好情感和提高对数学的直觉能力及创造思维能力。这就要求学生不仅要了解数学,还要懂得数学美、掌握数学精神,揭示数学的本质。

在数学教学中关注学生艺术素养培养,目的不是让学生学习多少艺术的专业知识,而是在数学教学中,通过恰当外显数学教学中的艺术性,培养和提高学生的感受美、鉴赏美、表现美、创造美的能力,提高其艺术素质。同时使他们能够在艺术作品里寻找到隐含于其中的数学观念,并能换一个角度去观察数学,以一种欣赏的眼光去看待数学,从而进一步激发他们学习数学的热情,培养积极探索的兴趣以及

提高对数学的整体认识,进而能够欣赏数学的美[①]。

数学的美不同于一般的自然美、艺术美,因而有时不容易被人们意识和理解,这时数学美育的价值就凸显出来了。数学教学的美育价值主要体现在通过帮助学生体验和感受数学的美,从而去发现数学、热爱数学和享受数学。美的事物能唤起人们的愉悦,能激发人们去研究和发现。数学研究和发现不仅与一个人的数学学科知识、数学经验有关,对数学完美的追求也是一个重要的动机。感受数学中的和谐、统一、对称及奇异美是数学发现的前提。在数学教学中,实施美育有利于促进学生形成数学发现、培养创造性思维能力,提高学生的艺术素养。

相对其他学科来说,数学相对抽象,常给人枯燥之感,加之学生年龄与身心发展等原因的制约,学生的刻苦程度与自控能力普遍较差,在数学教学中进行美育有利于激发学生的学习兴趣,调动学习的积极性。徐利治教授曾说过:"学生的学习应该是主动的、富有美感的智力活动,学习材料的兴趣和美学价值乃是学习的最佳刺激,强烈的心智活动所带来的美的愉悦和享受是推动学习的最好动力。"因此通过渗透美育提高学生学习数学的兴趣,培养他们对数学产生积极的情感,就显得尤为重要。教师在教学中充分地展示数学美、挖掘数学美,则能引起学生浓厚的学习兴趣、强烈的求知欲望,使抽象、高深的数学知识得以形象化、趣味化,并在此基础上,随着学生艺术素养的提高,将会赋予数学更为丰富的意蕴,更有积极情感的体验,学生就会从心理上愿意接近它、接受它,直到最终热爱它。

三、数学教学中的艺术元素分析

在数学教学中培养学生的艺术素养,可立足于两个层面:数学内容的艺术成分和数学教学的艺术成分。数学内容中的艺术成分源于数学本身,是数学的本质属性。前面提到,培养学生数学学习中的艺术素养,是数学教学所要渗透的艺术教育的目的所在。数学教学艺术成分主要体现在数学教学方式或形式,包括教学语言、教学方法和教学情境。这两个层面并不是彼此分割、孤立存在的,数学内容的艺术成分指向数学学科知识内容本身,数学教学艺术成分指向教学过程中涉及的内容。在小学数学教学中,影响学生艺术素养培养效果的因素主要有以下几个方面:

(一)数学知识的艺术成分

数学学习内容反映的是数学自身的特点,即抽象、严谨、精确。长期以来,在数学教学中,由于过分重视基础知识和基本技能的传授与训练,而忽视了艺术素养的渗透,一些学生感到数学抽象枯燥。实际上,在很多人看来是干燥得榨不出水的数字或图形集合,它里面蕴藏着丰富的艺术元素和美的成分。在数学教学中,教师要

---

① 李友君:《数学教育专业学生的艺术教育》,《中国成人教育》2009年第14期。

用欣赏的眼光去观察数学知识，运用巧妙的手段充分展示其独特的美丽，使学生在获取知识的同时，体会到数学的内在魅力。

例如，欧拉公式：$V-E+F=2$，堪称"简单美"的典范，它概括了无数种多面体的顶点数 V、棱数 E、面数 F 的共同特性，这个公式成了近代数学的两个重要分支——拓扑学与图论的基本公式；著名的欧拉公式 $e^{i\pi}+1=0$ 被大数学家克莱茵称赞为"数学中最卓越的公式之一，"从形式上看，它就很美观；另一方面，深入理解它的内涵，那就更十分美妙了。这样一个简单的公式，竟然把在数学的发展史上有重要意义的 5 个数 1、0、e、i、π 统一得如此和谐，让人叹为观止，曾获得"最美的数学定理"的称号[①]。对称美是美学的基本法则之一，数学中众多的轴对称、中心对称图形、幻方、数阵以及等量关系都被赋予了平衡、协调的对称美。

（二）数学教学语言艺术

教学语言作为传输知识信息的载体，不仅是联结教与学的纽带和桥梁，也是教师提高学生艺术素养的重要手段。正如黑格尔所说："美的世界必须通过视觉和听觉，才有力量从人的心灵深处唤起反应和回响。"而教师恰是运用语言这一载体来传播美。数学教师的教学语言除努力达到准确、简洁、流畅、生动、形象的要求外，还应尽量让学生在数学学习中获得艺术的享受，达到美的效果。另外，教学语言要有节奏感，抑扬顿挫，高低适度，或铿锵有声，或滴滴入微；教学语言要具形象性，形象的语言有利于小学生理解抽象的数学内容，调动学生的思维；教学语言要幽默、诙谐，教师每句耐人寻味的话语，精妙而诙谐的比喻和联想都会使学生惊奇、兴奋，产生浓厚的兴趣，唤起师生的情感共鸣。美的教学语言，无疑对学生更具有强烈的感染力，能极大地唤起学生的情感。

教师准确精练的口语能培养学生美感、能力和严密的逻辑性，幽默风趣的口语能活跃课堂气氛，激发学生的求知欲，抑扬顿挫的语言能给学生以美的享受，并引导学生保持最佳心理状态。教师对学生恰如其分的鼓励，能极为有效地激发学生的学习动机和激起学生的丰富的想象力和创造力。教学艺术水平高的数学教师的"爱的情感"恰到好处的流露会增加其艺术感染力，能激起学生相应的积极情感的回报，"爱屋及乌"由爱数学教师进而爱他所教的数学。教艺精湛的数学教师都能以形象生动的语言、风趣幽默的讲授、充满科学美的逻辑推演将学生领入艺术的天地，数学教学艺术就像一根奇妙的魔杖点拨着学生的想象力和创造力。在数学教学当中，数学教师要坚持用美的教学语言以促使学生重视掌握与运用数学语言，懂得正确地使用数学语言，同时培养学生的创造性思维，开拓知识结构。

（三）数学教学方法艺术

美国著名学者斯金纳曾说："学习是一门科学，而教学是一门艺术。"作为知识

---

① 李友君：《数学教育专业学生的艺术教育》，《中国成人教育》2009 年第 14 期。

性和技能性的课程,数学无论是教还是学往往会陷入枯燥乏味之境,而如果数学教师能注意教学方法的艺术则往往会摆脱困境,达到全面提高数学教学质量的效果。因此,教师的责任不只是单纯地向学生传授学科知识,更重要的是要点燃学生思维的火花,激发他们的求知欲,让学生在学习新知、提高能力的同时,得到快乐的体验。因此,在数学教学中,教师要根据学生的心理特点选择适当的方法和手段,达到学习新知与体验美感的和谐统一。对于学生,特别是低年级学生,教师可将动作表演与趣味游戏结合在一起,在生动活泼的过程中让学生动手、动口、动脑,既学习知识、理解概念、开发智力,又激发学习热情;对于小学中高年级的学生,通过谈话讨论,诱发争议,让学生在碰撞中感悟真知,提倡自主探索、小组合作,创设具有吸引力的问题情境和数学活动,激励每一个学生独立思考,发表见解……这些教学方法,能够克服课堂的单调、沉闷,给学生带来精神上的振奋和愉悦,使学生获得快乐的享受。

（四）数学教学情境艺术

数学教学情境主要包括两个方面:课堂环境和启发学生学习数学的情境。

课堂环境包括物质环境和心理环境。美的物质环境如整洁的教室、精美的教材及齐全的教学设施等,它们为数学教学活动提供物化的外在条件,让学生处于美的学习环境之中;心理环境如师生之间、同学之间的和谐宽容关系,在这样的"数学学习共同体"中,学生心情舒畅、轻松自在,处在一种美的学习氛围之中。

启发学生学习数学的情境,主要包括教材内容的呈现方式、教师的板书及利用多媒体等手段创设的情境等。结构简明、形式活泼,并伴以形象生动图案的教材,具有极强的美感。教师创设的简洁明快、生动有趣的情境可让抽象的数学变得直观具体、富有情趣。在数学教学中,板书是不可缺少的。好的板书,就是件精美的艺术品。如果教师写的字,犹如行云流水,绘制的图表,标准、准确,整个板书设计层次分明、结构明快,在加深学生理解和掌握数学知识的同时,也会给人以艺术美的感染。

当然,教师的形象也是数学教学中的一项美育因子。身为教师,清新、淡雅的仪表,阳光、热情的表情,潇洒、得体的举止都会给人一种大方、舒服的美感。这样的教师从站在讲台上的那一刻,就在学生的心中唤起一种审美愉悦,最终影响学生的学习情感。

四、在数学教学中培养学生艺术素养的策略

数学教学的设计不应单是考虑一个学科知识体系如何构建,而同时应是一个审美创造活动的过程。教师所采用的教育艺术手法,应最大限度地调动和发挥学习者非智力因素的作用,在符合人的思维规律和思维习惯的前提下,采取必要的手段,使其愿学、乐学,感受到数学的美。我们说,数学教育的目的以及为实现目的所

采用的手法,与学习者的认知规律相符合的时候才是美的。只有如此,学生才能体验到数学学习的愉悦,才能会学、善学[①]。

(一)外显数学知识的内在美,提升数学审美能力

数学美虽是一种真实的美,但它毕竟是美的高级形式,是理论思维与审美意识交融的产物,通常表现为一种含蓄的美。对于学生而言,由于其阅历、知识、思维水平和审美能力有限,对数学的体验与感受还较为肤浅,因此即使把美的数学材料放在学生面前,学生也难以体会其中所蕴含的美。

数学活动中的美妙感觉需要培养,美妙的感觉往往来自"意料之外",但在"情理之中"的事物。比如三角形内角和等于180°及三角形的三条高线交于一点,结论与三角形的形状、大小无关;2个圆柱体垂直相截后将截面展开,其截线所对应的曲线,没想到它竟然是一条正弦曲线,美妙的感觉会油然而生……抽象的数学,一旦纳入审美的艺术范畴,会带来特殊的美感。例如从圆柱面的动态形成,了解到圆柱面是与一个定圆相交且与定圆所在平面垂直的动直线轨迹,因此它既具有圆的柔软性,又具有直线的坚硬性,融刚柔于一体。

数学美并非完全直接地建立在感官之上,而是一种理性美。数学的美是因为它的严谨、统一、简洁、匀称、和谐、奇异、玄妙等,这些需要人们去发现,去领会,去探求。数学教师要充分运用这些数学美感动因,把数学与艺术有机结合,才能使学生在数学活动中感到数学的美,学生才会对数学有着极大的兴趣,才会充满激情、主动、深入地参与数学活动,去获得数学知识,掌握数学思想方法,数学教学活动才会显示出蓬勃生机与活力,达到育人目的。

数学美感对于学生认识数学美具有重要作用。数学教学中,教师不能只是把数学中能体现数学美的例子找出来简单地呈现给学生,而是应当结合学生的实际生活和知识情况,给学生进行较为细致的讲解,使学生理解其中"美"的道理,初步懂得数学美的独特性,从内心真切体会到美的合理性和实在性。只有这样,学生才能在数学学习过程中,以一种审美眼光去感受数学概念之美、数学公式之美、数学图形之美,并且在数学思维与数学方法的运用中体验到简洁之美、对称之美、奇异之美,并从欣赏美发展到创造美。

(二)展示数学美育因子,感受数学艺术内涵

数学教学中潜藏着丰富的美育因子。教师要创造条件,充分向学生展示数学之美、语言之美、方法之美等,使学生在美的享受中获得知识,理解知识,掌握知识。

数学之美主要体现在简洁美、对称美、奇异美、语言美、和谐美等方面。简洁美是一种抽象美,需要在思考的基础上去体会。数学思维活动追求简单性、追求最优

---

① 王相国:《数学教育中的美育》,《当代教育科学》2003 年第 11 期。

化和追求结论最具有概括性,能帮助学生在感受数学简洁美的过程中提高创造性和灵活性。例如。仅仅借用 0,1,2,3,4,5,6,7,8,9 这 10 数字就可以表示出无限多的数;7+7+7+7+7+7+7+7+7 等多个相同的数字相加书写麻烦时,用乘法来代替,可简单的写成 7×9,多么简单明了! 三角形的形状无穷无尽,但一个三角形公式 $S=\dfrac{1}{2}ah$(a 为三角形一边的长,h 为这边上的高)可以求出任何一个三角形的面积,可见其用途广泛;法则"两数相乘,交换因数的位置,积不变",寥寥十几字,却涵盖了所有两数相乘的规律。

对称美是数学美的重要特征,它是一种最容易让人感受到美感的数学美形式,是数学美的一个基本内容。如图 6-1 几个图形,即使不懂数学的人也能感受到图形的整齐和平衡对称,领略到它的形式之美。

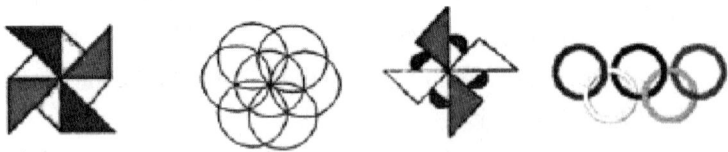

图 6-1   几何图形

对称美也表现在数字排列的结构上。如:

$1 \times 1 = 1$

$11 \times 11 = 121$

$111 \times 111 = 12321$

$1111 \times 1111 = 1234321$

根据这一规律可以巧算出 $111111111 \times 111111111 = 12345678987654321$,这些结果在让学生感受数学美妙的同时,更是领略了对称美的意味。

奇异美是数学美的另一基本内容。数学中所得出的结果或有关的发展常常是出人预料,在引起人们惊愕和诧异的同时,让人在欣赏之余,感到兴奋与叹服。

例如 220 与 284 这两个数,220 的全部真因子为 1、2、4、5、10、11、20、22、44、55、110 之和为 284;而 284 的全部真因子 1、2、4、71、142 之和又恰为 220。两个数就像亲密无间的好朋友,你中有我,我中有你,这种奇特关系的两个数在数学上称为亲和数。

计算分数 $\dfrac{987\ 654\ 321}{123\ 456\ 789}$ 的值时,只要耐心一点,可把它化为小数:

8. 000 000 072 900 000 663 390 006 036 849 054 935 326 399 114 702 39…

小数点后紧跟 7 个 0,间隔 3 位数后是 5 个 0,再间隔 5 位数后有 3 个 0,然后又间隔 7 位数后有 1 个 0,很有规律! 0 出现的个数依次是 7、5、3、1。再看小数点后第一组非零的 3 位数——729，它是 9 的 3 次方，即 $729=9^3$，后面的那个 5 位数、7 位数则为 $66339=9^3\times91$，$6036849=9^4\times91^2$。很令人惊奇的是 $\dfrac{987\ 654\ 312}{123\ 456\ 789}=8$.

另外，数学教学美对于数学美育功能有着积极的作用。以板书为例，好的板书不仅利于学生思考问题，还能给人以美的享受。例如，为了探求几个奇数之和的规律，若写成这样的形式（图 6-2）：

$$
\begin{aligned}
1 &= 1^2\\
1+3 &= 2^2\\
1+3+5 &= 3^2\\
1+3+5+7 &= 4^2\\
1+3+5+7+9 &= 5^2\\
&\cdots\cdots
\end{aligned}
$$

图 6-2　数学形式

不难猜想第 n 行的结果应该是 n^2，即得到结果：$1+3+5+7+\cdots+(2n-1)=n^2$。

总之，教师在数学教学中展示出的美，会加深学生对数学美及数学教学美的感悟和理解，受到美的启迪，得到美的熏陶，并在美的启迪和熏陶中增长知识，同时帮助学生体会数学的研究与发现，既是客观不断实践需要的刺激，也是我们主观上追求美的结果。

（三）沟通数学与文学，让数学教学多几分文学因子

很多人认为，数学是一门数字与图形学科，与文学没有关联。实际上，中国五千年积淀的深厚文化中，有许多的诗词佳作与数字有关，若能在教学中恰当使用，不仅可丰富教师的教学语言，还能陶冶学生的情操，给人美的感觉。例如，在学习 1 到 10 的数字时，吟诵邵雍的"一去二三里，烟村四五家，亭台六七座，八九十枝花。"学生学习数字的同时，仿佛置身于迷人的乡村美景；在学习 100 以内的加减运算时，借用唐伯虎的耐人寻味的《七十词》："人生七十古稀，我自七十为奇。前十年幼小，后十年衰老；中间只有五十年，一半又在夜里过了。算来只有二十五年在世，受尽多少奔波烦恼。"让学生通过计算验证诗中数字的正确性。诗中充满哲理地告诉学生：人生何其短暂，趁着年少要珍惜时间，奋发图强。富有意境的诗词犹如一首动听的音乐，读来既有一番滋味在心头，又给数学课堂带来别样气息，同时也给数学教学带来几分惬意，几分快乐。因此，数学教师应养成读文学作品的习惯，有意识地接触一些艺术水平高的文学佳作，提高自身文学水平修养。

数学相对于其他学科显得比较抽象，就数学知识而言，抽象也是数学知识的一大特色，将数学知识与诗词结合，可以化抽象为具体，化呆板为生动。这样既有利于学生更好地掌握数学知识，还能创造优美的教学情景。

　　对称,数学的一个重要术语,是指图形等在运动变化中保持的一种不变形。它与文学中的"对仗"有相似之处。在讲解对称时,借助"对仗"来说明,可达到更好的效果。"明月松间照,清泉石上流",是王维的诗句,明月—清泉,松间—石上,照—流,名词对名词,动词对动词,非常类似于数学上的对称。

　　极限,数学中重要的概念。古人以"一尺木椎,日截其半,万世不竭"来说明。近来,徐利治先生引用"孤帆远影碧空尽,唯见长江天际流"来描绘,可谓妙绝。

　　坐标系,解析几何的工具。唐初诗人陈之昂有诗云:"前不见古人,后不见来者,念天地之悠悠,独怆然而涕下",内容涉及时间、空间及作者当时的情感,将三者综合,可得到一个三维直角坐标系。若分别给出准确的参数,可得到作者在坐标系中的确切位置。

　　仰角、俯角,是指视线与水平线的夹角。可与"举头望明月,低头思故乡"联系;在学习"直线与圆的位置关系"时,可与诗句"大漠孤烟直,长河落日圆"相联系,等等。

　　应用题,是数学教学中的难点,学生往往感到枯燥乏味。其实,在我国的数学宝库中,有许多以诗词形式出现的数学题目。讲相关内容时,如能将他们引入教学,可为课堂注入生机,令数学多一份亲切,教学多一份趣味。如:

　　1. 远望巍巍塔七层,红光点点二倍增,

　　共灯三百八十一,请问顶层几盏灯?

　　这是明代数学家吴敬偏的《九章算法比类大全》中的一道题。

　　附:**解**　各层倍数和:$1+2+4+8+16+32+64=127$

　　顶层灯的盏数:$381÷127=3$(盏)

　　2.李白街上走,提壶去打酒;

　　遇店加一倍,见花喝一斗;

　　三遇店和花,喝光壶中酒。

　　试问酒壶中,原有多少酒?

　　这是一道民间算题(李白打酒)。题意是:李白在街上走,提着酒壶边喝边打酒,每次遇到酒店将壶中酒加一倍,每次遇到花就喝去一斗(斗是古代容量单位,1斗=10升),这样遇店见花各3次,把酒喝完。问壶中原来有酒多少?

　　附:**解**　设壶中原来有酒 x 斗。得

　　$[(2x-1)×2-1]×2-1=0$,解之,得 $x=7/8$

　　所以,壶中原来有酒 7/8 斗。

　　3. 栖树一群鸦,鸦数不知数,

　　三只栖一树,五只没去处,

　　五只栖一树,闲了一棵树,

　　请你仔细数,鸦树各几何?

附:**解**　设有树 x 棵,可知有鸦 $(3x+5)$ 只,由题意得:

$3x+5=5(x-1)$　解之,得 $x=5$　$3x+5=20$

则树 5 棵,鸦 20 只。

4. 出水三尺一红莲,风吹花朵齐水面,

水平移动有六尺,水深几何请你算。

附:**解**　设水深 x 尺,由勾股定理,得

$x^2+6^2=(x+3)^2$,则 $x=4.5$

所以,水深 4.5 尺.

数学与文学联姻,对数学教学是大有裨益的。但在许多人看来,数学与文学好像磁铁的两极,相互排斥,在数学课堂上,卖弄文学诗词,既影响学生学习数学,也占用学生宝贵的时间。其实不然。在数学教学中,多一些文学气息,让学生在浓厚的文化氛围中学习,不仅是可行的,而且是培养学生艺术素养的有效途径之一。

(四)提高数学教学语言技巧,增加数学教学语言的艺术性

语言是人类交际的重要工具。作为课堂教学,主要是运用语言的形式向学生传道、授业、解惑。因此,教师的语言表达能力直接影响着教学的效果。要提高教学质量,就必须研究教学语言的艺术性[①]。在数学教学中,要增强数学教学语言的艺术性,应努力做到以下两点:

1. 语言精练,富有情感

有的教师唯恐学生"消化不良",讲课语言烦琐啰唆,面面俱到,其实这种做法不利于学生掌握知识的重点和理解知识间的联系,更影响到数学教学艺术性。在数学教学中,做到突出重点,抓住关键,分化难点。如在讲解垂径定理及其逆定理时,教师只需讲清扇形与等腰三角形之间的联系,任何一个扇形都对应着一个等腰三角形,这个等腰三角形的顶点是圆心,顶角是扇形的圆心角,底边是扇形的圆心角所对的弦,两腰是扇形的半径,至于垂径定理及其逆定理,就可以让学生根据等腰三角形三线合一的性质自己去导出。还有一点要特别注意,教师在教学中,无论是讲授知识,还是对待学生,语言都应亲切,富有情感。特别是对待差生,更应做到这一点,以此维护他们的自尊心,激励他们的上进心,应细心寻找他们的"闪光点",从而给予"表扬和鼓励",使他们感到自己的进步,激发他们的学习动机。即使错了,也用委婉的话语指出其不足。例如,当老师看到学生做错题目时,即使一眼就看出学生的计算是错误的,但也要以温和的态度、亲切的语调、慈祥的目光和学生一行一行的查看。学生回答问题时,用"你答得很好"、"你并不比别人差"、"你也许课前忘了复习,若课前看了,我相信你是能够回答的"等等。多鼓励,少指责;多进

---

① 周方:《数学教学语言的艺术》,《教育实践与研究》2008 年第 1 期。

行正面指导,少板起面孔训人,让学生在学习上有信心、有奔头、有积极性,使他们能"亲其师而信其道"。

2. 语言生动,幽默风趣

教学具有高度的抽象性,而高度抽象的数学内容又可以凭借十分生动具体的材料做原型。在教学中要善于运用贴近学生生活的事例、简明扼要的口诀、脍炙人口的名言以及充满时代气息的语言,把教学内容讲得生动,学生就能更深刻地理解知识。另外,在数学教学中巧妙地运用幽默,可使教师的讲解变得风趣、诙谐,具有一定的艺术魅力;有助于学生去理解、接受和记忆新知识。如讲有理数的运算,学生往往不注意先确定符号。针对这种情况,教师可幽默地说:"有理数的运算,先问一问你的得数,有没有姓? 若有,它是姓'正'还是姓'负'?"这样抓住问题的要害,利用流畅、幽默而风趣的语言答疑,总比直接给出标准答案好得多! 当然,幽默只是手段,并不是目的,不能为幽默而幽默,如果脱离教材的内容和实际需要,一味逗笑取乐,插科打诨,那只会给学生以粗俗轻薄、油嘴滑舌之感。数学教师运用语言的艺术也无止境,只要我们勤奋学习,积极探索,就一定能使数学教学语言更有艺术魅力。

(五)开发数学课程资源,丰富数学艺术素材

数学艺术更多地体现在数学美之中,而数学美往往蕴藏于数学符号、几何图形、解题思路之中,要在数学教学中,有效渗透美育,教师应积极挖掘和开发那些与教学内容相关的课程资源,并糅合于教学之中。

例如,小学一年级的学生认识0—9十个数字时,教师可把它们与生活中的具体事物联系起来,利用有趣的顺口溜,让学生展开想象的翅膀,在富有韵律的节奏中体会数字美。如"1"像铅笔细长条;"2"像小鸭水上漂;"3"像耳朵听声音;"4"像小旗迎风飘;"5"像小钩能钓鱼;"6"像豆芽咧嘴笑;"7"像镰刀割青草;"8"像麻花拧一周;"9"像勺子来盛饭;"0"像鸡蛋做蛋糕。如果再配上精美的电脑动画,让这些数字更生动、形象,学生更易于认识这些数字,更能体会到数字的形象之美。

"周长"是小学三年级的教学内容,对于刚由二年级升到三年级的学生,其抽象逻辑思维还不强,为了让学生能感受到"周长"这个抽象概念的具体形象,教师可以"小蚂蚁散步"导入课题,以"书本封面"为例讲解"封闭图形"。还可以粘贴出漂亮的图形(图6-3),让学生通过测量规则图形和不规则图形的周长来强化认知,同时

图6-3   图形

欣赏美丽的图案。

　　教学"100 以内的加法和减法"时,为了培养学生的计算能力,可设计图 6-4 的这张图,这张图既寓含了学习要一步一个脚印地攀登,才能到达知识顶峰的思想,又让学生分为两组,以竞赛的形式,从左右两边同时"登山",看哪一组先到山顶,把枯燥的计算变成学生感兴趣的活动,学生积极参与,在"我要做,我要向上"的取胜激励下,也从图中感受到对称之美。

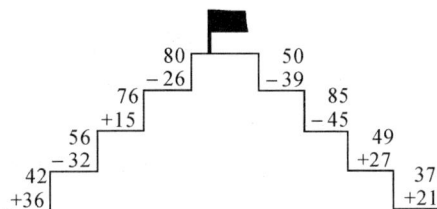

图 6-4　加法设计图

　　"七巧板"是我国一种传统的智力拼图游戏,现在在西方也引起了广泛的关注,被称为"东方魔板"。在学习几何图形时,利用它可以拼成许多奇妙美观的图案,如较复杂的几何图形、建筑物、风景、人物、汉字等。运用"七巧板"拼图的过程,既是益智活动过程,又是对数学图形的审美过程。

　　总之,数学美需要挖掘和开发。教师只要在设计教学时,认真思考,精心准备,将数学教学融合艺术教育的观念引入数学课堂,渗透以美引真、以美启真的数学教育思想。

　　(六)重视教师修养,提高数学教学艺术

　　在数学教学中渗透艺术教育因素是对教师的更高要求与挑战,教师首先要具有一定的数学艺术教育修养。例如,球的表面积为 $S_球 = 4\pi r^2$,大圆面积为 $S_{大圆} = \pi R^2$,大圆周长为 $C = 2\pi R$,进一步分析,可发现 $S_球 = 4S_{大圆}$,$S_球/S_{大圆} = 2R$。$S_球$、$S_{大圆}$、$S_{大圆}$ 之间存在的简洁、绝妙、和谐关系,是数学家用心灵和智慧创造出的数学艺术美,如果教师缺乏基本的审美意识和审美能力,感觉不到它所具有的形式美、所揭示的规律美、所创造的永恒而宏伟的意境美,那么,也不能向小学生传递数学美的内涵,课堂上只能是干巴巴地说教,冰冷冷地讲述,学生也必然感到索然无味。

　　如:教师为了根治学生犯 $\sqrt{a^2} = a$ 这类错误,用趣味语言告诉学生,要化简 $\sqrt{a^2}$,应先让 a 从屋子(根号)里走到院子(绝对值||)里,如何出院子,得要看 a 的体质(正或负),若体质健壮(正号/＋),就直接出;若体质虚弱,要小心感冒,必须戴上一条围巾(负号/－),这种拟人化的语言,对学生而言记忆效果是十分显著的。

　　显然,趣味性语言不只是介绍故事,幽默言词这样两种形式,如正话反说、直话曲说、明话暗说、明显夸大或缩小了意境等等,都是趣味性语言的极好素材。在教学中,只要我们充分注意语言的形象性、直观性,由浅入深,由易到难;运用比方、趣味、激励等方法,加强语法修辞的修养,一定能使教学语言生动有趣起来。

分欢乐学诗词为提高数学审美意识和能力,数学教师都应主动学习些美学知识,了解一般的美学原理,掌握数学美的含义及特征。由于对数学美的认识是古往今来许多数学家探究和思考的结果,因此,在一些数学史料及数学方法论方面的书籍中常有关于数学美的论述,数学教师多读些数学史和数学方法论方面的书籍,对于感悟数学美、提高数学审美能力是非常有益的。

作为教师,更要注意教学设计的美化处理。它包括:设计带有趣味能启迪学生思考的数学问题,创设精美实用的教学情境,寻求精巧的解题思路,运用优美的教学形式,绘制漂亮的数学图形,进行形象的富于吸引力的描述,操作优美教具演示,书写简明漂亮的板书,采用优美的教态等都是提高小学数学教学艺术和美育效果的重要途径。

特别提出一点,数学美育要求教师在正常的教学过程中,在注重数学知识特点的同时,有意识地在教学过程中强化学生对数学学习内容的情感体验,将自己对数学美的理解、兴趣、爱好传递给学生,并转换为学生的理解、兴趣、爱好,让学生认识数学美,欣赏数学美,追求数学美,同时感受数学教学美。所有这些,不可能指望在短期内收到明显的效果,而只能靠日积月累。因此,培养学生的艺术素养,必须坚持循序渐进的原则,从审美感知开始,逐步完成审美认知、判断、表现、创造的培养过程,逐步实现艺术素养目标。

数学是人类文化的重要组成部分。数学是人类社会发展的产物,也是推动社会发展的源泉之一。我们应确立数学是一种艺术的思想,并构建以人为本的数学教育理念,在这个过程中,我们看到的不仅是数学的知识技能,更重要的是内隐在数学知识里的思想、精神和观念。通过这种寻找和挖掘,学生可以了解数学科学与人类社会发展之间的相互作用,体会数学的科学价值、应用价值、人文价值和艺术价值,寻求数学发展的历史轨迹,从而达到开阔视野的目的,激发学生对于数学创新原动力的认识。教师通过数学教学,让学生领会数学的美学价值,提高学生的文化素养和创新意识,达到培养学生较高的艺术素养的目的。

第三节　寓教于美:艺术素养在英语教学中的渗透

英语方向并非杭州师范大学小学教育专业主要的培养方面,该方向只是作为一个选修模块提供给对英语教学感兴趣且具有比较好的英语语言素养的学生。即便如此,我们在学科教学实践中对艺术素养的追求,也没有因为它是一个选修方向而稍有减弱。

苏格拉底说过,知识即美德。"真"与"美"不可分割,"真"之中蕴涵着美。理想的教学过程,应该是使学生在欣赏、享受美的同时,提升对知识之"真"的认识的过程。

语言是交际的工具,语言教学具有强烈的工具特征。学习一种语言,即意味着掌握语言知识、形成在真实情境中的语言交际能力;同时,语言又具有文化性,它蕴涵着语言使用者的群体生活方式和社会特征,融情感性和普遍性于一体。因此,语言教学为"寓教于美"提供了广阔的空间和可能。小学英语教学尤其如此。

一、小学英语中蕴涵的美的元素

小学英语教材中蕴涵的美育元素,是"寓教于美"的基本前提。作为一个在世界公共交流领域进行交流活动的重要语言工具,英语携带着丰富文化内涵,它的语言本身具有与汉语语言风格极为不同的音韵之美、内容之美、规律之美,这些美的元素表现在小学英语教学中,就体现为内容的丰富多彩和教学方法的灵活多变。

(一)英语语言的音韵之美

语言之美首先体现在音韵。不管哪种语言,都呈现出轻重缓急、抑扬顿挫的韵律美。英语读音具有柔和、流畅的特点,其音节的轻重、长短,音调的升降、强弱,语流中的爆破、连读,使其具有强烈的节奏感和韵律美,犹如一首和谐婉转的诗歌,散发着无尽的美。这种音韵之美可以使人流连其间,乐而忘返。

(二)英语语言的内涵之美

语言是思想的外壳,凡有语言的地方,必会表现出思想的魅力。作为一种语言,英语承载着历史悠久、内容博大的西方文化,在思想上拥有丰富的美育因素,并且因其与汉语具有较强的可比性而愈发具有强大的感染力。比如,独具特色的西方饮食,已经成为中国儿童耳熟能详的餐桌爱物,提高了陌生语言的亲切感;英语中不同场合中富于特色的礼貌用语、致谢用词、道歉方式,与礼仪之邦的中华文化中含蓄、委婉的表达方式相映成趣,在两者的比较当中,蕴含着无穷的美感与智慧。

语言是文化的载体,在语言的思想性方面,英语除了表达方式的直接、坦率、具体外,还包含着产生该文化的人类群体中丰富的美感对象,诸如英美文化中的英雄人物、民族先驱、当代精英、优美景色、文物景观以及礼仪风俗等等。好的语言文字材料都凝聚着美,英语教学通过了解国外的语言文化、风土人情、历史习俗,让学生感受知识、语言所蕴含的丰富的美感对象,蕴涵在这些美感对象中的形象与品质,可以成为学生立身处世的榜样或准则,也可以形成语言教学中熏陶学生思想品德、审美意识的浓浓的文化氛围,对于形成学生完美的人格和健康的心理结构具有教育价值。

（三）英语语言的规律之美

英语的规律之美一方面表现在语法结构上，另一方面表现在语言的表达顺序上。与汉语用虚词表达说话者的语气、时态的方式不同，英语语法中用动词的不同形式表达不同的语气、时态和语态，同一个动作的不同时态、语态叠放在一起，形成了英语中"横看成岭侧成峰"的独特感官之美。比如：

He *goes to* school at seven.（他七点钟去上学。）

He *went to* school at seven.（他过去七点钟去上学。）

He *is going to* school.（他正在往学校走。）

He *has gone to* school.（他已经去学校了。）

同样的三个词/词组，却表达出完全不同的四种意义，这既是英语语法的特征，也体现出英语语言独特的规律之美。教师在教学过程中，要善于把这些具有规律性的语言材料整合在一起，让学生在充分理解的基础上，归纳、发现规律，在体验规律、法则的过程中，领略语言的独特风格，形成恰如其分运用语言的能力。

英语规律之美的另外一个方面，是它与汉语不同的表达顺序，其中体现出中西文化不同的思维方式。用英语表达思想时，一般倾向于把一句话最为重要的部分放在句子的最前面，其他的诸如时间、地点等成分，则放在句子的后面，除非说话者想要强调时间和地点；而在汉语中，我们一般会先讲述事情发生的背景，在一句话的后半部分凸显想要表达的关键思想。举个简单的例子，汉语说"河上有一条船"，先描述背景，再陈述所要表达的事实；英语则说"There is a boat on the river"（有一条船在河上），先讲主体，再说背景；汉语说"昨天下午我和李明一起去百货商店买了一双运动鞋"，事实（买鞋）放在最后说明；英语则说"I bought a pair of sports shoes with Li Ming at the department store yesterday afternoon."（直译：我买了一双运动鞋和李明一起在百货商店昨天下午），先讲主要行为，再讲附带的其他现象。语言表达顺序的不同，并不是习惯问题，而是东方群体文化与西方个体文化在语言表达上的体现，它反映出中国人关注事件发生的背景，倾向于在背景中理解事物的特征，而西方人则更多地感觉到个体存在的独立性，忽视事物与事物之间的关联，正如一位西方文化学者所发现的，"东方人坚信每一个事实与所有其他事实之间的潜在相关性，东方人比西方人更会从感知到的各种关系及相似性方面来组织这个世界"①。如果教师能够敏锐地把握类似规律的文化意义，引导学生在阅读和讨论中多加关注，不但可能更好地在语言教学中渗透文化意识，更可以使学生领悟世界的多彩和多元。英语语言的规律之美，是蕴藏在语言背后的深层次美育元素，需要教师提高自己的语言修养，并在教学过程中充分挖掘和开发。

---

① ［美］理查德·尼斯贝特：《思维的版图》，李秀霞译，北京：中信出版社，2006 年，第 87 页。

以上三个方面的美育元素,是英语作为一种语言的总体特征,自然也体现在不同形式的小学英语教材当中。小学英语教材本身还具有不同于其他英语教材的独特的美的基因。小学英语教材独特的美育因子,主要表现在以下几个方面:

第一,富于英美文化特色的儿歌、图画,给儿童以强烈的视觉冲击力。不管是牛津版的,还是人教版的小学新教材,都紧紧抓住小学生好动、好唱、好跳、爱表演的年龄特征,在编排上非常注重音乐和图画在儿童外语学习中的重要地位和作用。以人教版小学英语教材为例,它以儿童现实生活中的情境为主线安排单元内容,每个单元后面一般都编排有经典的英语儿歌或童谣;教材编写图文并茂,不但有风趣、活泼的英文名字,而且还对应于具体、生动的中外儿童头像,这些图像或画面适合儿童的心理和认知特点,有利于他们跨越语言的抽象性,把这些具体的人物纳入他们的日常生活之中,学习语言的过程就有可能变成与具体个人进行实际交往的过程。同时,优美的画面有利于培养学生的形象思维和生活情趣。教材中的图片、音乐,以及教学辅助材料中的动画、视频资料,给教师的教学提供了充裕的美育素材。

第二,语言的韵律之美,这一点尤其体现在音像教学材料之中。优美的儿歌、童谣,生动的影像、动画,经典的诗歌、故事,使小学英语教材既活泼生动,又极具动感。尤其是英美本土音乐、语言工作者表演、朗诵的作品,一方面给学生提供原汁原味的语言学习资料,另一方面,又可以充分地体现出英语的韵律之美,使儿童在陶醉与欣赏之中领略外语的魅力,在掌握语言知识、提高语言素养的基础上,不断提升他们的外语学习兴趣,拓展他们看待世界的国际眼光,培养他们理解异域文化、欣赏多元世界的能力。

第三,丰富多彩的活动设计。游戏是儿童学习的主要方式,小学英语教材也紧紧围绕儿童喜闻乐见的活动展开:*Look and Say*,*Listen and Act*,*Talk and Enjoy*,*Story time*,*Play time* 等活动内容,配以精心设计的小插图,使小学英语教材充满情趣、童趣、意趣、乐趣,有利于师生在课堂教学中动静相济、学乐结合,为英语课堂中"寓教于美"提供了条件。

然而,不管小学英语教材中存在着多少可供教师进行美育渗透的因素,如果教师不能充分开发、利用,这些美育因素只能停留于静止状态,难以转化成为浸润于学生课堂生活中的教育资源。能够促进美育因素向"寓教于美"现实转化的关键,是广大小学英语教师的日常教学实践;作为英语教师的培养者,我们在高校相关的学科课堂教学和培训实践中,就需要通过愉快的方式,让我们的师范生在职前教育阶段形成对英语的语言之美的体验和表达能力,并让他们有能力和方法使小学英语教材的设计安排之美在小学生的课程生活中得到完善的诠释。

同时,充满美感的教学还是提高小学生英语成绩和英语学习兴趣的重要渠道。小学生处于对世界新鲜、好奇、未知欲极强的阶段,他们乐于接受新生事物,乐于掌握奇异的技能,乐于向他人展示自己的才能和知识,而充满形式之美与内在规律之美的小学英语课堂教学实践,可以帮助小学生获得丰富而美好的课堂生活体验,使他们快速而准确地掌握英语语言知识和表达技能,获得英语学习的工具和方法,从而使小学生在英语学习中得到更多的积极情感体验和较高的自我效能感,从而提高他们的英语学习兴趣和学习效率。要达到这一英语学习的最佳境界,最为关键的因素在于教师。

二、小学英语学科教学能力培养中的方法与策略

"成功的教学所需要的不是强制,而是激发学生的兴趣。"(托尔斯泰)兴趣的培养不但需要教师的教学智慧,更需要教师的真情投入,这真情中包含着教师对儿童无条件的爱,也包含着教师利用自己的教学智慧和生活经验,把美的因素灌注到对儿童进行教育与教学的全过程中。如果说知识学习是小学英语教学的实体,那么美育,就是小学英语教学的灵魂。在小学英语教学的各个方面,"寓教于美"皆可游刃有余。而教师必须拥有美的语言表达能力、必须拥有对语言和语言教学之美的体验能力、理解能力和创造能力。所有这些能力,都不是通过传统的纸笔测试就能够形成的。

在我们的培养实践中,我们发现很多学生在选择了英语方向之后,在真正接触作为英语教师的专业训练过程中,往往会体会到意料之外的挫败感,他们往往会对自己的英语实际水平产生怀疑,对英语教学中的评价方式表现出困惑。究其原因,我们认为很大程度上归于他们对自己的英语水平、英语能力的自我评估,是建立在传统的纸笔考试的基础之上,或者说是建立在英语学科的"分数"之上的。这样的评估依据有一定道理,但对于作为一名小学英语教师来说,是远远不能够满足职业需要的。准确流畅的发音、正确优美的书写、流利地道的表达等等小学英语教师必需的基础性语言素养,都似乎与纸笔测验没有多大关联;纸笔测验并不关注你说得美不美、准不准、地道不地道,它关注的是你掌握的词汇够不够多,语法知识掌握得够不够牢,阅读技巧够不够灵活。这些对于掌握一门外语来说是重要的,但又是片面的,尤其对于为小学生的外语打基础的小学外语教师的专业工作需求来说,它往往显得不够实用。

在对师范生英语水平、专业英语训练中存在的问题进行评估分析,以及对小学生语言学习过程及其特点进行确认与分析的基础上,在把小学英语教师的英语专业技能要求与艺术素养进行融合的前提下,我们确定了培养小学英语教师的教学方法与策略:强化基础,提升美感,促进师范生(英语方向)的小学英语课堂教学能力。具体来说,我们的培养主要从两个大的方面入手。第一,从师范生个人英语素养的角度看,强化英语语言基础,提升英语语言表达和与小学英语教学相关的英语表现形式的美的内涵,即通过学科技能训练,使我们未来的小学英语教师在英语语

言的表达方面能够说得准确,说得流畅,说得优美;结合小学英语教材中所安排以及小学英语课堂教学中常用的艺术表现方式,让学生把他们所掌握的艺术技能与小学英语的活动方式灵活结合起来,形成在小学英语课堂教学中能够熟练应用的教学方法和手段。在这方面,我们主要通过提升师范生在英语方面读、写、画、唱、演等能力的方式来进行。第二,从教学素养形成的角度看,如何把学生形成的美的英语语言表达方式,与小学生英语学习规律结合起来,思考并形成实用的、美的小学英语课堂教学方式方法,这一方面的能力培养主要通过我们的课堂观摩、实践、研讨来完成目标。

1. 说

培养学生说得准,读出英语的节奏美、音律美。这个方面的训练,即通俗所说的在英语教学中"正音",这是一个说起来容易但做起来却相当艰难、枯燥,可对于小学英语教师来说又非常重要的工作。英语节奏感较强,语音语调抑扬顿挫,富有音律美,行云流水般空灵、清澈的朗读,是吸引很多学生,尤其是儿童、激发他们英语学习兴趣、促使他们张口说英语的重要原因。因此,对于教师来说,能够说一口流利、准确的英语,是塑造"美"的英语课堂的基础;如果能说一口地道的英国音或美国音,那对于儿童来说,就更是不可多得的美的享受。

然而,让大部分英语教师达到"地道"的英语水平,困难还是比较大的。其实,在我们的课堂教学中,"地道"仅仅是一种理想的目标追求,而不是现实的考评要求,我们希望让学生能够达到的,是准确的发音、流利的英语表达。我们专门开设了英语语音训练课程,由专门的英语语音教师负责给学生矫正语音,并设计多种评价方式,鼓励学生在日常的英语训练中互相评价、互相提醒、互相矫正,以达到他们能够把正确的语音应用到日常英语表达中的习惯和能力;同时,我们在课堂上以及课外,还鼓励学生多听原声英文资料,充分利用原声录音,把学生们带到韵律美的境界中,同时鼓励他们进行模仿。教师在指导学生朗读时,鼓励他们模仿录音资料中纯正流利的语音语调,读出节奏,读出轻重缓急,读出高低起伏,读出优美流畅,读出洒脱飘逸,读出盎然意趣,读出语言艺术之美。

在读中模仿,在模仿中读,是教师提高个人语言素养的有效途径。

2. 写

培养学生写得好,写出英语的结构美。一堂好课离不开好的板书。所谓好的板书,至少包括两个方面:第一,书写要富于美感。教师呈现在黑板上的流畅的线条,圆润的笔触,错落有致、疏密匀称的结构,彰显着英语语言的结构之美。教师规范、漂亮的书写既是学生欣赏的对象,也是他们模仿的范本。第二,条理、精练的板书内容,准确、具体地勾勒出教学过程中师生互动的成果,突出教学内容的结构和要点,体现出课堂教学的逻辑过程,既可以让学生一目了然知识脉络,又可以给学生提供复习的路径。好的板书体现的是思维与教学过程的简洁、整体、概括之美。美的板书,表现在内容与形式的和谐统一,既有利于学生的理解和识记,又有利于培养学生的审美情操。

可以想象,让大学生从线条、笔顺、大小开始练习英语的字母、单词、句子,对于他们而言是一件似乎不可思议的事情,因为他们自小学阶段开始就已经可以熟练、快速、但不一定规范地书写英语了。因此,听说要练习书法,很多同学表现出惊愕与不屑的反应是可以理解的;但实践证明,要想让他们写出优美、整齐、规范的英语字母、音标、单词、句子,确实是一件相当有挑战的任务,这是学生在实践过程中深刻体会和感受到的;经过一段时间的坚持不懈的训练,当他们能够书写漂亮的英语段落的时候,那溢于言表的惊讶和满足,是因为他们的耐心、坚持而收获的相当丰厚的回报。

读得准、写得好,是小学英语教师教学素养的基础,也是最需要时间、精力、耐心投入才能够见成效的两个方面的训练,通过这两项活动生成的是源于英语语言自身的韵律、结构之美;而在英语方面的画、唱、舞则体现了更大的融合性,它不仅需要读得准、写得好的基础,更需要学生在画、唱、舞方面的技能和技巧,两者借助小学英语教学内容这一平台,可以实现灵活、恰当的结合,培养出英语教学中的艺术技能,也可以使未来的小学英语课堂上透出浓重的艺术气息。

3. 画

画在小学英语教师的培养中主要表现为简笔画,它可以充分表现英语的动态美。儿童的思维倾向于形象、直观、具体,儿童的课堂行为表现出以动为主的特征。因此,小学英语课堂教育中,可以通过图片、简笔画、幽默化、多媒体展示等方式,让学生在多彩的视觉享受中轻松、开心地体会和应用语言,在愉悦、丰富的情境中理解语言的独特性。

在小学英语教师的"画"的培养方面,我们侧重于两个方面:第一,教师自己"画"英语的能力;第二,教师教小学生"画"英语的能力与策略。

教师自己的"画"的能力,取决于他们在艺术课堂教学中已经形成的简笔画能力,以及他们对英语语言、文化的理解能力。已经形成的简笔画能力可以保证学生能够把头脑中的意象用线条和结构表达出来,而对英语语言、文化的理解能力,则可以保证教师能够把蕴涵在语言中的内容以恰当的形式进行表达。我们在课堂教学中,要培养的就是未来的小学英语教师创造性地把简笔画技能应用于特定的语言内容的能力,主要方式是给定内容定向表达、评价、改进、完善的艺术创作实践。

培养教师在课堂教学中"画"语言的能力和策略,是我们训练小学英语教学"画"的另一方面。儿童在学习单词、句子、文章、故事的过程中,还要经常亲自动手,以创作的形式表现儿童眼中的语言意义,画人、画物、画事件、画情、画境、画感受,边听边画、边看边画、边说边画、边画边学。画中学,可以充分发挥儿童的想象力,架起具体的生活世界与抽象的外语世界之间的桥梁,让学生在学习的过程中享受创造之美,把静态的语言转化成动态的行为,英语世界的动态之美也在画与学的过程中淋漓尽致地呈现在儿童面前。而这种"画"对于儿童来说,不可能是自发的,它需要教师的引导,也需要教师给予他们相对充裕的时间和空间。为此,在培养小学英语教师的实践中,我们安排专题化的微格教学训练,让师范生在面对具体教学内容自己"画"的同时,寻求可以给学生提供动手操作、创造的机会、条件、方法和手段。

4. 唱

唱是小学英语教学中最为常用的工具,唱出英语的和谐美,是小学英语教学必需的基本素养。在小学英语课堂教学中,歌曲教学贯穿始终。课前的热身,课堂的调节,课后的巩固,都可以通过歌曲的形式来完成;这些歌曲可以是英文原版的经典民谣、儿歌,也可以老歌填新词,还可以是学生创作的新曲稚韵。不管是流传千古的名曲,还是临时成曲的小调,都一样对学生具有感染力,一样可以表现英语的和谐之美,一样可以把平淡的语言变得有声有色,韵味十足。

唱一两首经典的英文歌曲,是目前小学英语教学中最为常见的暖身活动(Warming-up activity),教师与学生一起伴着优美的音乐,边唱边跳,边唱边舞,既调动了学生语言学习的兴趣,形成愉快、融洽的英语氛围,又让儿童在歌声中受到艺术熏陶。我们的师范生,在唱和舞的方面个个身手不凡,因此在我们小学英语教师的培养实践中,主要的方式是让学生把艺术技能和技巧与英语发音、语流结合起来,创造性地演唱、编排舞蹈动作,使他们的演唱、舞蹈才能再添加上"洋"味、外语的"美"味。

我们的师范生乐于此,也长于此。可以想见,未来他们执教的小学英语课堂必是充盈着歌、乐、舞、画,满溢着艺术之味的美的课堂。

5. 演

"演"即表演,在小学英语教师培养中,可以充分体现出英语语言的创意之美。从教师培养的角度看,演的能力主要表现为教师应该能够掌握相对丰富多样的英语常用游戏,并能够理解这些游戏所具有的特点和教育意义,知道如何把这些游戏相对恰当地应用在小学英语课堂教学及课外活动的相关些方面、相关环节。

游戏是儿童的学习方式,这一点在各种各样的教育学和教学法著作中都有论述。孩子天生爱玩,他们活泼好动,爱表现,胆大好奇,乐于接受新鲜的事物,直观、生动的游戏活动,在小学英语课堂教学中具有举足轻重的地位,是完成教学任务的重要手段。根据教材内容和学生特点,教师可以精心设计形式多样的游戏活动,给学生提供表现自我、感受英语语言和学习之美的平台。

小学英语课堂中听、说、唱、画,可以融会成不同形式的游戏,但小学英语教学中的游戏,决不能流于形式,为游戏而游戏。英语教学中的游戏,要具有目的性、趣味性、参与性、层次性和纪律性,它可以用于考察学生的识记效果,可以用于检验学生对英语的反应速度,可以检验学生对阅读内容的理解程度,可以作为学生发挥想象力的舞台;教师可以预先设计游戏,让学生通过参与游戏反馈出他们对知识的理解和掌握程度;也可以指导学生根据所学语言特点和内容,改变语言的表达形式,编排节目进行表演;可以是学生课堂上的即兴表演,也可以通过小组合作的形式设计富于情趣、独具特色的活动。游戏可以让学生通过思考、尝试、表演,营造出属于他们自己的英语学习的创意之美。这既是我们在教师培训方面的思考,也是我们教学实践中的基本内容。

如果说"说、写、画、唱、演"主要体现为教师个人的英语教学素养训练与理解和推进课堂教学,那么促进师范生(英语方向)的小学英语课堂教学能力则主要以探索英语内在规律为主要内容,它体现为如何恰当地驾驭小学英语课堂教学,尤其是对语言结构的教学过程。

语言的内在结构是语言背后的骨架,它呈现为静态的语法规则,也以动态的形成表现在具体的言语之中。小学英语教学不以语法教学为主,但让学生理解语言的规律,即了解一些语法现象,是提高他们语言学习效率和学习能力的一个重要手段。了解规则,并不等于以演绎的方式讲解语法,让学生根据语法称生造语言;相反,小学英语教学中要倡导用归纳的方法,让学生在丰富多彩的语用中发现语言的规律,在缜密的逻辑推理中体会语言的理性之美。在师生的互动中梳理呈现的语言资源,引导学生在逻辑推理的过程中掌握规律,可以最大限度地体现教师的语言素养和教学智慧。

在我们的小学英语教师培养中,我们主要通过观摩优秀课堂教学、进行专题性研讨、微格教学实践、专题指导等方式进行,这些实践是小学教师专业技能训练的一个重要组成部分,我们所强化的是其因教学内容的性质和特征差异而呈现出的特殊性。

除此之外,如何设计教学环境的"洋"味道,也是我们提升小学英语方向课堂艺术内涵的一个方面。教学或学校环境设计中尽量体现英语语言的"洋味",可以有效提升学生对英语的兴趣和尽可能使用英语的学习氛围。一个轻松活泼、生动有趣的环境,能让学生愉快地享受学习的过程。在校园、班级的布置中,增添英语的语言元素,可以使学生对英语产生亲近感,比如道路、教室、班级的铭牌,在用汉语标识的同时,配以流畅、优美的英文;在校园内、教室外的墙壁上以英语儿歌和表现儿歌意境的画面做装饰,比如 *Jingle Bell*、*A Little Tea Pot*、*Ten Little Indian Boys* 等等;教室内的墙壁上设计英语角,让学生展示他们的英语作品,也可以把学生的摄影、美术作品配以简单的英文说明张贴上去;教师在日常与儿童的相处中,在适当的场合用英国文化中的习俗、礼节、习惯与学生进行交流,也可以在一定程度上为学生营造一个美的语言环境，提高他们用英语交流的欲望和兴趣，以及用英语表达的信心和水平。

小学英语教学中的美无处不在，它以鲜明的形象性、强烈的情感性渗透在小学英语教学的方方面面，其作用潜移默化。小学英语教师需要有一双善于发现美、体验美、捕捉美的眼睛，还要有能够表达美、展示美、创造美的双手，更要有善于欣赏美、传播美、促动美的慧心。"寓教于美"需要小学英语教师不断提高自身的英语语言素养，提高自己对语言素材中美育因素的敏感性，增强自身审美意识和能力，在教学中做美的使者，以美求真、以美激情、以美育人，让儿童受到美的熏陶，同时也能够把英语学习变得生动、活泼而富有实效。

第四节　艺术素养在书法课程中的培养

小学教育专业的书法课程，主要为通常所讲的"三笔字"，即毛笔、钢笔、粉笔。毛笔字是三者当中的基础，虽然现在的日常书写中，毛笔已经被钢笔、圆珠笔、水笔等硬笔工具所取代，但它却是中国历史最悠久、使用最广泛的一种书写方式，蕴含了汉字的用笔、结构等诸多原理。所以，对汉字的书写训练而言，毛笔书写自然是必不可少的。当然，除了专门的书法课，毛笔书写在当今小学教师的教学中几乎是用不到的，所以只能作为基础的书写训练。钢笔和粉笔是小学教学活动中的主要书写工具，更具有实用性。钢笔书写用于书写教案、批阅作业等，粉笔书写则运用于课堂板书。根据三者的不同功用和相互关系，书法课程在小学教育专业课堂的具体实施应该有不同的侧重点，即以毛笔书写为基础，重点加强硬笔的书写技能，同时注重书法艺术素养的培养。

一、楷书临摹

楷书临摹为一年级课程，毛笔书写。选择楷书，是因为其用笔和结构都较为规范，适用于初学者，也有利于课堂讲解。临摹范本主要以较为成熟的唐代楷书为主，如褚遂良《雁塔圣教序》《阴符经》、欧阳询《九成宫》、颜真卿《多宝塔碑》等。这些作品都是楷书当中的经典之作，艺术成就达到了楷书发展的巅峰。在用笔方面，总结和归纳了魏晋以来的各种技法特征，形成一套较为规范和系统的用笔法度；而结构方面，突破了魏碑的一味求险，达到了稳中求险的更高一级的审美取向。用笔和结构是构成汉字的两个最基本因素，在一年级的教学中，可将两个因素作为书写训练重点。另外，在强调技能训练的同时，还需要注重书法艺术素养的培养，如所临字帖的相关背景，中国书法史等相关知识。因此，根据以上教学思路，一年级的教学内容可分别做以下设置：

第一学期：1. 字帖背景
　　　　　2. 楷书用笔（基本笔画、偏旁部首）
　　　　　3. 中国书法简史
第二学期：1. 楷书结构
　　　　　2. 楷书章法

（一）字帖背景

本节以唐代颜真卿《多宝塔碑》为例（图 6-5），用 1 课时进行简单介绍。

图 6-5　多宝塔碑局部

　　颜真卿（709—784），字清臣，京兆万年（今陕西省西安市）人，祖籍琅琊临沂（今山东省临沂市）。开元进士，历仕玄宗、肃宗、代宗、德宗四朝，由郎官至节度使、尚书，晋爵鲁郡开国公。楷书发展到唐代达到了顶峰阶段，其成就以颜真卿为代表。颜真卿自幼勤奋好学，书法受家庭和外祖家殷氏的影响，同时又广泛地汲取历代书法名家如蔡邕、王羲之、王献之、褚遂良等精华。其楷书端庄雄伟，气势开张。行书遒劲舒和，神采飞动。既有传统书风中的气韵法度，又不为古法所束缚，自成一体，世称"颜体"。宋欧阳修评曰："斯人忠义出于天性，故其字画刚劲独立，不袭前迹，挺然奇伟，有似其为人。"宋朱长文《续书断》中列其书法为神品，评曰："点如坠石，画如夏云，钩如屈金，戈如发弩，纵横有象，低昂有态，自羲、献以来，未有如公者也。"他的书法在中国书法发展史上起了承先启后的作用，对后世书法影响极大。传世颜真卿的书法作品很多，有六十多种。墨迹有：《竹山堂联句诗帖》、《自书告身帖》、《祭侄季明文稿》、《刘中使帖》、《湖州帖》等。除《祭侄季明文稿》被公认为真迹外，其余作品真伪尚有不同意见，但都是流传有序的墨迹。颜真卿一生书写碑石极多，流传至今的有：《多宝塔碑》、《东方朔画赞碑》、《臧怀恪碑》、《郭家庙碑》、《麻姑仙坛记》、《大唐中兴颂》、《颜勤礼碑》等。

《多宝塔碑》全称《大唐西京千福寺多宝佛塔感应碑文》，建于唐玄宗天宝十一年（752），螭首龟趺，高二八五厘米，宽一〇二厘米，三十四行，行六十六字。碑原在唐京城安定坊千福寺，宋代移存碑林。颜真卿楷书，岑勋撰文，徐浩隶书题额。碑文记述的是和尚楚金禅师创建多宝塔的经过。清王昶考证《多宝塔碑》是颜真卿四十四岁时所书。盛时泰《苍润轩碑跋》曰："鲁公书《多宝佛塔碑》最窘束，而世人最喜。"王世贞《艺苑卮言》又曰："《多宝佛塔》结法尤整密，但贵在藏锋，小远大雅，不无佐史之恨耳。"是碑点画丰腴，笔力肥健，结字茂密，体势端正，是初学者的最佳范本之一。关于《多宝塔碑》的其他信息，可查阅相关书法史资料，在此不作赘述。

（二）楷书用笔

1. 中锋和侧锋

所谓中锋，是书写时使笔锋（笔尖）始终在笔画中间行走。中锋运笔时，往往是"笔先管后"，即笔锋在行笔方向之前，笔管指向行笔相反的方向。古人常用"锥画沙"做比喻，如锥尖在沙子上划过，沟痕中间最深而两边较浅。所谓侧锋，就是行笔时笔锋在笔画的一侧行走，这样书写出来的线条会出现一边光洁另一边粗糙的效果。中锋用笔书写的线条相对厚重，有立体感；侧锋书写的线条则相对单薄。书法的用笔以中锋为主，侧锋为辅。两者是主次关系而非简单的好坏或对错关系。

2. 藏锋和露锋

所谓藏锋，即起笔时，将笔锋藏在笔画之中，不露出锋芒；反之，如果笔锋露在笔画的外面即为露锋。藏锋用笔有含蓄沉稳，露锋用笔潇洒奔放。藏锋和露锋用笔主要用于笔画的起收处。

3. 转笔和折笔

楷书里经常提到"转折"一词，按照用笔的要求，其实表述为"转"和"折"更为严谨，因为两者的行笔状态是完全不同的。"转"是指行笔方向发生变化时，以渐变的方式改变，完成的效果是圆转。"折"则是行笔方向突然改变，完成效果为方折。这两种行笔方法通常合并称为"转折"，在楷书中较多运用。

初步掌握以上名词之后，再进行具体笔画的讲解。因为多数学生从未接触过毛笔书法，所以在讲解笔画时应尽可能地做到详细、易懂。通过具体笔画的书写来加强和巩固上述用笔技巧的运用。学习楷书，笔画写法是最基本的技法，也就是用笔的方法，王羲之曰："……一点失所，若美人之病一目；一画失节，如壮士之折一肱。"可见用笔的重要性。楷书的基本笔画大概有点、横、竖、撇、捺、提、折、钩等。这些基本笔画可以任意组合，形成一个偏旁或一个字。但分布在具体的楷字中，就要因字而异,根据笔画的繁简和字形做出微调。例如点有斜点、撇点,横有长短,竖有悬针、垂露等等。接下来就分别讲解楷书的几种基本笔画。

(1)点

斜点

①向右下方向顺锋顿笔

②转锋向下轻顿

③向左上方收笔

竖点

①向右下轻顿入笔

②转锋向下行笔

③向上收笔

撇点

①向右下轻顿入笔

②转锋向左下行笔

③自然出锋

挑点

①向右下轻顿入笔

②转锋向右上行笔

③自然出锋

(2)横

长横

①向右下折锋轻顿入笔

②转锋向右行笔,调锋,中间略轻

③轻提,向右下顿笔

④回锋收笔

左尖横

①顺锋起笔

②向右行笔,由轻到重

③提、顿、收笔

右尖横

①向右下折锋轻顿入笔

②转锋向右行笔

③笔锋顺势轻提,自然出锋收笔

右尖横一般用于转折处,收笔的地方提起,以便于横竖之间书写动作的连贯。另外,有些短右尖横类似提的动作。

蚕头横

①向左下逆锋顿笔

②转锋向右行笔,调锋,中间略轻

③轻提,向右下顿笔

④回锋收笔

"蚕头横"起笔类似隶书横的起笔——逆锋入笔,其他部分与上述长横一致。楷书里适当运用蚕头横,可以丰富笔法,增加变化。

（3）竖

悬针竖

①向右下轻顿入笔

②转锋向下行笔

③自然出锋

悬针竖通常是一个字的末笔,是为了和下一个字在笔势上连贯起来。

垂露竖

①向右下轻顿入笔

②转锋向下行笔

③向左上回锋收笔

（4）撇

长撇

①向右下轻顿入笔

②转锋向左下行笔,略带弧度

③自然出锋

短撇

断撇与长撇的用笔基本一致,两者区别在于:长撇的形状略弯,稍带点弧度;而断撇的形状一般都比较直,显得短促有力。

竖撇

竖撇,顾名思义,先竖再撇。用笔方法与前面所讲一致,由竖到撇的过渡要自然流畅,不要太生硬。

（5）捺

①顺锋向右下行笔

②行笔由轻到重

③轻顿,调锋,向右自然出锋

（6）提

①向右下轻顿入笔

②转锋向右上行笔

③自然出锋（注意与挑点的区别）

（7）折

转折通常是横与竖的交点，关键在于要把横的收笔与竖的起笔连贯起来书写。转折的变化比较多，例如有的转折处提的动作比较大，有的则不提直接顿下，练习的过程中要尤其注意。

（8）钩

竖钩

①"竖"的部分与上述一致

②竖的收尾部分略向左偏

③转锋向上轻带

④向坐上（45°）出锋

斜钩

①向右下轻顿入笔

②转锋向右下行笔，中间略弯、略轻

③回锋向上收笔

竖弯钩

①顿笔向下行笔

②向右转锋行笔，转处宜轻

③向上回锋收笔

卧钩

①顺锋入笔

②向右下圆势行笔

③回锋自然收笔，钩的方向指向字中心

将基本笔画进行简单的组合即可成为偏旁部首，一般称合体字的左方为偏，右方为旁，合称偏旁。但在习惯上，对汉字的上下左右统称偏旁部首。楷书里的偏旁部首大都有一定的规律性，一般分为左偏旁、右偏旁、字头、字底、框廓偏旁等五个部分。偏旁部首之间的组合对于结构有着很大的影响，所以熟练掌握偏旁部首的写法，对第二学期的结构学习有所帮助。

（1）左偏旁

"亻"的撇要直，竖的位置尽量靠左（撇的起笔位置），方向可略微向左倾斜，与右半部形成呼应。

"彳"与"亻"的要点基本相同。两撇的起笔位置基本对齐，下面一撇起笔也可略微偏左一点，不宜过多。两撇方向要平行。

"言"，注意上面三横的长短（长短长）、起收笔形状的变化。五个横之间的距离空均匀。"口"部分要收紧。

左"阝"的部分所占的位置大约在竖的中间偏上一点,大小一致。竖要注意轻重变化,由轻到重,有时可以略向左弯,略微向左倾斜,与右侧形成呼应。

"扌",竖钩右侧的笔画尽量短,提与竖钩的交叉点位于竖钩的中心。

"氵",顶端点的位置偏右,中间与底端两点纵向对齐,相对顶端点偏左。三点的纵向关系是上紧下松。

"礻",重心偏右,顶端横点的中心与竖纵向对齐,"横撇"的角度要小,延伸至右侧的笔画基本上下对齐。

"忄",注意两点与竖的关系,左低右高、左疏右密。

(2)右偏旁

右"阝",与左耳旁不同,右耳旁在字右侧时,竖是一字的最末笔,所以要写成悬针竖,同时要注意与左半部分的位置关系,或上或中,如"郎"、"都",右耳旁与左半部分的位置关系有所不同。

"刂",由短竖与竖钩组成,两者为平行关系。短竖的横向中心线约对齐竖钩的三分之一处,也就是中间偏上的位置。竖钩略重于短竖。

"頁",右侧偏旁的重心通常相对偏左。五个横的方向与间隔距离基本保持一致,两竖左轻右重。

"攵",短撇、横和捺画三笔指向一点,长撇起笔位置尽量偏左(横的起笔位置),使得中部收紧,四周呈散射状,撇短捺长。

"欠"字旁,与"反文旁"相似,中部要收紧,上方两短直撇,下面为长竖撇,捺写成点(反捺)。

"隹"字旁,关键是要注意四个横的长短变化——中间两横最短,第一横稍长,最后一横最长。四横间距基本均匀,或者中间两短横略紧。

(3)字头

"宀",上面一点的位置位于中间或者偏左,切忌偏右。与右边斜点相呼应,右边横钩的方向指向字中心。

"卄",两短横位于同一条直线上,左低右高向上倾斜,短竖与短撇向中间收紧,呈倒三角形。

"竹",两撇的角度要平,两横位于同一直线,两点一向右斜,另一向左斜。

"人"字头,"人"字做字头时与单字人不同,单字人撇短捺长,坐字头时则要撇长捺短,而且撇捺之间的角度要适当加大,以便给下面留出空间。

(4)字底

"心"字底,卧钩的写法如前所述。三点的中心在同一直线上,由低到高向右上方倾斜。注意点画之间呼应。

"灬",四点的中心位于同一直线,不能有高低错落,注意四点的方向变化。

"皿"字底,长横以上部分呈倒梯形,整体呈正梯形。四个短竖间距要均匀,或者中间的两竖可略微收紧。长横的两侧要左长右短。

"木"字底,"木"做字底时不宜写得太长,所以横要写长,竖钩短。两点拉开,左低右高。左侧点与中间一竖距离略大于右侧点与竖的距离。

(5)框廓结构

"广"字框,横短撇长,呈三角形,撇要适当左斜,以扩大内部空间。根据内部结构的不同,或竖撇或直撇。

"门"字框,左右两竖相向关系,左轻右重,左短右长。左边窄,右边宽,即左密右疏。

"辶",纵向的两点与横折部分,呈向左张开的弧线状,以增大内部空间及向外的张力,捺画要一波三折。

"尸"字框,"口"字部分宽扁,长撇与上述"广"字框一致,向左倾斜,整体呈梯形。

楷书用笔方法,除了以多媒体形式结合图片讲解之外,老师的课堂示范也极其重要,学生可以更直观地学习。老师应该因材施教,根据不同学生的不同问题,做出相应的示范。将课堂讲解和课堂示范结合起来,才会达到理想的学习效果。

(三)中国书法简史

中国书法史的讲授,可将各个时期的经典作品图片制作为 PPT,总结以下文字内容做简要的讲解。

商周时期,通用书体为大篆,其中包括甲骨文和金文。甲骨文主要使用于商和西周早期,金文多用于西周、春秋战国时期。这一时期文字由图像化逐渐演变为符号化,更加抽象。各国文字差异较大,风格多样。

秦统一后,实行"书同文"政策,归纳整理六国文字,谓之小篆。代表作如《峄山刻石》、《泰山刻石》、《琅琊台刻石》、《会稽刻石》等。与此同时,民间隶书盛行,为汉代隶书的成熟打下了基础。

两汉书法分为两大表现形式,一类为竹木简的墨迹;一类为碑版石刻。前者如《河西简牍》、《武威汉简》等 19 世纪末 20 世纪初出土的竹木简;后者主要为东汉碑刻,如《乙瑛碑》、《史晨碑》、《张迁碑》、《曹全碑》等。隶书的出现是汉字书写的一大进步,字形趋于方正楷模,笔法更加丰富多变,为后来各种书体流派的兴盛奠定了基础。书法艺术的直觉审美,也是从东汉开始的,出现了专门的书法理论著作如崔瑷的《草书势》。汉代又创兴了章草,后逐渐演变为今草,即草书。

魏晋南北朝时期,魏以钟繇为代表,楷书闻名于世,代表作如传世《荐季直表》、《宣示表》等。两晋时期自然是以"二王"父子为代表,即王羲之、王献之,二人将行草书艺术推至历史新高度,开一代"尚韵"书风。王羲之行书作品《兰亭集序》被后世誉为"天下第一行书",是书法史上颇具影响的书迹之一。南北朝时期,以魏碑名世,最负盛名的当属《张猛龙碑》。

隋唐时期,隋代书法为南北朝和唐代书法起到了很好的桥梁作用。在碑刻方面有南北朝的遗风,如《董美人墓志铭》《龙藏寺碑》等;墨迹方面则有著名的智永《真草千字文》,清秀典雅,用笔极其精到。唐代,楷书、行书、草书均发展到鼎盛时期,对后代的影响也极其深远。唐初有欧阳询、虞世南、褚遂良、薛稷的"初唐四大家",均以楷书著称,用笔精致,结构谨严整饬,淋漓尽致地体现了"唐尚法"的整体书风;盛唐,颜真卿楷书独树一帜,标新立异。又有孙过庭、张旭、怀素不拘一格的草书,李邕之碑刻行书等;晚唐五代阶段,书法虽承唐末之余续,但因兵火战乱的影响,形成了凋落衰败的总趋势,在书法上值得称道的是人称"杨疯子"的杨凝式,其代表作有《韭花帖》《神仙起居法帖》等。

宋代书法"尚意",所谓"尚意",即重哲理性、重书卷气、重风格化、重意境表现。这就要求书家除了具有"工夫"外,还要有"学识"。"尚意"书风一改唐楷面貌,直接魏晋行书遗风。代表书家当属"宋四家",即苏轼、黄庭坚、米芾、蔡襄。四人都力图在表现自己的书法风貌的同时,凸现出一种标新立异的姿态,使学问之气发于笔墨之间,给人以一种新的审美意境。

元代书法审美取向是崇尚复古,宗法晋、唐。核心人物是赵孟𫖯,他的楷书与唐代的欧体、颜体、柳体并称楷书四体,成为后代临摹的主要范本。赵孟𫖯对"二王"书法颇有独到的领悟,表现为温润娴雅、秀妍飘逸的风格面貌。元代其他享有盛名的书家还有鲜于枢、邓文原等人,虽然成就不及赵孟𫖯,但在书风上也有自己独到之处。

明代书法,初期出现"一字万同"的"台阁体","二沈"沈度、沈粲兄弟推波助澜将其推向极致,为科举楷则。同时期还有精篆、隶的宋遂和善章草的名家朱克。中期,吴中四名家祝允明、文徵明、陈淳、王宠四子,依赵孟𫖯而上通晋、唐,取法弥高。晚明书坛兴起一股批判思潮,书法上追求大尺幅的视觉效果,侧锋取势、满纸烟云,代表书家有张瑞图、黄道周、王铎、倪元瑞等。

清代书法分为帖学与碑学两大发展时期。明末狂放不羁、愤世嫉俗的书风在清初进一步延伸,如朱耷、傅山等。与此同时,晚明的帖学系统也进一步发扬,张照、刘墉、王文治、翁方纲等人在刻意尊崇传统的时候,力图表现出新面貌,或以淡墨书写,或改变章法结构等。随着金石出土日多,士大夫从热衷于尺牍转而从事金石考据之学,一时朝野内外,学碑者趋之若鹜,最后成为清朝书坛的发展主流。当时如邓石如、何绍基、赵之谦、吴昌硕、张裕钊、康有为等纷纷用碑意写字作画,达到了尽性尽理、璀璨夺目的境地,可谓是中国书法文化的一大景观。

讲授中国书法史,可以使学生了解中国文字和书法两者之间的关系以及发展脉络。虽然表面上看对于提高书写能力没有很直接的帮助,但这种影响是潜移默化的。了解书法的来龙去脉,知晓字帖背后深层次的社会、历史、文化等背景,非常有利于学生理解和消化课堂上所讲授的技法要点,从而使之在技法进步的同时,在自身的书法素养方面也得到了进一步的提高。

一年级第二学期的讲授重点是结构。书法艺术所讲的结构，也称为"结字"或"结体"，是将笔画和偏旁进行合理的组合，使之成为一个符合一定规则的统一有机的整体。"结构"二字，"结"有联结之意，即化零为整，将不同的笔画联结成偏旁或部件；"构"即构造、营造之意，将偏旁部件通过合理的布局组成一个整体。这一过程，是主动"造型"过程，所以需要书写者进行主观的审美参与。因此，理解书法的结构，应区别于简单的写字。写字的目的是正确，而书法的目的是在正确的基础之上如何书写得更加美观。所以，书写结构要明确：首先，结构的最终形象是可视的图案，它属于形式美范畴，因此它必须符合形式美的原则，如均衡对称对比调和；其次，一个字的结构是一个统一、有机的整体。各笔画、偏旁、部件的组合绝不是一盘散沙，而是在一定的形式法则，人们的视觉、心理习惯和重心平衡下，通过距离疏离、角度、方向、比例等各种因素的协调，构成一个有精神的整体；最后，结构是研究平面中字的布白问题，研究笔画和笔画之间所留下的空白这两者之间的关系，即黑白、虚实关系。

书法的结构好比建筑造型，笔画可视为钢筋水泥、砖瓦等基本的建筑材料，结构则是将这些基本材料组合，建成一所既美观又适用的房屋。所以，材料是基础，更为重要的是设计者的思想。就书法而言，一个字即使笔画写得如何精到，若没有好的结构呈现也是失败的；反之，每一个笔画都被安排在恰当的位置上，即便笔画本身可能不是很好，至少在整体上会呈现出较好的视觉效果，如启功先生所言"轨道准确，行笔理直气壮。观者常觉其省力，此非真用笔力也"。一定的结构形式是构成某个特定汉字的基础，也就是说，一个汉字的结构形式是固定的，例如"二"字是两横相离并上短下长时才成为大家认可的"二"，若两横上长下短就不成为"二"字了，可见结构分析确实是十分重要。

汉字偏旁组合方式变化多端，造就了汉字形态的千姿百态，也给学习者把握结构带来了相当的挑战。因为偏旁组合方式的多样化，客观上造成了结构的丰富性。但只要对每一种组合方式进行深入细致的研究，其中也是有规律可循，以下就《多宝塔碑》中较为常见的如独体字、左右、左中右、上下、上中下、包围等结构形式举例并略加分析。

1. 楷书结构

(1)独体结构

独体字一般是由较少的笔画组成，看似简单，其实比左右、上下结构的字更加难写，所以书写独体字应注意以下两点：①字的外形，即外轮廓。首先要从整体上把握该字的基本形状，做到心中有数。如"天"、"心"等字的外形为梯形。掌握该字大致的形状之后，再从用笔细节入手，注意点画之间的位置关系；②字的疏密。汉字一般遵循左密右疏、上紧下松的基本原则。如"入"字，虽然只有简单的两笔，但撇短捺长同样体现出了左密右疏的原则。

（2）左右结构

左密右疏这一原则在左右结构的字当中体现得最为明显。但左右两部分并不是距离越近，关系就越紧，需辨别以下三种情况：①左右平等。如"師"、"相"左右两部分基本平等，各占其位，互不占据。②左右穿插、避让。如"輪"、"禪"等，左右两部分利用自身形状的收放共同占有中间部分，做到合理避让，互不干扰。③左右拉开。如"惟"、"以"。虽然左右距离拉开了，但总会有个别笔画起到左右之间的衔接作用，如"以"右边的一撇。

（3）左中右结构

左中右结构是由三个部分自左至右横向排列组成，与左右结构形似。书写时应注意以下四点：①尽量将每个部分写窄长一些，保持字形的方整；②三个部分尽量做到穿插适当，力求紧凑，防止松散；③笔画多的部分所占比例大些，反之比例则小；④确保中间部分要重心平稳，疏密匀称。

（4）上下结构

上下结构呈纵势排列，通常上半部分笔画较多、较复杂，下半部分笔画少。笔画多的部分要写得紧凑，少的部分要写得疏朗。所以，就要遵循前面提到的上紧下松的原则，重心偏上。"安"上半部分虽然只有宝盖头，但是下面的"女"字有一长横，所以宝盖头不能写得太宽，要左右收紧。"下松"一般靠下半部分的长画来体现，如"帝"字长竖，"表"字的长撇长捺。如果没有长画，如"集"字，是靠两点的左右拉开，使得下半部分的空间扩大，从而加强与上半部分的疏密对比关系。

（5）上中下结构

上中下结构由三部分纵向组合而成，与上下结构同属于纵势结构，故上下结构的书写要领同样适用于上中下结构。另外需要注意以下原则：①尽量把每一部分写得扁一些，撇捺向外舒展，竖画短而内缩，以防过分窄长；②三部分排叠紧凑，中心对齐，左右均衡；③上中下三部分宽窄适当，穿插相宜，中间略紧。

（6）包围结构

包围结构是内外组合的结构形式，其字心被两面以上的外框所包围。它可分为全包围结构和半包围结构两类。书写全包围结构的字，关键是外框，外框决定字的大小、方正。书写时应较其他字稍小一点，如果写得同样大，则显得别的字大一些。外框一般取梯形结构，两竖呈相向之势，左轻而稍短，右重而稍长。外框的形状大小因字心的笔画多少而定，字心上紧下松。半包围是指连续两个以上的边被封住的字，如"区"、"庄"等。书写时一般是遵循先外后里，"左上包右下"和"右上包左下"的规律。

2. 楷书章法

章法是书法艺术形式的重要组成部分。楷书章法首先是整齐，字与字之间的距离基本均等,有稳定、庄重的效果。在此基础之上要寻求多样统一,静中有动,呈现和谐统一的关系。一件书法艺术品给人的第一印象首先是整体效果,整体又由无数个局部构成,在布置章法时,也要注重单个字的细节,如字形、长短、欹正的变化,轻重的节奏感等。经过长时间练习,才能自由地进行章法处理,表现出似乎没有设计痕迹的美观效果。楷书章法主要形式有中堂、对联、条幅、横幅等。书写方向一律自右至左、自上而下书写,特殊情况下,也可按现在自左至右书写。

（1）楹联

"楹"是堂屋前部的柱子。"楹联"是指挂或贴在楹上的对联。泛指对联。有三言联、四言联、五言联等多种。写对联时,首先单条字要纵向对齐,书写不能倾斜,楷书对联要注意上下联的字要左右对齐,不能有太大的高低错落(可以适当注意字形的大小变化)。落款时,上联可以落上款,如赠人的可以写对方姓名,或者写年月,下联写作者姓名、地点等。

（2）条幅

条幅是指直挂的长条字画。明清以来,此类形式的书画作品居多。条幅作品可以写四五个字,也可以写多字数内容,入唐诗宋词。写少数字作品时,要求与写中堂一样,要写在整纸的正中间。纸张可以为四尺纵向对开。

（3）横幅

横幅为横向悬挂的长条形的字画。书法可以是 2、3 个字的大字,也可为通篇小字。写横幅时,自右向左书写,正文可以稍偏右侧,以便左侧留出落款的位置。纸上下空白要基本均匀,不能有太大的差异。

（4）斗方

斗方指方形的书画作品。一般以四尺横向对开尺幅居多。斗方可以写单字作品,也可以是多字。如果内容较多,落款位置不充分,可以只落穷款,只写作者姓名,钤印章即可。

（5）中堂

一般是指悬挂在客厅正中的、尺寸较大的字画。内容以大字居多,通常两侧会配置一副楹联。中堂以大字居多,只有一纵列若干个字,所以一定要写在整纸的正中间,不可左右偏移。纸张一般以四尺整纸为宜。

无论书写上述哪种形式的书法作品,还需要注意以下两个问题:首先,布白守黑的处理。从单个字来说,笔画是黑,笔画之间的空隙是白。就整幅作品而言,每个字是黑,其他空余处则是白。作品的四周要留有一定的空白,落款和正文比例要得当,主次要分明;其次,通篇的第一个字非常重要,决定了整幅作品字的大小和位置。唐代孙过庭《书谱》云:"一点成一字之规,一字乃终篇之准。"另外,楷书的落款和钤印也有讲究。落款交代创作主题、时间、创作人物等,并且起着协调整体空间关系的作用。钤印主要以姓名印和闲章为主,也可以根据作品的空间布白来加盖其他闲章,钤印位置合理,可以使作品锦上添花。

通过一学年的楷书临摹学习,多数学生在用笔和结构方面会有明显的提高,对书法史的一些常识性问题也会有点了解。在理论与实践学习的基础上,可以让其以作品形式,书写一张临摹作品,来检验自己一学年来的学习成果,是最为直观的。在平时的练习过程中,学生们对于自己的点滴进步其实并不敏感,但日积月累,这种进步到最后就会放大地表现出来。有些学生惊喜地发现自己也能够完成一张效果不错的书法作品,对其接下来的书法学习是极大的鼓舞。

二、硬笔书写

二年级的书法课程主要是钢笔和粉笔书写。第一学期为钢笔,第二学期为粉笔。在教授硬笔书写之前,必须了解毛笔和硬笔之间的关联和区别所在。首先看两者的关联:无论是毛笔还是硬笔,它们所表现出的结果都是汉字,也就是说其书写的载体是汉字。如果脱离了汉字这一根本,就无从谈其关联。从书写工具产生的时间顺序来看,毛笔最先,粉笔最后,且毛笔在汉字漫长的书写发展史中占据了相当长的时间。钢笔和粉笔对于汉字书写来讲,也就是近两百年的产物。所以,毛笔是汉字书写的基础,即便它的实用性在当今社会已荡然无存,也仍无法改变这一客观事实。所以,毛笔字写得好,自然也有利于硬笔字的书写。其次看两者的区别:显而易见的是书写工具的不同,一软一硬。书写工具软硬的差异,对于用笔方法来讲区别是相当明显的,书写出的效果也会迥然不同。毛笔的笔锋呈圆锥状,柔软有弹性,书写时手臂的运动轨迹不仅是水平的,还可以做纵向的提按运动。这种立体的运笔轨迹使毛笔书写出的笔画形态是丰富多彩的,方圆、粗细等各式各样,如东汉蔡邕所讲"惟笔软则奇怪生焉","奇怪"意为奇形怪状。再看硬笔,钢笔笔头为金属物,坚硬挺拔,所以不可能像毛笔那样游刃有余地做出各种提按动作,笔画就不会出现很明显的粗细变化。粉笔较之略软,但其笔画粗细的表现不是以笔的提按为主,而是靠笔的书写角度来控制。虽然如此,钢笔和毛笔书写出的笔画并非完全没有粗细,书写过程中略微改变用力的轻重,或如粉笔一样改变书写角度,也会呈现出些许的粗细变化,但与毛笔书写相比,几乎可以忽略不计。

(一)钢笔书写

钢笔书写对于小学教育专业的学生来讲,在今后的教学活动中,主要运用于书写教案和批阅作业,所以可以适当练习一下行楷或行书,临摹范本主要还是以古代经典法帖为主。既然硬笔和毛笔在书写方法上差异较大,为何仍选用毛笔字帖为范本?主要原因是,历代经典法帖都是经过历史的筛选,是某一个时代的代表之作,绝不会是劣等作品。而现在的钢笔书法字帖,书写水平良莠不齐,书写质量上难以保证,或不符合小学教育专业的特性,若选择不好,极易产生弊病,养成不好的书写习惯,今后更加难以改正。与楷书相比,行书具有以下方面的特征:

1. 行笔快速

行书有别于楷书的一个特点，就是行笔速度加快，节奏感更加明显。古代楷书多用于较为庄重的场合，如碑刻、文书等，所以必须要书写端庄严谨。而行书则多用于草稿、书信等日常书写，书者写起来会比较轻松、快速。另外，行书的书写节奏相对于楷书要更明显一些。节奏是指书写速度快慢之间的变化，一味地快或慢都不能称之为节奏。因此，写行书首先要加快书写的速度，同时还要避免一味地快，要将行笔过程中的快和慢有机地结合起来，表现出行书应有的节奏变化。

2. 笔画减省

行书的目的是日常书写的快速。要做到快速，一方面自然是加快书写速度，另一方面则是对字的笔画作合理的减省。例如"話"字的"言"字旁，行书就减省为"讠"，现在的简体字就一直沿用下来；"灬"可以由四点省为一点三横，甚至一横；"辶"可简化为一竖横折，减省了若干弯曲波捺。行书里这种减省的情况是很常见的，需要注意的是，减省要有一定的合理性，不能随意为之，如果减省得不合理，会使阅读者难以辨认或辨认错误。所谓的合理性，就是自行书产生以来，历代书家所形成的约定俗成的减省方法。这些方法，一方面需要学习者理解其道理，另一方面需要强制记忆。

3. 笔画连带

楷书是一笔一画地书写出来的，点画分明，行书则要快速、减省，因此就会产生点画之间的连带，增加勾挑与牵丝。勾挑是在没有勾挑的点画上，顺势写出短勾；牵丝是在前后不相连的笔画之间以较细的线条顺势相连，如"心"字的右两点。笔画间有了连带关系，使得笔势流畅，意态活发。但连带也不宜太多，过多使用就显得杂乱无序。

4. 笔顺正确

笔顺即笔画书写的先后顺序。书法的笔顺其实和笔势有很大的关系：笔势是笔顺产生的基础，笔顺则是笔势的表现。笔势的一个重要原则就是——顺势，顺乎人手臂运动的生理习惯，即顺时针的运动。现在小学楷书教程中，笔顺规律是自左至右、自上而下，按照这样的规律书写，很多笔顺是不合理的，不合笔势的。如"有"字多数人是先横再撇，其实先撇再横是比较合乎笔势的。再如"火"字应是先写两点再写撇捺，"忄"先两点后一竖，"成"字先撇后横，"万"字先横再横折钩最后写撇等。如果笔顺不合理，笔画之间就无法连带，或连带凌乱，影响结构的美观。所以在写行书时，笔顺要区别于现有的楷书笔顺，尽可能地做到合乎笔势的要求。

前面讲到，钢笔字的临摹无须过分强调毛笔的书写效果，如线条的粗细变化、提按顿挫、转折方圆等，只要适当自然地做出一点即可。所以这里就不赘述钢笔书写具体的用笔方法，重点是结构的把握。汉字是由线条组合而成，线条是汉字最基本的组成要素。汉字线条和结构的关系犹如一只手表中各零部件的关系，要使手表精准无误,首先必须保证每一个微小的零部件本身做工精准,然后再进行合理组合,成为一只完美的手表。从书法艺术角度来看,线条包含了粗细、长短、形状、方向四个基本要素,其中与结构有密切关系的是长短和方向,对于钢笔字而言,这两点也是最重要的。在确保线条本身准确的前提下,就要看线条之间的相互位置关系。好的个体是组成好整体的基础,但未必一定能组成好整体,还要看组合的合理性。书法的合理性就是对审美的要求,即结体美观。因此,临摹钢笔字,应做到:①线条的长短和方向准确;②线条之间的相互位置关系准确。

（二）粉笔书写

粉笔书写除了与毛笔在工具上的不同外,还有一个有别于毛笔和钢笔的书写特点,就是书写姿势。因为黑板是竖立固定在墙上的,所以要站立书写。但是由于条件所限,教师可以先让学生们自备小黑板进行练习,待熟练之后,再分组在教室大黑板上进行书写。临摹范本的选择可以根据学生个人情况而定,以小学低年级教育方向为主的可选择楷书,高年级的可以适当练习行书。楷书和行书都可以选择上述练习的颜真卿《多宝塔碑》和赵孟頫《赤壁赋》。

首先,粉笔的执笔方法。与钢笔不同,粉笔短小,质地松易断,加上书写姿势的特殊性,通常采用"三指法",即拇指、食指、中指三者齐力握笔。其中拇指、中指对应相抵,食指略向前,无名指和小指自然弯曲即可。笔身与黑板面成30°夹角为宜,有利于表现线条的变化。食指距离粉笔头半寸,不宜太近或太远,太近执笔的手指会靠在黑板上来回摩擦,影响书写的连贯性;反之则无力控制行笔,写出的笔画会太轻,影响视觉效果,手若稍加用力粉笔又会折断。

其次,粉笔的用笔方法。粉笔虽然属于硬笔,但质地比钢笔要松软许多,笔锋在书写时会逐渐形成扁平状,所以在用笔上有些许变化。毛笔运笔贵在用锋,粉笔头的棱角也是锋,但在用法上却完全不同。毛笔主要依靠提按表现线条的变化,粉笔是靠用笔的轻重和行笔的角度来表现。例如粉笔与黑板的角度越小,接触面面就越大,写出来的线条就粗;如果将粉笔立起来,与黑板的夹角随之加大,接触面就变小,线条自然就变细。(如图)在练习过程中,要熟练地掌握并合理的运用,才能书写出比较美观的粉笔字。另外,在用笔练习过程中,一定要注意书写的速度,不要因为一味地追求用笔的变化而导致书写速度太慢。书写时间过长,一方面会影响上课的流畅性,导致课堂内容脱节,另一方面学生可能会交头接耳,影响课堂秩序。

第三,粉笔字的结构。结构同样是粉笔书写的重点所在。临摹时的注意事项与上述钢笔一致,在此不作重复。在创作时,结构需要做到以下要求:①字形方整,汉字的字形多为长方形,也有正方、扁平、梯形、三角形等。这些形状都是较为规整的,切不可出现不规则的奇形怪状;②字形的大小要协调统一,因为字与字之间的笔画有繁简之别,所以大小不可能完全一致,所谓的大小一致是指视觉上的协调统一。

笔画多的字要尽量写紧凑,笔画少的可略微放大,以缩小两者之间的大小对比。

第四,粉笔字的章法。粉笔字的章法也可以称之为排版,排版需要根据黑板的大小、书写字数的多少来决定字的大小和安排位置,具体要求为:①书写工整有序,这个是基本的要求。不管单字写得如何,首先要保证整体上横成行、竖有列,工整有序。这一点看似简单,其实未必。有些学生字本身写得非常好,但是一到黑板上就会非常凌乱,出现横行写不平往右上方斜的问题,这就是书写角度和书写习惯发生变化所导致的问题。这不是书写技法的问题,而是书写习惯和控制力的调整问题。解决这一问题最有效的方法就是多在大黑板上进行书写练习,逐渐提高自己的控制能力;②字形大小控制自如。粉笔字的大小要以能够让最后排学生看清楚为原则,不可太小。在这个原则下,根据字数多少再对大小进行调整。现在的小学课堂,多媒体已经相当普及,所以鲜有机会手写板书,一般只写课程题目等少数字,所以还是写大些为好。另外,书写的位置也很重要,虽然不影响授课内容,但也要让人看着舒服,一般情况下书写位置以中间偏上为宜。

综上所述,板书只是教师授课的辅助手段,目的是表述和衔接授课内容,重点是表现其实用性,而其艺术性则是在此基础上尽可能的展现。所以,作为一名小学教师,粉笔板书最基本、最重要的要求是书写快速和工整。

三、书法创作

书法创作是三年级的选修课程,这一课程的设置,是为了进一步提高学生书法艺术的综合素养。经过前面两个学年的毛笔、钢笔和粉笔书写学习,有一部分学生会对书法产生浓厚的兴趣,往常那些基本的技法训练和常识性知识已经无法满足这部分学生的求知欲。所以,开设书法创作选修课,让学生能够获得更加深入和广泛的书法专业知识,提高书法艺术素养。课程的具体设置分为两个部分:第一学期,自选书体、字帖临摹;第二学期,以所选字帖为风格依据进行创作。

首先,虽然是书法创作课,但创作要有依据,所以第一学期仍然安排为临摹课程,为第二学期的创作打下基础。临摹范本不做具体规定,篆书、隶书、楷书、行书、草书各书体都可以选择,每种书体推荐以下范本供学生作选择参考:

篆书:《峄山碑》、《袁安碑》、李阳冰《三坟记》、邓石如《白氏草堂记》

隶书:《曹全碑》、《礼器碑》、《乙瑛碑》、《史晨碑》

楷书:《张猛龙碑》、《张玄墓志》、智永《真草千字文》、褚遂良《雁塔圣教序》、颜真卿《多宝塔碑》、欧阳询《九成宫碑》、柳公权《玄秘塔碑》、赵孟頫《胆巴碑》

行书:王羲之《兰亭序》、《怀仁集王圣教序》、苏轼《黄州寒食诗帖》、米芾《蜀素帖》、《苕溪诗帖》、赵孟頫《赤壁赋》、《吴兴赋》

草书:智永《真草千字文》、孙过庭《书谱》、张旭《古诗四帖》、怀素《自叙帖》

由于学生的基础有差异,不在同一水平线,教师要引导学生根据自己的水平来选择适合自己学习的范本。以上列举的都是各种书体的经典之作,既有适合初学者,较为容易入门,也有适合具一定基础的爱好者继续深入的作品。这样的课程安排有利于发挥学生的主动性,特别是审美的主观选择,但对老师上课来讲却增加了一定的难度。教材不统一,就不能进行课堂统一讲解,授课教师可以先进行各书体的简要概述,然后再因材施教,进行个人指导和示范,这就要求老师在各书体方面都有所涉猎。

其次,第二学期,开始书法创作的相关讲解。书法创作要求书者有自觉意识,不只是简单的依赖字帖,而是运用临摹所掌握的用笔技巧和结构原理,自觉构思、安排,形成作品的独立性和完整性。书法创作相当于艺术性的劳动,创作需要临摹的积累,但不能简单地以时间和量来衡量,临摹量多、时间久未必就会创作,关键要理解和运用临摹学习到的知识,才有可能创作出理想的作品。所以,临摹和创作是交替和反复进行的,某种意义上讲,创作是为了更好的临摹,或者说是为了明确临摹的目的。具体而言,创作的初级阶段可先进行仿作练习,所谓仿作就是以一种风格为取法对象,尽量按其风格特征进行书写。仿作可以先从集字练习开始。集字创作是书法创作中比较初级、简单的一种形式,是从临摹进而过渡到创作的有效途径。一方面在教学过程中,可以采用集对联、格言、警句、古诗等简单的形式,完成一幅书法作品的雏形,使学生从临摹转到创作的角色中来,并从中找到乐趣,激发他们的创作欲望。另一方面,集字练习也有利于简单的章法把握,一般学生单字对临都可以达到一定的水平,但是通篇集字书写,可能就不那么容易控制,章法往往会比较凌乱。有了集字创作的经验,便可更进一步尝试真正的书法创作。从临摹到创作是一个量变到质变的过程。创作是临摹的积淀,只有临摹达到一定程度,对笔法、结构、章法等有足够多的理解,才能较好地应用于实践。从临摹到创作又是一个循序渐进的过程,想要有新的突破,就要无休止地学习。在不断临摹中发掘前人的优点,发现自己的不足,提高自己的创作能力和水平。此外,创作也是一个书家多方面素质的综合体现,不仅需要书家的字内功夫扎实,还需要多方面的字功夫积累,如文学、历史、哲学、美学等方面的提高和培养。

小学教育专业的书法课程,一方面要以学生的课堂应用为目标,着重书写技能方面的讲解和训练;另一方面,在单纯的技法层面之上,也要加强书法艺术素养的传授和浸染。技能和素养两者关系相辅相成。没有技能,素养便是空谈;过分强调技能不重素养,那就是简单的写字,谈不上书法艺术。当然,作为小学教育专业的学生,目标并非是成为一名书法家。但作为一名大学生,若只是以掌握技能为目的,似乎太过浅薄。书写技能的提高在短期内是比较容易得到明显的提高,素养方面的培养则需经过一定时间的沉淀和发酵才能逐渐呈现出效果,这种效果一旦呈现出来,它对技能的提高作用和价值便是巨大的。何况小学教育其实是综合性的教育模式,教师自身如果具备良好的综合素养,对学生的影响是潜移默化的。所以,小学教育专业书法课程的设置也应遵循这一原则,将技能和素养课程进行合理地分配:一二年级重技能的掌握,打下坚实的书写基础,同时穿插书法史学方面的相关知识;三年级重书法素养的培养,并向更加深入和专业的目标前进,让学生既有过硬的手头工夫,写得一手好字,又有充实的理论思想,能够懂得欣赏和评判。希望每位学生不仅仅是成为一名合格的小学教师,更能成为一名优秀的小学教师。

第五节　美术课程中的实施

一、关于美术及美术课程

美术是以一定的物质材料和手段,在实在的三维空间或平面上塑造可视的静态艺术形象,以此来反映社会生活和表达艺术家思想感情的一门艺术。由此,它又被称为造型艺术、视觉艺术、空间艺术和静态艺术。从广义上讲,美术包括绘画、雕塑、建筑、工艺美术、设计等种类。美术的接受过程从另一个角度来看也就是美术发挥它的功能和审美教育的过程,而美术的功能与审美教育也只有在美术的接受过程中才能实现。正是有了这个相互之关系,我们对于小学教师的艺术素养(美术素养)培养模式的探求,应该以对美术及其审美教育相关特点的探讨为基础,而且我们为培养目标而作的课程也应该是在对这一关系准确把握的框架之中。对于教师艺术素养(美术素养),我们觉得应该重点从美术审美教育的特点与美术审美教育的意义方面来探讨。以此为指导我们可以从庞大的美术大家庭中选出合适的方向构建课程,从而提高小学师范生美术方面的素养。

从相关的理论书籍中得知,美术审美教育的特点包括"寓教于乐"与"潜移默化"。

"寓教于乐"是由古罗马的文艺理论家贺拉斯最早提出来的。他说:"诗人的愿望应该是给人益处和乐趣,他写的东西应给人以快感,同时对生活有帮助……寓教于乐,既劝喻读者,又使他喜爱,才能符合众望。"这一特点说明美育除了具体形式的教育以外应该还有丰富的功能。"潜移默化"使人们在不知不觉中既得到美的享受,又在精神方面得到净化。也就是说,美术的审美教育所产生的影响不是通过硬性灌输,也不是通过纪律约束强迫接受获得的,而是美术作品所包含的美和意义熏陶、感染了接受者的结果。这反过来就要求我们的相关课程是要适应非专业学生的特点。

美术审美的教育意义可以从个人与整个国民教育两个维度来考量。在现代社会,艺术世界已成为我们生活中不可或缺的一部分,它围绕并渗透在我们生活的各个方面。从个人角度来看,这体现在一个人享受美的能力,同时也是作为全面发展的素质之一。作为教师不仅要会欣赏美更需传递审美的能力。在整个国民教育当中美育与德育、智育、体育有着十分紧密的关系：首先德育、智育、体育是美育的基础。其次审美教育对于德育、智育、体育也有反作用，很多美术作品可以作为教辅材料，使前面德育、智育、体育在实施过程中更加的艺术化、人性化，促使整个教育更加完整、健全地发展。再次，审美教育属于更高层次的教育，它能帮助人们形成健康的审美趣味和正确的美学观念，提高人们欣赏美、感受美的能力。不论是从教师个体还是从整个国民教育角度来说，美术的审美教育对我们小学教师的素养提升是个非常重要的环节。同时，也必须在符合美术审美的教育规律下开展相应构建才能形成有效的结果。

二、美术课程的安排与构建

我校在设置美术课程时，结合了实际情况和美术审美教育对于个体的艺术修养的需求，概括了如下教育特点：①从实际来看，首先，师范生自身要有过硬的美术艺术素养才能满足整个教学生活的全部，当下随着物质文明的高度发达人们对美的追求不断深化，小教师范生面对的孩子们也有这方面受教育的需要。而且，这个需要不仅仅限于美术课堂的需求，而是散布于他们学习生活的方方面面。但是，我们的师范生在美术艺术素养方面是零起点。因此对于课程的设置及教学方法和教学评价都要做适合的调整。其次，将来从事小学教育的具体工作要求他们能够学以致用，能将所学的美术技能直接运用于其他科目的辅助教学，比如教学简笔画、简单漫画对德育课程的帮助，德育课程有了形象生动的插图作为补充的话将增添学生学习的兴趣，从而增加了德育课程的教学效果。②从美术的广义分类上看跨度非常大，具体形式差异也很明显，比如说绘画与雕塑，建筑之间的差异是非常大。这对于他们的教学实施形势与可能差别也是非常大的，而且对于学生接受能力要求也不一样。所以我们有必要在这些美术大类里面做出选择。但是，从另外一个层面来看他们同属美术大类，则具备了美术学科的共同特点，每个类别所包含的美育元素里面有共通的东西。

因此，我校的美术课程的开设基于以上考虑主要从绘画与相关工艺大类里展开。

绘画是美术中最主要的一种艺术形式，也是较早出现于人类生活中的艺术种类之一。按照使用的工具材料和技法的不同来划分，一般可以分为中国画、油画、版画、水彩画、水粉画、素描等。很多时候大家认为绘画即美术，美术课也曾经叫图画课。这也体现出了绘画便于开展的一面。

1999 年 7 月，教育部师范司依据《三年制中等师范学校课程计划（试行）》重新修订并颁布了《三年制中等师范学校美术教学大纲（修订稿）》，这是 1949 年以来第四次颁布的中等师范学校美术教学大纲。在《大纲》的前言中，强调了"通过美术教学提高学生的艺术文化素质，陶冶情操；对于把学生培养成为全面发展的、有正确审美观和创造精神的、合格的小学教师具有重要意义”。

根据《三年制中等师范学校课程计划（试行）》，浙江中等师范学校的美术教育除了开设必修课外，还要开设选修课，并且提出了具体的美术课程教学目标：“是学生初步掌握美术教育基础理论和基本技能；提高学生的美术素养，树立正确的审美观……”

我校小学教师培养的学院前身为中等师范学校，对美术课程的建设与实施有很好的传统，结合优良的历史传统与最新的教学研究。我院目前对于美术课程的实施构建了艺术素养必修课程与选修课程这种模式。艺术素养必修课程包括“教学简笔画”和“装饰色彩”，另外加美术特色（相对于音乐特色）课程“儿童画”与“纸艺”。选修课程包括：“素描”、“简易版画”、“小学美术教学法”、“手工制作”、“中国画”。具体课时安排见图6-6、图6-7。

			课程	学分	学时		总学时				
必修	艺术素养（16学分）	舞蹈（6学分）	舞蹈基础	2	32		64	2			
			中国古典舞身韵	2	32		64		2		
			中国民族民间舞蹈	1	16		32			1	
			中国民族民间舞蹈	1	16		32				1
		音乐（4学分）	音乐基础Ⅰ	2	32		64	2			
			音乐基础Ⅱ	2	32		64		2		
		美术（4学分）	教学简笔画	2	32		64	2			
			装饰色彩	2	32		64		2		
音乐特色与美术特色二选一		音乐特色（2学分）	钢琴与声乐Ⅰ	1	16		32			1	
			钢琴与声乐Ⅱ	1	16		32				1
		美术特色（2学分）	儿童画	1	16		32			1	
			纸艺	1	16		32				1

图 6-6　艺术素养必修课程与学分

	课程							
美术（8学分）	素描	2	32				2	
	简易版画	2	32					2
	小学美术教学法	1	16					1
	手工制作	1	16					4
	中国画	2	32					3

图 6-7　美术课程选修部分

图6-7显示我们的美术艺术课程贯穿整整八个学期，同时必修与选修结合，音乐特色与美术特色结合。在必修与选修的安排上我们既考虑了学科的基础与个性，也考虑了学生接收美术学科的基础素养。比如，在素描与教学简笔画的安排上我们就做了合理的顺序调整。一般认为素描与色彩是美术素养的基础，但是我们却先安排教学简笔画作为必修科目而将素描放到了选修课程中。原因如下：素描作为造型艺术的基础有很强的专业性而且必须达到一定的程度才能称之为基础。但是我们的学生本身不是这个专业的且学时有限不但达不到教学目的反而会降低

了他们的学习积极性。简笔画就不一样了,简笔画具备造型简洁易于掌握等特点,同时又与小学教育专业紧密联系,作为辅助教学本领易被学生轻松接受。

我们根据课程的安排,逐一论述小教师范生各科艺术素养的培养。

在必修课中我们基于如下考虑开设了教学简笔画与装饰色彩。首先视觉艺术是由造型艺术与色彩艺术构成,在课程课设中简笔画作为造型艺术出现,装饰色彩代表了色彩艺术。其次,在常规的理论认为素描才是造型艺术的基础,那么我们为什么不用素描作为必修课程呢? 这里我们从学生接受的角度做了考虑。素描要求一定的艺术素养(通俗的说需要一些天赋),虽然培养相对基础简单的素描能力并不困难,但也需相当的时日。本科小教师范生的生源是普通高中毕业,年龄已近20岁,重新培养某种兴趣与感觉已属不易,或者说即使培养但性价比也不高。而教学简笔画造型简练,学习不复杂并且将来教学直接可以运用,因此作为造型艺术的体验与训练我们选择了教学简笔画。选择了装饰色彩也有基于现实运用的考虑,通过装饰色彩的学习既了解了色彩的原理、色彩的审美还可以与造型相结合,便于掌握色彩的具体运用。

(一)教学简笔画

简笔画(stick figure)用笔简约而内蕴丰富,作画快速而表现力强,是一种利用简单的点、线、画等符号来表现物象基本特性,是简约而直观、形象、鲜明、生动的绘画形式(图 6-8)。

图 6-8 简笔画

简笔画它的突出特点是笔画简单、生动活泼,只取形似,不计细节,简而实用,简而易学。它对教学尤为适用。画简笔画不需要高深的绘画技巧,只需稍加练习便可掌握。而且使用起来非常方便,随时随地即可信手拈来,随需随画。简笔画用途广,教学简笔画是教师在教学中利用黑板,以凝练、概括的图示形式,把文章的重、难点,中心意义显示出来,使学生更直观、形象地理解文章内容的一种板书形式。它能增添教学内容的直观性和生动性,激发学生的兴趣,吸引学生的注意力,还能诱发、培养学生的思维和想象能力。在师范生的培养中构建这部分内容很有意义,一方面它是一种精练的绘画形式,另一方面它也是一种工作"助推器",能帮助我们师范生更好的教学。任何艺术都有它的艺术特点才能显示其艺术魅力,简笔画也如此,主要具有以下特点:

1. 简略

简略是简笔画的主要特征。因此简笔画离不开一个简字。所谓"简",即简练,简练不是简单,而是形象高度概括,化繁为简,删繁就简。简练的形象中包含着丰富的内涵。

2. 概括

概括就是在简练的基础上,减少烦琐的细部,突出大体特征,将生活中纷纭繁杂的物体简化成具有明显特征的形象。如:将具有圆形特征的树木,画为圆形,将具有三角形特征的树木直接表现为三角形等。

3. 夸张

夸张是简笔画的另一个特征。所谓夸张,就是根据需要有意识地把形象夸大或缩小,即大的更大,小的更小,使其产生一种幽默感和视觉张力。增强艺术感染力。

4. 变形

为了使简笔画的形象更具有一定的艺术效果,将形象变形可增强艺术感染力,使生活中的形象变为艺术的形象。

5. 快捷

即描绘速度较快,直接用线条迅速表现,一般不涂改,不重复,下笔成型。以适应教学需要。

6. 线条流畅明朗

教学简笔画根据需要有时也画明暗,但大部分时间还是用流畅明朗的线条来表现。因为流畅明朗的线条为快捷方式奠定基础。

为了实现简笔画的艺术特点我们通过以下方法进行教学简笔画的练习与有效训练。

1. 教学简笔画的主要技法

(1)线描法。如前所述,线条是最重要的绘画语言之一,许多绘画种类都以线条为主,如速写、素描、中国画等。教学简笔画也不例外,线条是它最基本的造型手段和造型语言。我们知道,用线可以概括出大自然中纷繁复杂的形象,不同的线条还能表达出不同的情感,如直线、横线平稳、刚劲有力,曲线优美、活泼而富有变化,折线曲折、迂回而使人紧张,此外,线条的粗细、疏密、浓淡、虚实等都能使画面产生不同的效果。

(2)线面法。也称线面结合法,是在线条的基础上适当的加上一定的块面以丰富画面效果。

2. 不同种类的线条练习作为基础训练

简笔画,应用最多的是线条。线条作为简笔画的重要绘画语言,表现在整个简笔画的过程中,不懂得用线去画或不懂得怎样画线,都不能画好简笔画。

常用线条的练习:①横线练习(从左到右);②竖线练习(从上到下);③斜线练习(左斜、右斜);④曲线练习;⑤折线练习;⑥弧线练习;⑦综合线练习。线条练习的要求是:轻重适宜、流畅、均匀、清晰,有力度感。

3. 对形的观察与认识

在我们的生活中,在形形色色的世界里,在纷纭繁杂的物象中,只要我们留心观察就可知道许多复杂的形象,实际上都是由一些简单的几何图形构成。有的一个几何形就可构成一个物象,如圆形,可构成篮球、足球、西瓜等。有的复杂形体也是在几何形体的组合下而产生的,如一些家用电器、生活用具等。总之认识不同形体是培养观察能力的重要途径之一。几何形体练习:方形(含正方、长方);三角形;梯形;半圆形;圆形;棱形。几何形体的组合练习:正方形加长方形;圆形加长方形;半圆形加上方形。以上可以看出,基本的几何体可构成丰富多彩的物体。

4. 临摹练习与简单创作结合,分类展开练习。

教学简笔画的学习是一项综合性的学习,教师采取临摹和写生相结合的方式指导学生进行练习(图 6-9、6-10)。

图 6-9　学生习作

临摹是学习别人的概括与表现方式,以及运用线条的各种方法;写生是对生活的了解,只有了解生活,所表现出来的形象才真实可信,才具有可识性。同时,还可将单项练习与综合练习结合起来,临摹、写生与默写结合起来进行练习,我们将训练内容分为以下几种形式:几何形为基础的静物练习、交通工具及部分机械的简笔画练习、风景简笔画(含屋宇、桥梁、山川、树木等)、动物简笔画、人物简笔画。让学生分类练习,分类掌握。

图 6-10　学生习作

同时要求学生坚持不懈的练习,才能取得好的效果。(如图)对教师教育而言,师范生能熟练地掌握教学简笔画,并能运用于教学之中,是教师基本技能训练的具体要求之一,因此探索教学简笔画的学习与训练方法是师范教育不可忽视的重要内容。

(二)装饰色彩

我们考虑了色彩基础原理与色彩具体运用两方面因素,进行艺术素养的构建。

1. 认识色彩

17 世纪后半期,为改进刚发明不久的望远镜的清晰度,牛顿从光线通过玻璃镜的现象开始研究。1666 年,牛顿进行了著名的色散实验。他将一房间关得漆黑,只在窗户上开一条窄缝,让太阳光射进来并通过一个三角形挂体的玻璃三棱镜。结果出现了意外的奇迹:在对面墙上出现了一条七色组成的光带,而不是一片白光,七色按红、橙、黄、绿、青、蓝、紫的顺序一色紧挨一色地排列着,极像雨过天晴时出现的彩虹。同时,七色光束如果再通过一个三棱镜还能还原成白光。这条七色光带就是太阳光谱。

与牛顿同时代的英国科学家布鲁斯特发现,利用红、黄、青三种颜料,可以混合出橙、绿、蓝、紫四种颜料,还可以混合出其他更多的颜料,布鲁斯特指出红、黄、青是颜料三原色,即是别的颜料混合不出来的颜料。

19 世纪初,英国生理学家杨赫在研究人类颜色视觉的生理理论时,建立了自己的三基本色光论。后由德国物理学家赫姆霍兹发展了这一学说,被称为杨赫学说,或"三联学说",并为当今新的科研成果所不断证实和完善。

以上是科学对色彩的分析,同时也对艺术色彩的运用有了科学的指导。我们帮助学生认识色彩也是从做以下作业开始的。

通过色环(图 6-11)使学生认识到色相的变化、色彩的明度变化以及纯度变化。就是所谓的色相、明度、纯度三大属性原理。

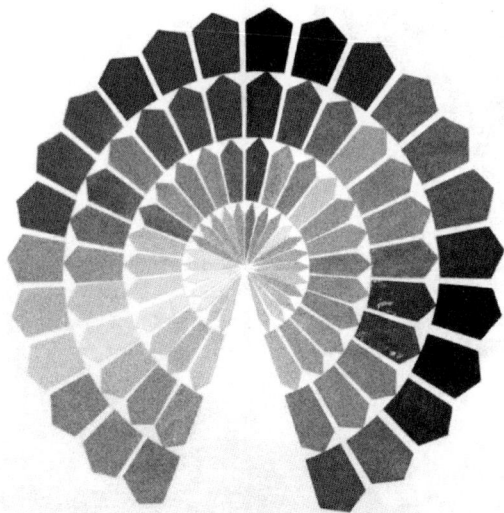

图 6-11 学生习作：色环

色相即每种色彩的相貌、名称，如红、橘红、翠绿、湖蓝，群青等。色相是区分色彩的主要依据，是色彩的最大特征。色相的称谓，即色彩与颜料的命名有多种类型与方法。

明度即色彩的明暗差别，也即深浅差别。色彩的明度差别包括两个方面：一是指某一色相的深浅变化，如粉红、大红、深红，都是红，但一种比一种深。二是指不同色相间存在的明度差别，如六标准色中黄最浅，紫最深，橙和绿、红和蓝处于相近的明度之间。

纯度即各色彩中包含的单种标准色成分的多少。纯色色感强，即色度强，所以纯度亦是色彩感觉强弱的标志。物体表层结构的细密与平滑有助于提高物体色的纯度，同样纯度油墨印在不同的白纸上，光结的纸印出的纯度高些，粗糙额纸印出的纯度低些，物体色纯度达到最高的包括丝绸、尼龙塑料等。

不同色相所能达到的纯度是不同的，其中红色纯度最高，绿色纯度相对低些，其余色相居中，同时明度也不相同。

为了让学生掌握色彩原理，我们设计了丰富的色彩作业形式让学生练习（图6-12）。学生以这样一种方式认色彩是一个很享受的过程，同时也能感觉到他们对色彩探究的无限好奇心理。同学们不仅以极大的热情创造了作业形式的多样化，而且还充分享受色彩世界带给他们的快乐！

在认识色彩的三元素之后我们继续带给学生色彩方面另一个重要知识——色彩对比。

图 6-12　学生习作:色相

1. 色相对比

两种以上色彩组合后,由于色相差别而形成的色彩对比效果称为色相对比。它是色彩对比的一个根本方面,其对比强弱程度取决于色相之间在色相环上的距离(角度),距离(角度)越小对比越弱,反之则对比越强。

(1)零度对比

(a)无彩色对比。无彩色对比虽然无色相,但它们的组合在实用方面很有价值。如黑与白、黑与灰、中灰与浅灰,或黑与白与灰、黑与深灰与浅灰等。对比效果感觉大方、庄重、高雅而富有现代感,但也易产生过于素净的单调感。

(b)无彩色与有彩色对比。如黑与红、灰与紫,或黑与白与黄、白与灰与蓝等。对比效果感觉既大方又活泼,无彩色面积大时,偏于高雅、庄重,有彩色面积大时活泼感加强。

(c)同类色相对比。一种色相的不同明度或不同纯度变化的对比,俗称同类色组合。如蓝与浅蓝(蓝+白)色对比,绿与粉绿(绿+白)与墨绿(绿+黑)色等对比。对比效果统一、文静、雅致、含蓄、稳重,但也易产生单调、呆板的弊病。

(d)无彩色与同类色相比。如白与深蓝与浅蓝、黑与桔与咖啡色等对比,其效果综合了(b)和(c)类型的优点。感觉既有一定层次,又显大方、活泼、稳定。

（2）调和对比

（a）邻近色相对比。色相环上相邻的二至三色对比，色相距离大约 30 度，为弱对比类型。如红橙与橙与黄橙色对比等。效果感觉柔和、和谐、雅致、文静，但也感觉单调、模糊、乏味、无力，必须调节明度差来加强效果。

（b）类似色相对比。色相对比距离约 60 度，为较弱对比类型，如红与黄橙色对比等。效果较丰富、活泼，但又不失统一、雅致、和谐的感觉。

（c）中度色相对比。色相对比距离约 90 度，为中对比类型，如黄与绿色对比等，效果明快、活泼、饱满、使人兴奋，感觉有兴趣，对比既有相当力度，但又不失调和之感。

（3）强烈对比

（a）对比色相对比。色相对比距离约 120 度，为强对比类型，如黄绿与红紫色对比等。效果强烈、醒目、有力、活泼、丰富，但也不易统一而感杂乱、刺激、造成视觉疲劳。一般需要采用多种调和手段来改善对比效果。

（b）补色对比。色相对比距离 180 度，为极端对比类型，如红与蓝绿、黄与蓝紫色对比等。效果强烈、眩目、响亮、极有力，但若处理不当，易产生幼稚、原始、粗俗、不安定、不协调等不良感觉。

（4）冷暖对比

冷暖对比是将色彩的色性倾向进行比较的色彩对比。冷暖本身是人皮肤对外界温度高低的条件感应，色彩的冷暖感主要来自人的生理与心理感受。

2. 色彩运用

在掌握了美妙的色彩原理之后，我们将运用它。装饰美化是色彩运用的重要目的，由此我们也就提出了装饰色彩的概念。

色彩在人们的社会生活、生产劳动以及日常生活衣、食、住、行中的重要作用是显而易见，现代的科学研究资料表明，一个正常人从外界接受的信息百分之九十以上是由视觉器官输入大脑，来自外界的一切视觉形象，如物体的形状、空间、位置的界限和区别都是通过色彩区别和明暗关系得到反映，而视觉的第一印象往往是对色彩的感觉。对色彩的兴趣导致了人们的色彩审美意识，这成为人们学会能够色彩装饰美化生活的前提，正如马克思所说"色彩的感觉是一般美感中最大众化的形式"。至此，色彩作为视觉艺术里重要元素的重要性已经不言而喻了。以下就是我们将展开装饰色彩的教学。

装饰色彩从某种意义上来说也叫色彩归纳，装饰色彩也是色彩造型绘画的一种较为独特的表现方法，属于色彩与生的基础课的范畴，同时与一般的常规性色彩写生有所区别，存在独特的色彩语言，它也是写实性绘画的延伸或说是转化。装饰色彩的造型原则是不停留在对客观自然色彩或者形态的客观再现性的"实对"，而应该是突破客观自然色彩和形态的约束，更着重与主观对色彩的主观领悟（图 6-13）。

图 6-13　学生作品磨漆装饰画

　　就教学内容方法而言。在纯绘画的色彩教学中,教师更多的要求学生在同一个内容上反复多次的训练学生的写实能力,要学生尽可能地再现客观物象的能力,画面的内容上表现得怎样的变化都不会去偏离客观物象。虽然写生色彩与装饰色彩有相同的原理,但同时它们更应该有着本质上的区别,在内容方法上有着许多的不同和要求。在装饰色彩的教学中,设计创作的内涵、基础和创造是无法分离开来的,但并不是纯绘画上简单对客观物象的再现复制。创造、创意本身对我们的学生是一个很好的训练,在装饰色彩的学习里可以更好地用归纳的色彩观体现对色彩的发现和创造的主观行为。在装饰色彩课程的内容和方法上都要求学生更多体现和倡导学生的个性、想象力和创新精神,从而启发学生如何表现、再现对象转化到如何理解更深层次认识色彩,同时能拓展学生的创造性思维,让学生主动积极地投身到对色彩的研究和探索中。在装饰色彩实际的课程教学中,我在教学的安排上,由写实装饰色彩、平面装饰色彩、解构装饰色彩、意象装饰色彩、设计装饰色彩等几个内容展开教学。在整体的教学上也是从浅到深,从客观到主观的演变和延续,在知识点还是内容形式上都遵循着一个逐渐的过程,课程强调主观对色彩理性的深刻把握的同时,更强化主观的感受和训练,把小学教育理念融入主观的色彩观里,并结合在一起,尽可能地开发培养学生对色彩思考的创作思维和创造潜力,同时寻找与小学教育相关的题材展开设计与训练。

　　在装饰色彩具体的训练里面,我们开展了装饰画、石画、剪贴画等贴近小学教育具体工作的艺术形式来体现。让我们的小教学生在享受艺术快感的同时也能运用于实践。

　　以下分别为学生的装饰画作品(图 6-14、6-15、6-16、6-17)。

图 6-14　学生习作：石头子上的装饰运用

图 6-15　一些废旧物品上的装饰运用

图 6-16　学生习作瓶画

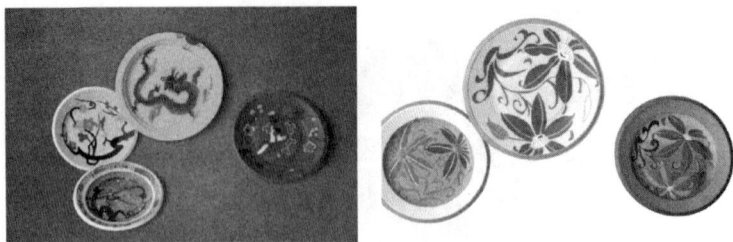

图 6-17　学生作品盘画

通过以上丰富多彩的色彩装饰学习与作品制作，学生认识了色彩并掌握了色彩的一些审美因素，真正提高了审美素养，并能在工作实际中运用！

（三）儿童画

儿童的绘画有着独特的魅力。就画面特点而言，儿童的绘画作品，常常用简单的线条鲜明的色彩来组成一幅幅丰满的画面。就画的内容而言，常常展现的是儿童伴有幻想的"现实世界"，这也许是由儿童常常易将想象与现实混淆的心理发展特点所致。也许是儿童天生就是"幻想大师"的原因，无论如何，"奇异的幻想"不仅是儿童画的一大特点，也是儿童画的一大优点。

童画的上述特点要求我们在欣赏、评价儿童画时要尊重儿童创作图画的独特性，善于发掘并保护儿童宝贵的想象力。

作为艺术素养里的美术特色课程体现，我们有自己的思考，那就是想通过儿童画的学习让我们小教师范生对儿童心理更能准确地把握，或者说让儿童画成为小学教师（不仅仅是美术教师）与儿童沟通的桥梁之一。

具体的教学方法就是让我们的师范生大量阅读优质儿童画，临摹儿童画，阅读优秀儿童绘本。并从内容与形式两个方面去提炼儿童画的特点。换句话说就是让他们先看懂、读懂儿童画，变成自己与学生交流的语言，再结合之前所学的教学简笔画之造型能力和色彩能力进行儿童画的创作。

儿童画是儿童能力的一种展示，是一种创造性的活动，是儿童思维的呈现。儿童个体之间是存在差异的，因此儿童画教学要根据儿童的发展规律进行，需要成人的关注与帮助，可以从以下方面对儿童画进行教学：

1.充分发挥儿童绘画的想象力

心理学家的研究结果表明，儿童时代是人的一生中最富有想象力的时代。爱因斯坦也曾说过："想象力比知识更重要，因为知识没有界限，而想象力概括着世界上的一切，推动着进步，并且是知识进化的源泉，没有想象力就不可能有创造。"儿童最初学画，喜欢乱涂，也就是所说的涂鸦，涂鸦是发展孩子想象力的途径，我们不能禁止，而是要鼓励和引导，让儿童展开想象的翅膀，大胆地去想象。孩子的这些天真、好奇的想法有时会让大人难以接受，但这些想象力往往比知识本身更为重要（图 6-18）。

图 6-18　儿童画

2. 引导儿童树立成功的信心

在儿童画教学中,要培养儿童自信心。我们应该鼓励儿童大胆想象,尝试着去画,就是随意乱涂,也不能批评,这里的关键是让儿童能够画出自己心里的想法,克服不敢画的情绪,让他们在轻松的环境里,画出自己的所想。

3. 用儿童的眼光看儿童画,要保护童心,尊重童趣

儿童画有其自身的特点,我们不能用成人的眼光来看儿童画,要用儿童的眼光来欣赏儿童画。儿童画的开始就是自由的涂鸦,他们会用颜色和线条轻松自在地涂鸦,以发泄心中的感觉,这就是儿童的童心、童趣的自然流露。在大人的眼光中,他们是乱涂,不是画画,甚至会批评他们,但是万不能小瞧了这些乱涂,正是因为这些乱涂,才有了长大后的惊人的创造力和想象力。儿童画的最重要的特点就是童心、童趣,它们成为儿童画的灵魂,如果没有童心、童趣,也就没有了儿童画,儿童画是童心、童趣的自然流露,没有任何矫揉造作的成分掺杂在里面。儿童画可以看作是儿童成长过程中的一种游戏,教师要注意引导,看看他们还能画些什么内容,或者有的内容是不是可以画得大一些或者小一些等。

总之,儿童画教学是一门艺术,指导儿童画应该以儿童为中心,根据他们的个体差异区别对待。教师在教学过程中,要注意儿童的自由发挥,提高儿童的兴趣和热情。儿童画是儿童心灵的表露,是儿童个性的张扬,因此,我们要重视美术教育,激发儿童创作的信心与欲望,培养儿童创作的灵感,只有这样,才能提高儿童的积极性,创作出与时代相结合、令人耳目一新的儿童画。

(四)素描

素描是一门独立的画种,许多画家以这种形式进行创作。素描也是造型艺术的一门重要基础课程,在专业美术院校里通常将它作为主要课程来培养学生对形体的观察、理解和表现能力。造型艺术是视觉艺术,因此美术家必须从视觉形象的

角度来观察和研究生活。人们常说："学画先学要学看。"这话很有道理，它说明了要表现生活先要学习观察生活。从素描专业角度来说，作画的观察方法和我们平时看东西的方法不尽相同，其中许多本领需要学习。譬如若让一位不画画的人来描述一个人的模样，他可能会从头到脚依次局部地观察对象的眼睛、鼻子、耳朵、脚等，但不会有意识地观察对象各部分之间的相互关系。作画则要求我们整体地观察对象，看出它各方面的关系，譬如：比例关系、体面关系、明暗关系、色彩关系等等。以上几个关系在素描课程的学习里除了色彩关系之外其他都可以解决。这种从整体出发去观察所要描绘对象的方法才是作画的正确观察方法。素描训练的目标之一就是要养成这个观察方法。

　　素描课程具有很强专业性，素描课程安排一般是由浅入深，从简到繁。整个素描学习常规包括几何石膏像的学习，静物画学习，石膏头像、胸像、全身像的学习，到真人的头像、半身像、全身像、人体的学习。在素描所要培养的对事物的观察、理解、表现能力方面我们更注重前两者对学生素养的提升效果。小教师范生的美术基础和有限的课时分配，我们将素描的训练放在了几何石膏像的学习和基础的静物素描练习中。

　　石膏几何体形体简练，明暗清晰，是最佳的入门途径。通过对石膏几何体的素描课程的学习，学生将掌握科学的观察方法（整体观察）、透视原理、空间表达方法、基本的造型能力（比例、明暗、线条表现力）等（图 6-19、6-20）。

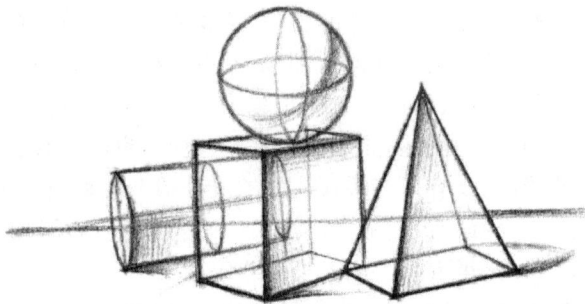

图 6-19　素描几何习作（结构素描）

　　观察方法即要求学生在练习时先把握大关系，譬如写生台上有五个物体时候，你开始写生不能一个一个的画，而是要求先根据画纸的大小来做一个统一的布局，在大些纸上应该按比例放大，在小纸上的话是按比例缩小，并且应该余留合适的空间。用素描练习专业语言称之为构图，构图要求学生在一张纸上作画大小、位置要合适——要求作画者整体把握。有了大概的安排之后，要求学生将五个物体看成一个整体来处理，运用透视方法找出"这个整体"的最高、最低、最左、最右的位置。然后在这区间里把握正确的比例关系以确定五个个体的位置，然后深入，这深入过

图 6-20　素描几何习作(明暗素描)

程就需要运用明暗、线条诸多言语在二维空间里塑造三维的空间。期间可以不断训练学生空间理解能力、运用明暗与线条的表达能力、静心研究的素质能力。在二维的平面画纸上营造虚拟的三维空间以此来不断锻炼学生的空间想象能力,还是以这五个关联在一起的石膏几何体为例,几个物体放置一起有叠加、遮挡、错位、高低、倚靠等关系。这些关系需要逐一理解方能表达。明暗与线条是素描的两大语言。明暗有形体的三大面与五大调子理论,给学生以科学认识事物空间与科学表达空间能力提供了强大的指导。三大面与五大调子理论(图 6-21)包括亮面、灰面、暗面,五大调子为黑、白、灰、明暗交界线、反光。

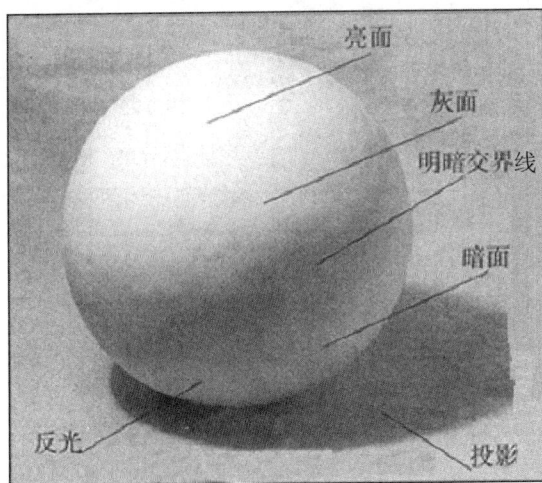

图 6-21　三大面与五大调子理论

除了明暗言语以外学生还将掌握线条这个神奇的语言,线条的轻重、缓急、虚实、强弱、粗细、弯直可谓变化多端,丰富多彩。

通过几何素描课程的学习学生可以大概体悟了造型艺术的魅力,锻炼了观察方法、表现能力,更可贵的是在素描潜心深入表达过程中学生可以真切体悟物质的存在,同时也训练了静下来去做一件事情的状态。另一层意义还在于,通过基本素描训练,使学生掌握了一定造型能力,对将来具体工作如课件制作、板报墙绘、班级布置等方方面面都有实际的帮助。

（五）简易版画

版画是四大纯艺术之一。古代版画是指在板上拓出来的画。20 世纪 30 年代,鲁迅先生推行黑白木刻,由此创作型的中国现代版画诞生了。到 20 世纪 50、60 年代,中国版画逐渐走向成熟,版画家、版画群体和流派发展空前,影响了同时代的美术界。"文革"时期,版画发展受阻,艺术性较为苍白。改革开放后,西方现代艺术思想和作品逐渐传入国内,版画得到又一轮的发展和普及,自由表达艺术家禁锢已久的艺术情感。从此版画的创作氛围自由而清新,激进而活跃,并开始向现代转型。到 20 世纪末,受艺术市场的冲击,版画艺术相对其他画种显得式微,但总体上仍处在多元发展中(图 6-22)。

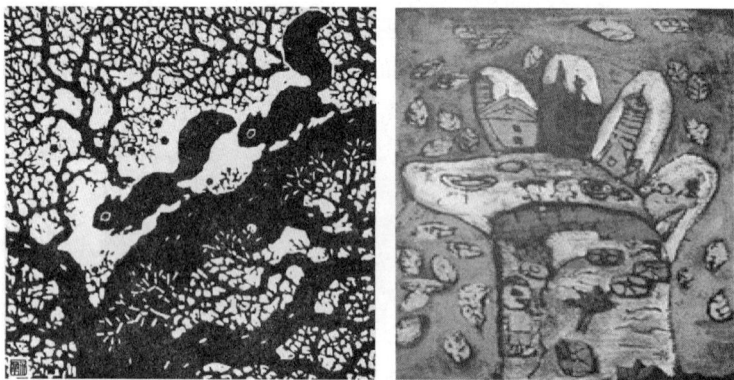

图 6-22　版画

版画是一种纯粹的艺术形式,版画创作本体对体验对象的艺术实践体验过程和结果即为版画作品。鉴于版画创作过程的特殊性,学生将大部分时间和精力用在对材料的研究、利用和制作工艺上,难免忽视自身感情表达。特别是还未形成艺术体验习惯思维的学生,其更容易在创作中忽略对艺术体验的内心情感的表达。教师应该在传授技艺的同时注重挖掘、激发、引导学生在艺术创作实践中的内心表达,放大其艺术体验,使学生对版画艺术形成正确的认识,真诚地对待艺术,用艺术的眼光和热诚的心对待社会、体验对象。

从以上表述可以看出版画是专业性非常强的一个绘画品类,对于我们的师范生如果按照全因素版画课程设置是不现实的。因此我们构建了简易版画之课程,简易版画保留了版画创作的基本方法:设计形象——刻制形象——转印形象。将复杂的铜版、石版、丝网版等用纸版或其他现代方便刻制且易取的材料取代。将彩色水印、套印之类的工艺省去,直接用黑色油墨印制,或者直接用其他彩色颜料如油画、丙烯之类替代。让学生感受到新的绘画种类带来的全新体验,让其感受转印美、刀刻美。运用新工艺可以更多地发挥这种方法的优势,譬如通过采用混合颜色、改变承印物的质地与用料等新工艺追求新效果,体味肌理美感。

简易版画以儿童版画为教学重点,除了学生的自主构思外,很重要的一点是掌握画、刻、印这样操作性极强的技法,可以从最简单的油印吹塑版画、粉印吹塑版画做起,再到纸版画、木刻版画等多种版画表现形式。所表达的形象也与儿童美术形象紧密联系(图6-23)。

图6-23　学生版画习作

(六)手工制作与纸艺

纸艺属于手工制作,手工制作可以独立于绘画之外,归属于工艺美术领域。工艺美术有时候也称为实用美术,是古老的艺术种类之一,最初的工艺美术,它的实用意义占有重要地位,后来审美因素不断增加。工艺美术具有物质的和精神的双重属性。也就是说,它既有实用功能性,又有审美功能性,是功能与审美的结合。这种双重属性,决定了它的创作原则,即实用、经济、美观(图6-24、6-25)。

对于工艺美术来说,美观不仅是艺术表现的手段,也是艺术本身的目的。工艺美术通过美的把握、美的创造以体现认识作用和教育作用,以反映时代、民族、生活。工艺美术的美主要体现在造型美、色彩美、装饰美以及材料美、技术美等方面。

我们开设的手工课程紧密联系师范生将来的工作特点与工作平台,与课件制作、教学道具制作、教室布置、园地制作等具体实践结合。在材料的选择上更多关注学生对废纸、废弃包装盒等废物利用这一理念的引导,在内容上则由当下师范生

图 6-24   贴纸画

图 6-25   剪纸

自己的选择。在创作过程与结果中,我们更关注整件作品对先进理念的把握如环保、社会和谐等。

　　整个教学过程下来,发现以纸为材料的作品对于学生创作开展起来有更强的适应性,因此我们专门在纸艺的制作上构建了课程。纸艺包括剪纸、贴纸画、纸雕、手工纸艺装饰图画、立体纸艺教学图纸等,以下是学生做的纸艺手工作品(图 6-26、6-27、6-28)。

图 6-26 学习作品:贴纸画

图 6-27 学习作品:纸雕手工

图 6-28 学习作品:手工立体纸艺

（七）中国画

中国绘画一般称之为丹青，主要画在绢、纸上并加以装裱的卷轴画，简称"国画"。它是用中国所独有的毛笔、水墨和颜料，依照长期形成的表现形式及艺术法则而创作出的绘画。

中国绘画艺术历史悠久，源远流长，经过数千年的不断丰富、革新和发展，以汉族为主、包括少数民族在内的画家和匠师，创造了具有鲜明民族风格和丰富多彩的形式手法，形成了独具中国意味的绘画语言体系，在东方乃至世界艺术中都具有重要的地位与影响。

中国绘画的历史最早可追溯到原始社会新石器时代的彩陶纹饰和岩画，原始绘画技巧虽幼稚，但已掌握了初步的造型能力，对动物、植物等动静形态亦能抓住主要特征，用以表达先民的信仰、愿望以及对于生活的美化装饰。先秦绘画已在一些古籍中有了记载，如周代宫、明堂、庙祠中的历史人物、战国漆器、青铜器纹饰，楚国出土帛画等，都已达到较高的水平。秦汉王朝是中国早期历史建立的中央集权制大国，疆域辽阔，国势强盛，丝绸之路沟通着中外艺术交流，绘画艺术空前发展与繁荣。尤其是汉代盛行厚葬之风，其墓室壁画及画像砖画像石以及随葬帛画，生动塑造了现实、历史、神话人物形象，具有动态性、情节性，在反映现实生活方面取得了重大成就。其画风往往气魄宏大，笔势流动，既有粗犷豪放，又有细密瑰丽，内容丰富博杂，形式多姿多彩。（图6-29）

图 6-29　学生习作：中国画 1

魏晋南北朝时期战争频繁，民生疾苦，但是绘画仍取得了较大的发展，苦难给佛教提供了传播的土壤，佛教美术勃然兴起。如新疆克孜尔石窟，甘肃麦积山石窟，敦煌莫高窟都保存了大量的该时期壁画，艺术造诣极高。由于上层社会对绘事的爱好和参与，除了工匠，还涌现出一批有文化教养的上流社会知名画家，如顾恺之等。这一时期玄学流行，文人崇尚飘逸通脱，画史、画论等著作开始出现，山水画、花鸟画开始萌芽，这个时期的绘画注重对精神状态的刻画及气质的表现，以文学为题材的绘画日趋流行。隋唐时期国家统一，社会相对稳定，经济比较繁荣，对外交流活跃,给绘画艺术注入了新的生机和活力。在人物画方面虽然佛教壁画中西域画风仍在流行,但吴道子、周昉等人具有鲜明中原画风的作品占了绝对优势,民族风格日益成熟,展子虔、李思训、王维、张璪等人的山水画、花鸟画以工整富丽的特点,取得了较高的成就。

南宋之后,中国绘画艺术出现了一个鼎盛时期,朝廷设置画院,扩充机构编制,延揽人才,并授以职衔,宫廷绘画盛极一时,文人学士亦把绘画视作雅事并提出了鲜明的审美标准,故画家辈出,佳作纷呈,而且在理论上和创作上亦形成了一套独特的体系,其内容、形式、技法都出现了丰富精彩、多头发展的繁荣局面。中国绘画发展至元、明、清,文人画获得了突出的发展。在题材上,山水画、花鸟画占据了绝对的地位。文人画强调抒发主观情绪,"不求形似"、"无求于世",不趋附大众审美要求,借绘画以示高雅,表现闲情逸趣,倡导"师造化"、"法心源",强调人品、画品的统一,并且注重将笔墨情趣与诗、书、印有机融为一体,形成了独特的绘画样式,涌现了众多的杰出画家、画派,以及难以数计的优秀作品。

中国绘画是中国文化的重要组成部分,根植于民族文化土壤之中。它不单纯拘泥于外表形似,更强调神似。它以毛笔、水墨、宣纸为特殊材料,建构了独特的透视理论,大胆而自由地打破时空限制,具有高度的概括力与想象力,这种出色的技巧与手段,不仅使中国传统绘画独具艺术魄力,而且日益为世界现代艺术所借鉴吸收。(图 6-30、6-31)

图 6-30 学生习作:中国画 2

从以上可以看出中国绘画史就是中国文化发展的历史。学生通过对中国绘画的学习,将以一种区别其他学习方式的方式对中国传统文化进行了解。中国绘画本身有许多区别于其他画种的特点,譬如说诗、书、画、印结合,特殊的透视法、追求笔墨审美、追求线条之美、"似与不似之间的审美追求"、特殊的材料美、书画同源说

图 6-31　学生习作:中国画 3

等等。我们之所以较后期才开展这门选修课就是因为国画的学习需要学生具备了一定的绘画造型水准、书法水准和相关的审美经验之后去学习才能更有意义。

中国绘画分科也有自己的特点和独特的名称,如山水画、花鸟画、人物画、界画;按表现方法的差异分,有水墨画、工笔画、写意画、青绿绘画等等;具体的形式分,有卷轴、册页、手卷、扇面、屏障等等。对于这么丰富的形式,如何在这么短的选修时间里对学生有个全面的交代,又要让他们学有收获(收获是指能出点作品)是我们的工作重点。对于学生的课程开设我们还是遵循循序渐进的原则,从易到难,如在画种上我们就选花鸟画,在表现方法上我们选择工笔一类操作性强一点的。对于有的同学有其他基础的就根据其基础进行深入教学。在整个国画课程学习中,一直强调的就是前面所陈述的国画的相关美学特征,最后要求每个同学能创造出一件小作品。实践证明学生潜心的学习国画,对其内在气质的修养能起到一定的帮助,同时都会有一件令教师满意的作品呈现!

第六节　艺术素养在音乐课程中的培养[①]

教育是一项工程,是国家建设的枢纽,教育不但能让人获得安身立命的专业知

---

① 刘平:《初等艺术教育师资培养模式的探讨》[J],《艺海》2009 年第 6 期,第 114—115 页。

识,更重要的是能够提高自身素质,完善人格。我国自古以来极为重视个人的内在修养,"笔墨纸砚,琴棋书画"的教育理念,希望通过艺术的熏陶,养成"出淤泥而不染,濯清涟而不妖"的高贵秉性。转眼看现今,自国家实行素质教育以来,日益增多的琴童可以表明一个现象,也许家长对艺术与素质的关系不那么明确,但都认同一个事实:艺术教育对个人素养及个人良好品质的形成有着必然的内在联系。如果艺术教育能渗入小学基础教育的各个方面,那必定是素质教育的突破。所以我们需要一支优质的师资队伍,一支已经被艺术素养所改变的师资队伍,去传承自古就有的艺术教育理念,去成就一流的基础教育。在讨论如何培养这批优质的师资之前,我们先要弄清楚"艺术素养"的概念,才能以此来制定合适的课程和培养方案。

那何为"艺术素养"? 台湾师范大学的副校长陈琼花认为可以从"艺术"和"素养"两个方面来解读。其中"艺术"包括三个方面:艺术作品、创造艺术者和欣赏者。其中艺术作品是一个事物,在音乐中,它的内容、属性、特质和形式以音响形式呈现;创造艺术者即艺术作品的创造者,它涉及创作的技能以及创作的思想;欣赏者则应该具备与艺术作品沟通、互动、欣赏的能力。至于"素养",它可以说是一种能力,一种能把知识、技能跟情意整合的能力,也是个体与外界互动的过程。由此可见,"艺术素养"涵盖了艺术专业领域的基本能力、知识、技能与情意等。简单来说,就是受过艺术熏陶者能透过外显的行为举止,使人感觉其具有艺术方面的视野,即在内化知识的同时,亦能够显现出具有艺术素养的师资典范。具体来说,就是受过艺术熏陶的教师在其言谈之间会论及或展现其艺术见解与特质。细化到音乐素养上,可以是在讲课时,以表演艺术的方法强调声调与肢体语言来提高教学质量,用音乐艺术所涉及的历史文化来联结课本上的课内课外知识等等。如果要通过音乐课程去提高学生的艺术素养,就必须加强音乐艺术与教育之间的关系。以前提到音乐教育可能就是弹琴和唱歌这种具体的技能学习,当然这些是很重要,但是如果要从素养层面去提高的话,更重要的是通过接触音乐艺术,不断积累经验的同时学会欣赏经典的古典乐,并以此扩大到整个艺术领域,去感受各个领域艺术品的美好,并能意识到美感不仅仅只体现在具体事务上。如果在工作中遇到教学困难、问题学生、工作压力的时候,能及时处理自己的情绪,学会包容一切好和不好的事情,在心灵上得到舒缓和丰实,这本身也是一种非常有美感的事情。教师如果已经领略到这种精神境界,并能将此传递给学生,去影响学生,那么我们的艺术素养就真正意义上散发出了它强大的魅力。

回到我们现实的师资培养上,从以上分析可知,艺术素养的提高首先需要掌握具体的技术能力(能创造艺术作品)和艺术人文(能成为欣赏者),然后要能表达情感(创造艺术作品和欣赏作品),最后要学会运用能力(将艺术外显为举止)。我们也知道艺术素养的提高真的是一件复杂的系统工程,不是短时间内可以完成的事情。技术能力可以通过训练提高,艺术人文可以通过学习获得,但是情感表达和运用能力是一个长期的积累熏陶过程,短期内可能看不到明显效果,它们的提高是建立在技术能力和艺术人文的基础上。本章重点探讨艺术素养的提高在音乐课中如何实施,所以基于以上的分析,在音乐课程中,我们需要让学生学习具体的技能,也需要音乐人文学习,更重要的潜在目的是要通过学习来潜移默化地提升学生的情感表达能力以及运用能力。

一、小学教师培养的现状

杭州师范大学初等教育学作为一个具有深厚历史文化内涵和现代办学理念的高等师范院校,一直着力于培养一流的小学教育师资,艺术课程是重要的培养内容。在音乐领域,学院为小学教育专业学生开设了"音乐基础课程""儿童歌曲伴奏""儿童歌曲弹唱""儿童歌曲演唱""合唱与指挥""声乐与钢琴""小学音乐教学法"这些主要的课程。可以看出,主要是以培养钢琴弹奏和声乐演唱技能为主。鉴于艺术素养的意义以及其终极目标,如果对学生的培养仅仅放在艺术技巧的娴熟运用上,那是远远不够的。所以,应该增加一些对学生审美观点与能力的培养。

在具体的课程安排中,紧密结合艺术素养提高所需的基本技能。建议可以开设相关的技能课以及一些情意方面的课程。主要内容及原因如下:

1. 乐理课:乐理课是一门音乐知识学习的基本理论课程。是进行其他相关音乐技能与知识学习之前的入门课程。为以后的钢琴演奏、声乐演唱、伴奏、歌曲创作甚至欣赏课等课程的学习奠定坚实的基础。

2. 钢琴课:钢琴课是一门训练学生用科学的弹奏方法进行钢琴演奏的学科,通过钢琴课的学习,使学生获得键盘演奏的基础理论知识,掌握一定的键盘演奏技能和技巧,并在接触钢琴作品时,初步了解不同作曲家、不同风格类型的钢琴作品,提高艺术修养和音乐表达能力。

3. 钢琴即兴伴奏课:即兴伴奏是指为歌曲即兴、有效地编配伴奏。在眼看旋律的同时,在脑中就已经有为旋律编配的和声、音型、节奏、织体,并能快速即时地在钢琴键盘上演奏出来。所以,伴奏的学习要求学生必须掌握一定的钢琴演奏技巧,了解一定的和声理论基础。它是演奏技巧和理论知识紧密结合的产物,缺一不可。即兴伴奏也是从事音乐教育的教师必备的教学基本功。

4. 声乐课:声乐课是一门培养学生发声技巧的课程。在培养学生科学的发声方法的同时,通过丰富的声乐作品的演唱,掌握不同的音乐风格。培养学生正确地理解和表现作品思想情感的能力。

5. 音乐欣赏课:因为音乐本身所具有的美育功能,所以音乐欣赏是素质教育的一项重要内容,它是一种最直接、最具体的审美教育活动,也是美育功能最直接的表现形式。学会欣赏音乐不仅可以陶冶情操,丰富精神世界,能系统地培养学生对音乐的领悟能力,开发个人对音乐的兴趣乃至对整个艺术领域的爱好。所以,它是提高艺术素养的重要方面。

6. 歌曲创作课：歌曲创作课本身是一门为专业音乐学院开设的专业课程，主要培养歌曲创作型人才。但在高等师范学校开设这门课的目的不仅仅是让学生学会"创作"，而是培养学生"创作"背后的勇气和创造力。这门课的学习能让学生更好地理解音乐作品，对自己的演唱和演奏能有进一步深刻的体会。虽然不能和专业音乐学院作曲专业的学生那样创作出精良的音乐作品，但是通过自己创作歌曲，让学生在更好地感受音乐的同时，也让学生明白原来每一个人都可以创造音乐，从而从根本上提高他们的艺术综合素养。

7. 合唱与指挥：合唱与指挥是一门音乐理论与实践相结合的课程。通过教学和实践让学生掌握合唱排练的基本训练手法，培养学生组织、训练和指挥合唱活动的能力。为其以后在工作中开展群众性歌咏活动打下良好基础。同时，合唱指挥也是一门鉴赏课，学生能在学习中分辨声音的质量，理解声音的美学，体验自己创造艺术的美好。

8. 小学音乐教学法：小学音乐教学法是一门系统学习教学内容和方法的体系。通过这门课的学习，学生能真正理解和把握各种音乐教学方法，在学习如何引导孩子投入音乐活动时，也能激发自己对音乐的兴趣和积极性。

（一）大一第一学期

杭州师范大学初等教育学院的小学教育专业作为非艺术类本科，大部分学生往往没有音乐学习基础，所以大一第一学期的学习，主要是以打基础为主，包括音乐知识的基础、弹奏钢琴的基础、声乐演唱的基础等。基础课程学习的扎实与否，直接关系到以后学生音乐审美以及艺术素质的高低。本学期培养的能力目标是了解基本乐理知识、了解有关钢琴弹奏的基本知识、学会钢琴弹奏的基本方法、掌握基本发声知识，气息、声音、共鸣协调配合；情感目标是对弹琴和唱歌产生初步的兴趣。（学生如果认为这种枯燥的基础训练是一种折磨，那么也很难享受到音乐的美感和幸福感）

1. 乐理课

高等师范学校开设乐理课的目的是在为学生弹奏钢琴、演唱歌曲做一个前提准备和辅助作用，所以其授课要依据提高学生艺术素养的目的做一些调整，比如去掉一些对于小教学生来说复杂的转调、移调知识，多一些实用性的和声讲解，或者增加一些视唱内容等等。杭州师范大学初等教育学院小学教育专业一学期差不多16周的课，主要的授课内容如下：

第一周，为什么要学习基本乐理，什么是音乐：认识乐理知识的重要性和必要性，初步感知音乐。

第二周，五线谱的记谱法：为钢琴弹奏打好识谱基础。

第三周，简谱的记谱法：为声乐演唱以及以后的歌曲伴奏打好识谱基础。

第四周,乐谱的正确写法:规范地书写乐谱能学习乐谱中的一些常用记号。

第五周,节奏与节拍:为更好、更准确地弹奏钢琴、演唱歌曲打好基础。

第六周,拍子的组合:认识节奏的魅力。

第七周,拍子的强弱关系:感受节奏的表现力。

第八周,音程的分类:对以后的合唱以及歌曲伴奏都有实质性帮助。

第九周,三和弦和七和弦的原位与转位:为歌曲伴奏做好知识储备。

第十周,Ⅰ、Ⅳ、Ⅴ、Ⅵ、Ⅶ和弦:为歌曲伴奏做好知识储备。

第十一周,识别大小调:对歌曲演唱及歌曲伴奏的提高都有帮助。

第十二周,C 大调与 a 小调视唱:提高识谱能力以及唱歌音准。

第十三周,F 大调与 d 小调视唱:提高识谱能力以及唱歌音准,掌握首调的识谱方法。

第十四周,G 大调与 e 小调视唱:提高识谱能力以及唱歌音准,掌握首调的识谱方法。

第十五周,D 大调与 b 小调视唱:提高识谱能力以及唱歌音准,掌握首调的识谱方法。

第十六周,复习。

以上的课程安排,在学习基础知识的基础上,还穿插了一些对学生认识音乐情感上面的引导,是本着提高学生综合艺术素养为目标。音乐各方面都相通,有些课程的侧重点可能在钢琴弹奏,但实际上对学生各方面音乐课程的学习都会有较大帮助。

2. 钢琴课

鉴于大部分学生都没有钢琴弹奏的基础,这一个学期的钢琴课主要以训练钢琴弹奏的基础技能为主,需要很多的练习时间。基础训练因为缺少音乐性,不断地布置作业与回课可能会有些枯燥,在课程安排方面没有创新的情况下,教师的形象讲解就颇为重要。教师面对的对象是大学生,但其实对于钢琴领域,他们还是刚刚开始学琴的"小学生",加之所教授的学生将来面对的都是真正的小学生,所以建议教师用对小学生的态度来教这些大学生弹钢琴。简而言之就是,更多的耐心,更多的鼓励和肯定,更多的包容和理解,在教授弹琴能力的同时,一定要培养其弹琴的兴趣,帮助学生去挖掘弹琴的乐趣。主要的授课内容大致如下(可根据回课情况做相应的调整)。

第一周,钢琴的弹奏基本姿势、手型和要求:学会用正确的力量触键弹钢琴。

第二周,非连音弹奏方法:非连音是断奏的一种,可以让学生慢慢去体会手臂力量放下去,通过手腕传送到手指的协调动作。

第三周,回课及布置作业:学会方法之后在实践中发现问题,并在回课的时候解决问题。然后接受下一个星期的练习,这样钢琴的练习就能一个星期接一个星期不至于间断。

第四周,用非连音弹乐曲:将乐理课的识谱方法真正用到钢琴弹奏中来。

第五周,回课及布置作业:可根据学生回课情况增加不同节奏的非连音乐曲。

第六周,连音弹奏的方法:连奏在钢琴弹奏中有重要的地位,是钢琴产生歌唱性声音的基本。

第七周,回课及布置作业:解决学生双手配合协调的问题。

第八周,用连音弹乐曲:解决指法连接的问题。

第九周,回课及布置作业:可根据学生回课情况增加不同音型的乐曲,如八分音符、十六分音符等。

第十周,双手的配合:解决一些复杂节奏的弹奏难点,比如附点、切分等。

第十一周,回课及布置作业:及时解决学生弹奏中所发现的问题。

第十二周,跳音的弹奏:跳音也是钢琴弹奏中重要的内容,增加钢琴的音乐表现力。

第十三周,回课及布置作业:让学生从声音的弹性去分析跳音弹奏的准确性。

第十四周,乐曲的分析和弹奏:布置一些好听的乐曲,引导学生去辨析什么是好听的音色,不同的节奏应该有怎样的表现力。

第十五周,回课及布置作业:及时帮学生解决问题。

第十六周,复习。

钢琴课的安排其实有一定的弹性,每批学生能力不同,无法预测其学习成果。所以,一切以学生的具体回课表现为主,如果学生在学连奏时有很大的困难,那么也可适当地增加一些课时。具体曲目的安排也可由教师按照学生的兴趣去选择,需要注意的是,万不可把钢琴训练变成枯燥的技术训练,要实时切记引导学生去发现音乐。

3. 声乐课

和钢琴课一样,这个学期的声乐课也是以训练基础歌唱技巧为主,通过声音的训练和歌曲作品的教学,使学生开始运用声音的技能和技巧,学会调控音色,较完整地表达声乐作品。在学习过程中,教师要把技术与艺术两方面进行配合,把教学课堂与艺术实践有效结合起来。主要的授课内容大致如下(可根据回课情况做相应的调整)。

第一周,发声原理:在理论上了解发声的生理原理,建立正确的歌唱观念,学会听辨好的与不好的声音。

第二周,学习如何正确地发声:从练声中去理解和运用发声原理,从而建立正确的歌唱状态。

第三周,歌唱呼吸的训练:理解歌唱中气息与声音配合的关系,让学生初步学会吸气、呼气,用气息演唱歌曲的基本方法。

第四周,小歌曲演唱:将乐理知识与发声技巧结合。

第六周,小组回课:分小组回课,可缓解学生初学声乐的紧张。

第七周,声音的稳定与气息支持:声音的高位置,以及高音的演唱。

第八周,歌曲演唱:可挑选一些高音的曲子来训练声音与气息的结合。

第九周,小组回课:有高音的曲子会让学生更加紧张,所以分小组回课,在集体中发声缓解这一现象。

第十周,声音的共鸣:在正确气息的支撑下,找到相对稳定的后头位置,树立歌唱的整体共鸣概念。

第十一周,歌曲演唱:挑选合适的歌曲进行实践。

第十二周,小组回课:分小组回课,可缓解学生初学声乐的紧张,让学生在集体的声音中找到声音的位置。

第十三周,吐字与咬字的艺术:让学生了解歌唱中语言的吐字、咬字及归韵的关系。

第十四周,歌曲演唱:挑选合适的歌曲进行实践。

第十五周,单独回课:经过这一学期的学习,鼓励学生大胆在众人面前演唱。

第十六周,复习。

声乐课和钢琴课不同,钢琴课的基础基本是靠时间训练就能收到学习效果,而声乐课更多的是需要学生去抽象地理解与领悟。所以可能很多学生投入再多的时间也无法达到既定的能力目标,教师要多注意积极地鼓励学生,去肯定其演唱中的任何一个进步。遇到发声有瓶颈的学生,要及时因材施教。此外,在学习歌曲的时候,要多多去培养学生的识谱、唱谱能力,还有,声音音准作为重要内容应该贯穿在整个教学中。

(二)大一第二学期

经过大一第一个学期的学习,相信大部分学生已经被启蒙,开始习惯艺术课程的授课,并掌握了一定的乐理知识、钢琴弹奏知识和声乐发声技巧。但一个学期的技术学习时间实在太短,所以大一第二个学期的主要学习任务是在掌握基础的前提下,继续巩固和提高钢琴弹奏和声乐演唱。这一学期,培养的能力目标是提高钢琴演奏能力,能弹奏一些篇幅较长、有一定难度的钢琴作品,巩固发声技巧,完善歌唱状态,用正确的发声独立演唱一些声乐作品;情感目标是感受弹琴与歌唱的乐趣。

1. 钢琴课

上学期掌握了非连音、连奏、跳音的弹奏方法,可弹奏一些简单的乐曲,这个学期要增加一些双音、和弦、不同调式、节奏复杂的练习曲与乐曲,并能达到一定的速度与情感要求。主要的授课内容大致如下(可根据回课情况做相应的调整)。

第一周,复习上学期内容:回顾弹奏的要点、五线谱知识等。

第二周，双音的弹奏：掌握双音整齐发音的要点。学习双音断奏以及双音连奏要点。

第三周，回课及布置作业：解决学生弹奏双音中出现的问题，并布置合适的作业。

第四周，和弦的弹奏：学习柱式和弦、分解和弦、半分解和弦的原理及弹奏方法。

第五周，回课及布置作业：解决学生弹奏和弦中出现的问题，并布置合适的作业。

第六周，F大调乐曲：结合双音、和弦等内容选择相应的乐曲，为以后伴奏学习做准备。

第七周，回课及布置作业：提醒学生去理解F大调的含义，提醒琴谱中强弱记号的重要。

第八周，G大调乐曲：结合双音、和弦等内容选择相应的乐曲，为以后伴奏学习准备。

第九周，回课及布置作业：提醒学生去理解G大调的含义，强调琴谱中强弱记号的重要性，鼓励其大胆地去表现乐曲的强弱。

第十周，D大调乐曲：结合双音、和弦等内容选择相应的乐曲，为以后伴奏学习做准备。

第十一周，回课及布置作业：帮助学生分析乐曲，弹奏出乐曲的层次感。

第十二周，音阶练习曲：可在车尔尼599中选择合适的练习曲，训练音阶流畅跑动、双手的节奏配合，以及弹奏的速度。

第十三周，回课及布置作业：速度的训练是难点，要根据学生的情况各做要求。

第十四周，乐曲：鼓励学生自己学会去分析乐曲，肯定他们自己对音乐的感受，并接纳他们对音乐的理解。指导学生用合适的声音弹奏出需要的情感。

第十五周，回课：解决学生在分析乐曲中遇到的困难。

第十六周，复习。

这一学期的钢琴课增加了一些难度，所以会遇到很多双手配合、无法很自在地同时按下和弦的三个音等等，教师要想一些切实的办法解决问题。乐曲的选择要慎重，考虑到学生现阶段的音乐鉴赏能力，乐曲在符合教学目标的同时要以好听为主，在示范弹奏时，要告诉学生，提示学生这些乐曲的优美之处，让学生有兴趣去弹琴。

2. 声乐课

声乐教学是一个长期培养唱歌状态的过程，一个学期的学习是远远不够的，这一个学期将继续巩固培养学生唱歌的姿势、呼吸、发声、吐字归韵、共鸣、音准协调声音的能力，并要培养学生独立识谱和处理歌曲情感的能力。

第一周,复习上学期内容:用练声和演唱歌曲来回顾歌唱的状态。

第二周,学习歌曲:引导学生识谱,解决旋律和节奏的难点,提示歌唱的状态。

第三周,单独回课:不同学生有不同的问题,需要独立指导。

第四周,分析歌曲:讲解歌曲的内容、背景,让学生初步掌握处理歌曲的方法。

第五周,小组回课:让学生在集体中试着用投入情感去演唱。

第六周,学习歌曲:鼓励学生去识谱,解决旋律和节奏的难点,巩固歌唱的状态。

第七周,单独回课:不同学生有不同的问题,需要独立指导。

第八周,分析歌曲:让学生讲解歌曲的内容与背景,以及如何处理歌曲的情感。

第九周,小组回课:让学生在集体中试着用投入情感去演唱。

第十周,学习歌曲:学生识谱,教师指点,巩固唱歌状态。

第十一周,单独回课:不同学生有不同的问题,需要独立指导。

第十二周,分析歌曲:让学生讲解歌曲的内容与背景,细化歌曲的处理,一句一句去分析应该用怎样的力度和情感。

第十三周,单独回课:鼓励学生独立、有感情的演唱。

第十四周,布置作业:布置歌曲,让学生课后去学习与分析。

第十五周,单独回课:检验学生学习掌握的情况。

第十六周,复习。

本学期,学生有机会学习演唱和了解一些经典歌曲,教师要通过这一机会去传达音乐和情感两者之间密不可分的关系,强调在歌唱中,情感的表达和发声状态一样都极为重要。

（三）大二第一学期

大一的基础技能学习,对引导学生进入音乐学习起了关键的作用。前面已经强调高等师范学校对音乐素养的培养,不能单以训练技能为主。所以在大二的学习中,要将体验音乐的愉悦、体会音乐的意义放在主要的位置。所以,这一学期,培养的能力目标是学会弹奏一些优美的乐曲,能根据自己的爱好挑选喜欢的曲子弹奏,能演唱几首作品,并能学会为自己挑选歌曲演唱;情感目标是体验音乐的愉悦。

1. 钢琴课

经过大一的学习,学生掌握了一定的钢琴弹奏基础,也能双手配合弹奏一些复杂的节奏,并对情感的表达有了一点认知。这一学期,教师要鼓励学生主动去选择自己喜欢的乐曲,并引导他们认识弹琴可以是一件很享受的事情。

第一周,复习上学期内容:回顾弹奏的曲子,提示学过的调式。

第二周,乐曲的弹奏:可选择一些小奏鸣曲来巩固和复习弹奏。

第三周,回课及布置作业:可讲解奏鸣曲的特点,提示歌唱性不强的奏鸣曲也可以有情感。

第四周,乐曲的弹奏:可以选择要加踏板的乐曲。

第五周,回课及布置作业:踏板的运用。

第六周,流行歌曲的弹奏:作业要多布置几首,让学生自行选择一首回课。

第七周,回课及布置作业:作业要多布置几首,让学生自行选择一首回课。

第八周,琶音弹奏的要点:可选择辛笛的《即兴伴奏108首》。

第九周,回课及布置作业:作业要多布置几首,让学生自行选择一首回课。

第十周,如何控制音色:作业要多布置几首,让学生自行选择一首回课。

第十一周,回课及布置作业:作业要多布置几首,让学生自行选择一首回课。

第十二周,自行选择乐曲:教师指点其选择,提示弹奏要点。

第十三周,回课及布置作业:指导弹奏重点及情感,鼓励学生在众人面前弹奏表演。

第十四周,自行选择乐曲:教师指点其选择,提示弹奏要点。

第十五周,回课及布置作业:指导弹奏重点及情感,鼓励学生在众人面前弹奏表演。

第十六周,复习。

本学期两项重要的内容,第一是流行歌曲的弹奏,第二是学生要自选歌曲。流行歌曲的弹奏是为了增加弹奏的乐趣,而且学生现在也开始有能力去驾驭一些简单的流行歌曲。在此推荐辛笛的《即兴伴奏108首》,不但可以在优美的歌曲中解决琶音弹奏的难点,更可以在潜移默化中学习一些伴奏的知识。让学生自主选择乐曲,是为了增加学生学习的主动性,教师在平时布置作业时就要注意给学生一些自主的选择,不至于陷入填鸭教学的困境。自主选择乐曲能让学生在课余时间去关注音乐,增加弹奏自己喜欢乐曲的乐趣,也能增加弹琴的成就感。

2.声乐课

大一的声乐学习不管学生能不能全部吸收,至少已经在观念上改变了他们以往的歌唱观念,高师的声乐学习并不是唱好美声为目标,用美声的方法训练的是歌唱的观念、方法和状态。所以在专业技能要求上,可以做适当的让步。这一学期,要多去关注学生在歌唱的心理状态,培养他们表演的勇气。

第一周,复习上学期内容:用练声和演唱歌曲来回顾歌唱的状态,复习所学歌曲。

第二周,歌曲演唱:可选择一些艺术歌曲去影响学生的音乐审美。

第三周,单独回课:可讲解艺术歌曲方面的知识。

第四周,歌曲演唱:可选择一些熟悉的影视作品插曲吸引学生的学习兴趣。

第五周,单独回课:可分析歌曲对于影视作品的意义。

第六周,歌曲演唱:可选择一些通俗歌曲。

第七周,单独回课:鼓励学生用表演的状态演唱。

第八周,歌曲演唱:可选择一些通俗歌曲。

第九周,单独回课:指点学生的歌唱表演。

第十周,歌曲演唱:可选择一些通俗歌曲。

第十一周,单独回课:欣赏学生的歌唱表演。

第十二周,自行选择歌曲:教师指点其选择,提示歌唱要点。

第十三周,单独回课:指导歌唱重点及情感。

第十四周,自行选择歌曲:教师指点其选择,提示歌唱要点。

第十五周,单独回课:指导歌唱重点及情感。

第十六周,复习。

这一学期要重视学生歌唱的完整性和表演性,在这短短的时间内,很少有学生能把美声唱法学得很精致,但是唱歌不一定要用纯美声唱法。小教的学生以后要站在讲台上成为一名教师,因此,我们更重要的是培养他们在台上不卑不亢的态度,以及不怯场的表演。所以用一些通俗唱法降低演唱难度,让学生将唱歌重点放在表演上。

(四)大二第二学期

在继续巩固和发展学生对音乐的兴趣之外,这学期要教导学生一些实用的技能,例如儿童歌曲伴奏、儿童歌曲演唱与合唱指挥。在现阶段熟悉未来工作岗位的音乐特点,掌握相应的能力,能更好地在以后的教学岗位中做到学有所用。这一学期,培养的能力目标是学会简单的儿童歌曲伴奏,掌握儿童歌曲演唱的特点,熟悉基本的指挥手势以及合唱排练方法;情感目标是体验演唱儿童歌曲的乐趣,感受合唱排练的魅力。

1. 钢琴即兴伴奏课

掌握一定的弹奏技术是学习即兴伴奏的基础,在以前的学习中,学习过了柱式和弦、半分解和弦、分解和弦以及琶音的弹奏,也掌握了 C、D、F、G 大调的弹奏。现在要把所有填鸭式的知识都灵活运用起来。

第一周,复习上学期内容:回顾弹奏的曲子,提示柱式和弦、半分解和弦、分解和弦以及琶音的弹奏要点。

第二周,练习曲的弹奏:恢复手指的灵活度。(大部分学生在假期没有机会练琴)

第三周,回课:指出学生弹奏的问题。

第四周,讲解主要伴奏和弦及柱式和弦伴奏:如何为歌曲编配和弦,为一首 C 大调的儿童歌曲伴奏。

第五周,回课及布置作业:巩固 C 大调的柱式和弦伴奏。

第六周,C 大调半分解和弦的伴奏:半分解和弦伴奏要点。

第七周,回课及布置作业:巩固半分解和弦伴奏。

第八周,C 大调分解和弦伴奏:分解和弦伴奏要点。

第九周,回课及布置作业:巩固分解和弦伴奏。

第十周,为儿童歌曲选择合适的伴奏:各种伴奏肢体的特点及情感特点。

第十一周,回课及布置作业:学会为歌曲编配合适的伴奏。

第十二周,儿童歌曲伴奏:布置不同的儿童歌曲,训练伴奏运用的熟练度。

第十三周,回课及布置作业:指出学生伴奏中出现的问题。

第十四周,儿童歌曲伴奏:布置不同的儿童歌曲,试着边弹边唱。

第十五周,回课及布置作业:指导学生伴奏中遇到的问题。

第十六周,复习。

伴奏的原理很简单,但即使是有钢琴弹奏基础的专业学生,要熟练掌握也需要长时间训练。伴奏不仅仅是手指的弹奏,还涉及对和弦的反应能力,以及将脑中的编配及时有效地反应在手指上。所以,可以从最简单的 C 大调开始,可不勉强学生边弹边唱,可让学生适应编配之后,再加上边弹边唱的要求。

2. 声乐课

这学期的声乐课要增加一个重要的内容,就是儿童歌曲演唱,它和上学期的通俗歌曲表演有一些不同。儿童歌曲演唱强调童趣,吸引孩子的注意与兴趣需要生动的表现力,夸张活泼的表演,所以对学生的表现力有更进一步的要求。

第一周,复习上学期内容:用练声和演唱歌曲来回顾歌唱的状态,复习所学歌曲。

第二周,儿童歌曲演唱的特点:将歌唱技巧运用于儿童歌曲中。

第三周,单独回课:指导演唱。

第四周,儿童歌曲演唱:儿童歌曲需要的音色。

第五周,单独回课:鼓励为其歌曲创编动作。

第六周,儿童歌曲演唱:儿童歌曲需要的声音表情。

第七周,单独回课:鼓励为其歌曲创编动作。

第八周,儿童歌曲演唱:为儿童歌曲增加童趣。

第九周,单独回课:鼓励为其歌曲创编动作。

第十周,儿童歌曲演唱:为儿童歌曲编配舞蹈动作。

第十一周,单独回课:试着边跳边唱。

第十二周,儿童歌曲演唱:选取不同感情的儿童歌曲。

第十三周,单独回课:边跳边唱。

第十四周,儿童歌曲演唱:选取不同节拍的儿童歌曲。

第十五周,单独回课:边跳边唱。

第十六周,复习。

儿童歌曲演唱看似是一个简单的事情,但是真正要把它唱好,也需要给学生一些适应的时间。鼓励学生慢慢学会用儿童般的情感去演唱,慢慢学会在众人面前大胆地展现自己。

3. 合唱指挥

合唱指挥作为一门新的课程,其主要任务有两个,一是参与合唱,二是学习排练。这两者的学习可以互相渗透,学生在参与排练时,可以学习教师是如何排练一个合唱作品;学生在学习排练时,能更深刻地体会到合唱需要的声音。

第一周,合唱的基本知识:介绍合唱的历史、体裁、指挥的工作等基本内容。

第二周,合唱的读谱:学习合唱总谱读法。

第三周,作品排练:可选择简单的二声部作品进行排练。

第四周,作品排练:进一步排练,尽力展现作品的艺术精髓。

第五周,拍点:学习拍点技术,布置合唱作品。

第六周,作品排练:在排练时让学生来起拍和收拍。

第七周,二拍子的指挥:学习二拍子的指挥图标,布置合唱作品。

第八周,作品排练:排练时让个别学生来挥二拍子。

第九周,四拍子的指挥:学习四拍子的指挥图标,布置合唱作品。

第十周,作品排练:排练时让个别学生来挥四拍子。

第十一周,三拍子的指挥:学习三拍子的指挥图标,布置合唱作品。

第十二周,作品排练:排练时让个别学生来挥三拍子。

第十三周,作品排练:指导个别学生担任指挥的工作,教师辅助。

第十四周,作品排练:指导个别学生担任指挥的工作,教师辅助。

第十五周,作品排练:指导个别学生担任指挥的工作,教师辅助。

第十六周,复习。

这门课需要学生主动的参与,由于上课时间及上课人数等因素制约,在作品排练时,短暂的上课时间无法让所有学生都参与到指挥的工作中,所以教师要及时合理的分配人员和时间,让每个学生都有机会站在合唱队员面前挥拍子。同时,一个学期的短暂学习,教师是无法把指挥的内容教导得很详细,所以要注意多分享一些可实用性的内容。

(五)大三第一学期

大一大二的学习为学生打好了一定的音乐专业基础,也在音乐的情感上对学生有一定的引导。进入三年级之后,音乐课程的教学除了要继续学习一些实用性技能之外,还要真正学会运用。这学期开设的小学音乐教学法的目的便在于此,在这门课上,学生要将所学的伴奏及歌唱技能学会运用,更能在实践中及时发现自己的问题,推动学习的动力。这一学期,培养的能力目标是学会弹奏不同调性的即兴伴奏,学会演唱、表演及教导唱小学的课程中的儿童歌曲;情感目标是感受音乐实践中的乐趣。

1. 钢琴伴奏课

这学期的伴奏课以有旋律的即兴伴奏为主,除了学习儿童歌曲经常会出现的F、G、D、ᵇE 大调以及民族调式之外,要鼓励学生自己去学习其余调式的弹奏。此外,边弹边唱也是这个时期的学习重点。

第一周,复习上学期内容:回顾学习过的伴奏肢体。

第三周,F 大调儿童歌曲的弹奏:涉及柱式、半分解、分解和弦。

第四周,回课及布置作业:边弹边唱。

第五周,G 大调儿童歌曲的弹奏:涉及柱式、半分解、分解和弦。

第六周,回课及布置作业:边弹边唱。

第七周,D 大调儿童歌曲的弹奏:涉及柱式、半分解、分解和弦。

第八周,回课及布置作业:边弹边唱。

第九周,ᵇE 大调儿童歌曲的弹奏:涉及柱式、半分解、分解和弦。

第十周,回课及布置作业:边弹边唱。

第十一周,其余大调的儿童歌曲:ᵇB 大调、ᵇA 大调、A 大调等。

第十二周,回课及布置作业:边弹边唱。

第十三周,民族调式儿童歌曲的弹奏:讲解民族调式的特点,伴奏的肢体动作等。

第十四周,回课及布置作业:边弹边唱。

第十五周,民族调式儿童歌曲的弹奏:继续巩固民族调式的伴奏。

第十六周,复习。

涉及小调的儿童歌曲不是很多,可以把伴奏的重点放在儿童歌曲经常出现的大调上。另外,民族调式的儿童歌曲也是学习的重点,要教导学生学会判断。在有限的时间里,不能将所有的调式都讲解完,所以教师要将方法教给学生,引导其课外去学习。

2. 声乐课

本学期的声乐课以边跳边唱儿童歌曲为主,除了熟悉现行小学音乐课本上的儿童歌曲之外,学生还应了解教师教导歌唱的过程。包括熟悉儿童的练声曲、儿童声音的特点等。这些内容要渗透在每一节课中,当学生在学习演唱儿童歌曲时,教师就应将相应的内容教导给学生。

第一周,复习上学期内容:用练声和演唱歌曲来回顾歌唱的状态,复习所学儿童歌曲。

第二周,儿童歌曲演唱:儿童的声带特点。

第三周,单独回课:表演唱。

第四周,儿童歌曲演唱:儿童声音的特点。

第五周,单独回课:表演唱。

第六周,儿童歌曲演唱:儿童声音的审美。

第七周,单独回课:表演唱。

第八周,儿童歌曲演唱:儿童发声训练的重点。

第九周,单独回课:表演唱。

第十周,儿童歌曲演唱:主要的儿童练声曲。

第十一周,单独回课:表演唱。

第十二周,儿童歌曲演唱:儿童头声发声的要点。

第十三周,单独回课:表演唱。

第十四周,儿童歌曲演唱:儿童的嗓音保护。

第十五周,单独回课:表演唱。

第十六周,复习。

紧凑的课程安排,让学生在学习儿童歌曲的同时,不但锻炼了边跳边唱的能力,更能掌握一些儿童歌唱的知识,对以后的工作有实际意义上的帮助。教师要适时地平衡这两方面内容,不能在讲解儿童歌唱时忽略了学生本身的儿童歌曲演唱的要点。

3. 小学音乐教学法

这门课的开设是为了让学生了解音乐课程标准的设计思路,明确小学音乐教学的基本原则和教学过程的基本要素、基本阶段,初步掌握小学音乐教学中各个领域所包含内容的基本教学方法和开展课外音乐活动的基本方法。初步明确小学音乐教学的评价。熟悉小学音乐教材,具有分析小学音乐教材的能力。更能将钢琴、声乐等课程的学习成果以实践方式进行展示,及时发现需要改进的部分。

第一周,音乐课程标准解读:正确理解小学音乐教学基本原则。

第二周,音乐课程标准解读:教学过程的基本要素、基本阶段及常用教学方法。

第三周,小学音乐教学原则:教学过程的基本要素。

第四周,小学音乐教学原则:基本阶段及常用教学方法。

第五周,小学音乐教学各教学领域的教学方法:初步掌握小学音乐教学各领域(感受与鉴赏、表现、创造、音乐和相关文化)的教学方法。

第六周,小学音乐课的教学设计与教学计划:初步学会编制小学音乐教学课时计划、设计教学方案,并初步熟悉现行小学音乐教材,具有分析小学音乐教材的能力。

第七周,音乐教学评价:初步懂得小学音乐教学评价的功能、内容、原则、形式和方法,能结合教学实践活动进行。

第八周,音乐教学活动:指导学生组织一个音乐教学活动,并评教。

第九周,音乐教学活动:指导学生组织一个音乐教学活动,并评教。

第十周,音乐教学活动:指导学生组织一个音乐教学活动,并评教。

第十一周,音乐教学活动:指导学生组织一个音乐教学活动,并评教。

第十二周,音乐教学活动:指导学生组织一个音乐教学活动,并评教。

第十三周,课外音乐活动:了解小学音乐课外活动的种类、内容、形式、组织与指导。

第十四周,课外音乐活动:指导学生组织一个课外音乐活动,并评教。

第十五周,课外音乐活动:指导学生组织一个课外音乐活动,并评教。

第十六周,复习。

在组织音乐教学活动时,可以让学生分小组,选一个学生当"老师",这样即使没机会当"老师",可以让每一个学生都有机会参与到教学活动的组织中。在活动结束后,教师要及时进行评教,改正学生在教学课堂中暴露的错误。

(六)大三第二学期

大三第二学期是音乐作为必修课的最后一个学期。在这个学期中,学习的重点要从理性的学习技能技术,彻底转换为感性地体验音乐。帮助学生建立音乐审美观念,引导其将音乐与生活联系一起。所以,这一学期,培养的能力目标是学会无旋律即兴伴奏,参与表演音乐剧片段,了解基础的西方音乐知识,包括风格、作曲家、作品等;情感目标是与音乐有共鸣。

1. 钢琴伴奏课

学生已经掌握了伴奏基础,了解基本和声的概念。但以前弹奏的都是有旋律的伴奏,即右手弹旋律,左手为其伴奏。这个学期要学习无旋律伴奏,即在伴奏中不出现歌曲的旋律,主要依靠伴奏音型织体的表现来衬托旋律,描绘歌曲所要表达的意境和情绪。是学生在音乐中表现自己的创造力,以及自我音乐情感表达的一种重要形式,也是学生真正掌握好钢琴即兴伴奏技能的关键。

第一周,复习上学期内容:回顾学习过的和声知识。

第二周,无旋律伴奏概念:理论知识讲解、示范及简单和弦伴奏音型。

第三周,回课及布置作业:边弹边唱。

第四周,低音与和弦式伴奏音型不同节奏的结合:讲解和示范。

第五周,回课及布置作业:边弹边唱。

第六周,低音与分解和弦式伴奏音型的结合:讲解和示范。

第七周,回课及布置作业:边弹边唱。

第八周,低音与半分解和弦式伴奏音型的结合:讲解和示范。

第九周,回课及布置作业:边弹边唱。

第十周,伴奏音型的扩展:讲解和示范。

第十一周,回课及布置作业:边弹边唱。

第十二周,综合式伴奏音型:讲解和示范。

第十三周,回课及布置作业:边弹边唱。

第十四周,伴奏音型的具体运用:讲解和示范。

第十五周,回课及布置作业:边弹边唱。

第十六周,复习。

无旋律伴奏比有旋律伴奏更加具有音乐表现力与个性,但也对学生的伴奏提出更高的要求。教师在示范弹奏时要表达清楚不同的音型与不同的节奏有怎样的音乐情感,在学生还没真正理解无旋律伴奏时,可鼓励他们模仿自己的弹奏。一旦学生领悟到要点,就要鼓励他们自己去感受歌曲的情感,去寻找合适的和声及伴奏音型。

2. 声乐课

为了能进一步培养学生的表演能力,本学期的声乐课要增加表演的课程。为了提高演唱和表演能力,音乐学院声乐专业学生会排练一些歌剧片段。高师学生无论是在声乐技巧上,还是音乐领悟力上可能都无法驾驭歌剧这一庞大的艺术体裁。所以可选择一些通俗易懂的音乐剧片段排练,鼓励他们即使没有完善的演唱功底,还是可以和专业学生一样享受音乐表演的乐趣。

第一周,复习上学期内容:用练声和演唱歌曲来回顾歌唱的状态。

第二周,音乐剧的世界:有关音乐剧的基本知识。

第三周,音乐剧片段排练:如《音乐之声》片段,教师指导歌曲的演唱、表演重点、分配角色,学生分小组排练。

第四周,音乐剧片段排练:教师分小组指导演唱及表演。

第五周,回课:分小组表演。

第六周,音乐剧片段排练:如《狮子王》片段,教师指导歌曲的演唱、表演重点、分配角色,学生分小组排练。

第七周,音乐剧片段排练:教师分小组指导演唱及表演。

第八周,回课:分小组表演。

第九周,音乐剧片段排练:如《歌舞青春》片段,教师指导歌曲的演唱、表演重点、分配角色,学生分小组排练。

第十周,音乐剧片段排练:教师分小组指导演唱及表演。

第十一周,回课:分小组表演。

第十二周,音乐剧片段排练:如《雪狼湖》片段,教师指导歌曲的演唱、表演重点、分配角色,学生分小组排练。

第十三周,音乐剧片段排练:教师分小组指导演唱及表演。

第十四周,回课:分小组表演。

第十五周,音乐剧表演:总结音乐剧排练中的重点和难点。

第十六周,复习。

对于音乐剧的选择,不论是不是中国的作品,都建议教师选择中文版来排练,这样不但可以省略纠正语言发音的问题,更能贴近自身的情感表达。教师还可以鼓励其表演的创新,支持学生改编剧本,甚至改编歌曲的风格等等。

3. 音乐欣赏课

本课程为音乐欣赏的入门基础课程,目的是激发学生对古典音乐的兴趣,利用多种手段对学生进行美的熏陶。音乐欣赏不只是听旋律,主要目的是引导学生如何去欣赏经典名曲,并能在课堂上和大家分享聆听心得。

第一周,音乐史的简单介绍:各个时期的音乐风格。

第二周,从《辛德勒的名单》中聆听巴赫:介绍作曲家巴赫及其作品。

第三周,从《BJ单身日记》中聆听亨德尔:介绍亨德尔及其作品。

第四周,从《恋爱高飞》中聆听维瓦尔第:介绍维瓦尔第及其作品。

第五周,从《肖申克的救赎》中聆听莫扎特:介绍莫扎特及其作品。

第六周,从《国王的演讲》中聆听贝多芬:介绍贝多芬及其作品。

第七周,从《钢琴师》中聆听肖邦:介绍肖邦及其作品。

第八周,从《憨豆先生的假日》中聆听普契尼:介绍普契尼及其作品。

第九周,从《麻雀变凤凰》谈威尔第:介绍威尔第及其作品。

第十周,从《教父》中聆听马斯卡尼:介绍马斯卡尼及其作品。

第十一周,从《美丽人生》中聆听奥芬巴赫:介绍奥芬巴赫及其作品。

第十二周,从《现代启示录》中聆听瓦格纳:介绍瓦格纳及其作品。

第十三周,从《黑天鹅》中聆听柴可夫斯基:介绍柴可夫斯基及其作品。

第十四周,从《关于莉莉周的一切》中聆听德彪西:介绍德彪西及其作品。

第十五周,从《香奈儿的秘密情人》中聆听斯特拉文斯基:介绍斯特拉文斯基及其作品。

第十六周,复习。

从电影中去介绍作曲家及其作品,让学生知道他们觉得不可接触的古典音乐其实就在身边。并且,有些电影中作曲家的音乐直接参与了情感的表达,让音乐情感这一较为抽象的事物有了具体影响的表现。此外,人对于音乐的感受没有对错,要肯定学生此时对音乐真正的感受,教师应多做引导的工作,不要将自认为的"正确答案"告诉学生。

(七)大四第一学期

大四面临实习、找工作、撰写毕业论文,学习的时间以及学习的心态都与以往不同。第一个学期,从九月到十一月学生有3个月去小学实习的时间,学生在学校学习的周数只有大概四五周。十二月份,学生要参加教育部门举办的教师编制考试,也有学生在积极准备研究生考试。鉴于学生在其余繁忙的课业压力中仍要奋力为今后的工作努力,再加之音乐课程对艺术素养提高的主要教学计划也都已实施,故建议此学期不开设音乐类课程。

（六）大四第二学期

大学的最后一个学期，毕业论文和工作占据了学生大部分的时间，学校为即将毕业的学生准备了九周的课。在这最后短暂的学习中，除了继续开设《音乐欣赏》，努力达到音乐生活化、生活音乐化的终极目标之外，还可开设《儿童歌曲创作》课，培养学生的创造力、想象力以及对音乐的感受能力。这一学期，培养的能力目标是了解音乐的不同性质与情感，能独立或通过小组协作创作儿童歌曲；情感目标是能从音乐欣赏中调整自己的情绪，体验演唱自己创作的歌曲所带来的成就感，并欣喜于自身的表现创造力。

1. 音乐欣赏课：

大四的音乐欣赏课，学生了解了西方音乐一些主要的作曲家及其作品，也初步感受到不同风格的创作。这一学期的重点是音乐与生活，引导从他们熟悉的事情中体会音乐的魅力。可增加一些中国音乐的欣赏。

第一周，音乐与广告：广告中的古典乐曲。

第二周，音乐与流行歌曲：流行歌曲中的古典乐。

第三周，音乐与神话：科萨科夫《天方夜谭》等。

第四周，音乐与风景：《蓝色多瑙河》、《沃尔塔瓦河》等。

第五周，音乐与爱情：歌剧《蝴蝶夫人》、《爱的甘醇》以及《梁祝》等。

第六周，音乐与悲伤：交响曲《悲怆》、琵琶曲《十面埋伏》等。

第七周，音乐与战争：《1812序曲》、《华沙幸存者》等。

第八周，音乐与信仰：贝多芬《第九交响曲》等。

第九周，复习。

通过课程的讲解，学生会了解到，除了文字，音乐也能用自己的语言表达一些具体内容。当文字无法准确表达时，没有什么艺术能比音乐更能直接地触动心灵。它并非只是精神的享受，更是精神的组成部分。鼓励学生去想象音乐带给自己的画面，安静体验不同音乐的情绪，并试着用音乐去改变当下的情绪。

二、儿童歌曲创作

这门课需要熟练掌握乐理、视唱、文学、声乐、钢琴等课程的内容。对于一部分学生来说，可能有一定的难度，教师可以用分组集体创作的方式，来降低课程的难度。对于一些能力较强的学生，可要求独立创作。

第一周，儿童歌曲的基本特点：儿童语言的特点及各年龄段特点。

第二周，歌词与旋律：创作基本知识讲解。

第三周，节奏与节拍：不同节奏节拍的情感内涵。

第四周，主题音调的写作：主题音调构思与乐句构思。

第五周，主题音调的发展：重复法与对比法。

第六周,歌曲的曲式:创作一段体、二段体、三段体。

第七周,歌曲的高潮:高潮片段的创作。

第八周,歌曲的修改:教师指导修改作品。

第九周,作品演唱会。

提到"歌曲创作",很多人会有一定距离感和恐惧感,诚然,音乐的创作涉及许多复杂的理论知识,但是并非如学生所想象的遥不可及。这门课的目的不仅仅是让学生学会"创作",而是培养学生在"创作"背后的勇气和创造力,开设这门课的主要目的也是要让学生放下这样的包袱,对音乐与自我的关系能有正确认知。

三、总结

以上对高师学生音乐素养提高的课程具体安排,仅是以提高学生综合艺术素养为目的一点点建议。音乐在人类文化、历史及生活中占有一定的分量,如同语言一般,音乐是表达自我的一种途径。很多学生其实没有意识到音乐对于生活的意义,更是缺失了"用音乐自我表达"的引导。教师要了解基于艺术素养的小学教师培养,并不是仅仅是音乐教学,它不是以功利主义为出发点,尽速达到最明显音乐技能成果;而是为了提高人们的音乐素养来造就更多具有完整人格的学生。"学高为师,身正为范",身为音乐教师,如果没有让学生看到自己健康的人格魅力,那音乐素养对人的改变也只是空谈。站在教育的立场,教师要明确授课的意义,身体力行去传播音乐对每一个人的正面意义。

附件:小学教育四年制本科专业培养方案

一、培养目标

本专业培养德、智、体、美等全面发展的能主动适应现代社会、政治与经济、科技与教育发展需要的小学教育师资以及从事小学教育教学研究、小学教育管理等工作的高素质人才。毕业后能在小学、教育科研和教育管理部门从事教学、科研、管理工作。

二、培养要求和培养特色

(一)培养要求

本专业学生主要学习小学相关学科的理论和知识,接受小学教育技能的实训和实践,掌握教育教学、研究、管理的基本能力。

毕业生应获得以下几方面的知识、能力:

(1)思想政治素质好,热爱小学教育事业,具有坚定正确的世界观、人生观和价值观,为人师表,具有对社会和自然的强烈责任感;

(2)比较系统掌握一门学科专业的基本知识、基本理论和基本技能,具有进一步学习与发展的潜能;掌握较为宽广的人文科学、社会科学、自然科学等方面的知识,形成较为综合的知识结构,具有较强的知识迁移能力和从事小学素质教育的基本学养;

(3)系统掌握教育科学的基本知识、基本理论和基本技能,能胜任并能创造性地从事现代小学相关学科的教学,具有一定的组织管理能力和教育科研能力;熟练掌握现代教育技术和小学教师职业技能,具有健康高尚的审美观、良好的艺术素质与特长,计算机、普通话达到国家规定的标准;

(4)养成良好的体育锻炼和生活卫生习惯,懂得基本的保健知识和方法,身体健康,心理素质良好。

（二）培养特色

厚专业基础、强教学技能、重艺术素养。

三、专业核心课程

教育心理学、教育科学研究方法、儿童发展心理学、儿童教育概论、小学课程与教学论、生理卫生与儿童健康、小学语文课程与教学论、现代汉语、古代汉语、中国古代文学、中国现当代文学、写作、小学语文教学技能实训、小学数学课程与教学论、高等数学、线性代数、初等数论、解析几何、初等数学选讲、小学数学教学技能实训、艺术与教学技能相关课程。

四、专业准入和准出标准

（一）准入课程及分流时间

准入课程：教育学原理、普通心理学、现代教育技术、儿童文学、普通话基础。

学生修满上述课程学分（10学分），准许进入小学教育专业进行学习，分流时间为第二学期期末。

（二）准出课程

含学科专业类基础课程、教师教育类课程、方向类课程、教学技能类课程、实践类课程，共98学分。

五、学制和学位

（一）学制

学制为四年，学生可根据自身情况在三至六年内完成学业。

（二）学位

取得毕业资格，并达到学校规定的授予学士学位标准，授予教育学学士学位。

最低毕业学分为166学分及课内学时（含Ⅱ类学分）共2352课内学时。

六、课程设置、结构及学分分配一览表

（一）课程设置：

课程设置共四类：通识教育课程、学科专业类基础课程、专业核心课、专业选修课。

（二）课程结构与学分分配一览表

表1　课程结构比例表

课程类型		修习类型	课程门数	学分数	学分比例(%)
通识教育类		公共必修课	16	33	19.9
		公共限选课	1	2	1.2
学科专业基础课程		专业必修课	9	18	10.8
专业核心课程		专业必修课	33	64	38.6
实践环节及短学期安排		专业必修课	8	18	10.8
		公共必修课	2	2	1.2
个性化模块	主修专业课程	专业选修课	10	18	10.8
	非主修专业课程	专业选修课	2	5	3
Ⅱ类学分		必修		6	3.6
合计			81	166	100

表2　小学教育(师范)专业通识教育课程设置与学分分布

1. 必修课程　33学分

课程代码	课 程 名 称	课程学分	课内学时		建议修读年级学期	备注课外学时
			理论课	实验课(践)课		
601010001	思想道德修养与法律基础 Education of Ideology and Morality and Introduction to the Law	3*	32		一春	16
601020001	中国近现代史纲要 Compendium of Chinese Modern History	2*	22		一秋	10
601030001	马克思主义基本原理概论 Introduction to Basic Principle of Marxism	3*	32		二春	16
601050001	毛泽东思想和中国特色社会主义理论体系概论 Introduction to Mao Zedong Thought and Socialist Theoretical System with Chinese Characteristics	4*	64		二秋	32
601008001	形势与政策 Political Situation and Policies	2	32		三春	

续表

课程代码	课程名称	课程学分	理论课	实验(践)课	建议修读年级学期	备注课外学时
061001001	大学体育Ⅰ College P. E. Ⅰ	1	32		一秋	
061001002	大学体育Ⅱ College P. E. Ⅱ	1*	32		一春	
061001003	大学体育Ⅲ College P. E. Ⅲ	1	32		二秋	
061001004	大学体育Ⅳ College P. E. Ⅳ	1*	32		二春	
761002301	军事训练 Military Training	1	16		一秋	
081001001	大学英语Ⅰ College English Ⅰ	3*	48	16	一秋、春	
081001002	大学英语Ⅱ College English Ⅱ	3*	48	16	一秋、春	
081001003	大学英语Ⅲ College English Ⅲ	3*	48	16	二秋、春	
081001004	大学英语Ⅳ College English Ⅳ	3*	48	16	二秋、春	
	(分层教育课程名称)	3*	48	16	二春	
104000001	大学生心理健康教育 Mental Health Education	1	16		一秋	
761001401	大学生职业发展与就业指导 Career Planning and Employment Guidance for College Students	1	16		二、三秋	

2. 公共限选课 （限选 2 学分）

课程代码	课程名称	课程学分	理论课	实验(践)课	建议修读年级学期	备注课外学时
041001101	大学计算机基础 College Computer Foundation	2	24	24	一秋、春	
221001101	多媒体制作基础 Fundamental of multimedia design	2	24	24	一秋、春	

注：1. 国家学生体质健康标准测试Ⅲ、Ⅳ将在大学三年级、四年级进行相关测试。

2. 大学英语实行分层教育，大学英语 B 班，选大学英语Ⅰ—Ⅳ；大学英语 A 班，选大学英语Ⅱ—Ⅳ分层课程任选一门（详细安排由外国语说明）。

3. 公共限选课二选一。

表3　小学教育(师范)专业课程设置与学分分布

1.学科专业类基础课程（必修课程）18分

课程ID	修读方式	课程类别	课程名称	课程学分	课内学时 理论课	课内学时 实验(践)课	建议修读年级学期	课外学时	准入课程	准出课程	副修课程
114004001			教育学原理 Principle of Education	2 *	32		一 春	64	√		√
114005001			普通心理学 Psychology	2 *	32		一 春	64	√		√
114006001			现代教育技术 Modern Educational Technology	2 *	32		一 春	64	√		√
114007001		学科专业类基础课程 18学分	儿童文学 Child Literature	2 *	32		一 秋	64	√		√
114040001	必修		教育统计学 Educational Statistics	2 *	32		二 春	64		√	√
114010001			大学文学 College Literature	2 *	32		一 春	64		√	√
114001001			高等数学Ⅰ Higher Mathematics Ⅰ	2 *	32		一 秋	64		√	√
114002001			自然科学发展基础 Foundation of Natural Science Development	2 *	32		一 春	64		√	√
114003001			社会科学发展基础 Foundation of Social Science Development	2 *	32		一 秋	64		√	√

2.学科专业核心课程（必修课程）64学分

课程ID	修读方式	课程类别	课程名称	课程学分	课内学时 理论课	课内学时 实验(践)课	建议修读年级学期	课外学时	准入课程	准出课程	副修课程
114041001			★教育心理学 Educational Psychology (Bilingual)	2 *	32		三 秋	64		√	√
114037001	必修	教师教育(27学分) 教育理论 14学分	教育科学研究方法 Educational Research Method	2 *	32		三 秋	64		√	√
114036001			▲儿童发展心理学 Child Developmental Psychology	2 *	32		二 秋	64		√	√
114038001			▲儿童教育概论 Principle of Children Education	2 *	32		二 春	64		√	√

续表

课程ID	修读方式	课程类别	课程名称	课程学分	课内学时 理论课	课内学时 实验(践)课	建议修读年级学期	备注 课外学时	备注 准入课程	备注 准出课程	备注 副修课程
114039001	必修	教师教育(27学分) 教育理论14学分	小学课程与教学论 Curriculum And Pedagogy In Primary School	2*	32		三秋	64		√	√
114033001			班主任工作技能 Classroom Management	1*	16		二秋	32		√	√
115323001			学生行为观察与指导 Observation and Gudiance of Students' Behavior	1*	16		三春	32		√	√
114051001			生理卫生与儿童健康 Physiological Development and Child Health Education	2*	32		三秋	64		√	√
114031130		教师口语5学分	普通话基础 Basic Mandarin	2*	32		一秋	64	√		√
114632541			小学教师口语 Oral Skills for Primary Teachers	2*	32		一春	64		√	√
114236521			小学教师口语艺术 Art of Oral Language for Primary Teachers	1	16		二秋	32		√	√
114032100		书写技能6学分	书写基础 Basis of Handwriting	2	32		一秋	64			√
114587895			楷书临摹 The Script Copy Regular Script Imitation	2	32		一春	64			√
114584789			钢笔书写 Pen Writing	1	16		二秋	32			√
114236958			粉笔书写 Chalk Writing	1	16		二春	32			√
114363001		其他2学分	课件制作 Courseware Design	2*	32		二秋	64		√	√
114042012	语文方向与数学方向二选一	语文方向21学分	▲现代汉语 Modern Chinese	3*	48		二春	96		√	√
114042011			古代汉语 Ancient Chinese	3*	48		三秋	96		√	√
114912001			中国古代文学Ⅰ Ancient Chinese Literature Ⅰ	2	32		二春	64		√	√
114912002			中国古代文学Ⅱ Ancient Chinese Literature Ⅱ	2*	32		三秋	64		√	√

续表

课程ID	修读方式	课程类别	课程名称	课程学分	课内学时		建议修读年级学期	备注			
					理论课	实验(践)课		课外学时	准入课程	准出课程	副修课程
114914001	语文方向与数学方向二选一	语文方向21学分	中国现当代文学Ⅰ Modern Chinese Literature Ⅰ	2	32		二 春	64		√	√
114914002			中国现当代文学Ⅱ Modern Chinese Literature Ⅱ	2*	32		三 秋	64		√	√
114044001			写作 Writing	2*	32		二 秋	64		√	√
114034001			▲小学语文课程与教学论 Chinese Curriculum and Pedagogy in Primary School	3*	48		三 秋	96		√	√
114064001			小学语文教学技能实训 Practice of Primary Chinese Teaching	2*	32		三 春	64		√	√
114045001		数学方向21学分	初等数论及其应用 Basic Number Theory with Applications	4*	64		二 秋	128		√	√
114046011			线性代数 Linear Algebra	4*	64		二 秋	128		√	√
114047011			解析几何 Analytic Geometry	4*	64		二 春	128		√	√
114001002			▲高等数学Ⅱ Higher Mathematics Ⅱ	2*	32		一 春	64		√	√
114069001			初等数学基础选讲 Elementary Mathematics Selections	2	32		三 春	64		√	√
114035001			▲小学数学课程与教学论 Primary Math Curriculum And Pedagogy	3*	48		三 秋	96		√	√
114066001			小学数学教学技能实训 Primary Maths Skill Training	2*	32		三 春	64		√	√
114050100	必修	艺术素养(16学分) 舞蹈6学分	舞蹈基础Ⅰ Dance Ⅰ	2	32		一 秋	64		√	
114123144			舞蹈基础Ⅱ Dance Ⅱ	2*	32		一 春	64		√	
114916001			儿童舞蹈排练 Rehearse of Child Dance	1	16		二 秋	32		√	
114478523			儿童舞蹈创编 Creation of Child Dance	1	16		二 春	32		√	

续表

课程ID	修读方式	课程类别	课程名称	课程学分	课内学时 理论课	课内学时 实验(践)课	建议修读年级学期	备注 课外学时	备注 准入课程	备注 准出课程	备注 副修课程
114258963	音乐特色与美术特色二选一	艺术素养(16学分) 音乐4学分	音乐基础Ⅰ Basis of music Ⅰ	2	32		一秋	64		√	
114049111			音乐基础Ⅱ Basis of music Ⅱ	2*	32		一春	64		√	
115060030		美术4学分	教学简笔画 Stick Figures for Teaching	2	32		一秋	64		√	
114257417			装饰色彩 Decorative Colors	2	32		一春	64		√	
114526398		音乐特色2学分	钢琴与声乐Ⅰ Piano and Vocal Music I	1	16		二秋	32		√	
115445001			钢琴与声乐Ⅱ Piano and Vocal Music II	1*	16		二春	32		√	
114693258		美术特色2学分	儿童画 Child Drawing	1	16		二秋	32		√	
114048100			纸艺 Paper Art	1	16		二春	32		√	

3.专业选修课　25学分

(1)主专业选修课　10学分

课程ID	修读方式	课程类别	课程名称	课程学分	课内学时 理论课	课内学时 实验(践)课	建议修读年级学期	备注 课外学时	备注 准入课程	备注 准出课程	备注 副修课程
115201001	语文加强与数学加强二选一	语文加强10学分	外国文学 Foreign Literature	2	32		三秋				
115272001			文艺鉴赏 Literature and Art Appreciation	2	32		三春				
115203001			形式逻辑 Formal Logic	1	16		二春				
115204001			小学语文教学与研究 Study on Primary Chinese Teaching	3	48		三春				
115289001			小学语文文本解读与案例分析 Primary Chinese Content Analysis and Case Study	2	32		三秋				

续表

课程ID	修读方式	课程类别	课 程 名 称	课程学分	课内学时 理论课	课内学时 实验(践)课	建议修读年级学期	备注 课外学时	备注 准入课程	备注 准出课程	备注 副修课程
115206001	语文加强与数学加强二选一	数学加强 10学分	概率统计 Propability and Statistic	2	32		三秋				
115207011			数学思维与解题方法 Mathematical Thinking and Problem Solving Methods	2	32		三春				
115273001			数学史 History of Math	1	16		四春				
115274001			小学数学教学与研究 Primary Math Teaching and Study	3	48		三春				
115290001			小学数学文本解读与案例分析 Primary Maths Content Analysis and Case Study	2	32		三秋				

（2）X专业选修课　8学分

课程ID	修读方式	课程类别	课 程 名 称	课程学分	课内学时 理论课	课内学时 实验(践)课	建议修读年级学期	备注 课外学时	备注 准入课程	备注 准出课程	备注 副修课程
115917001	建议按模块修读学分	国学 8学分	唐诗宋词精读 Intensive Reading of Tang and Song Poem	2	32		三春				
114845623			历史名篇选读 Selective Historical Masterpieces	2	32		三秋				
114123456			中国古代礼仪文化常识 Ancient Chinese Etiquette Culture	2	32		四春				
114563235			蒙学教材选读 Reading of Primers	2	32		二春				
115918001		音乐 8学分	儿童歌曲演唱 Performing and Singing of Child Songs	2	32		三秋				
114896523			儿童歌曲伴奏 Accompany and Singing of Child Songs	2	32		三春				
114789652			小学音乐教学法 Pedagogy of Primary Music	1	16		三春				
114756238			儿童歌曲弹唱 Playing and Singing of Child Songs	1	16		四秋				

续表

课程ID	修读方式	课程类别	课程名称	课程学分	理论课	实验(践)课	建议修读年级学期	课外学时	准入课程	准出课程	副修课程
115268001		音乐8学分	合唱与指挥 Chorus And Conducting	2	32		四春				
115221001			素描 Sketch	2	32		三秋				
115919001			简易版画 Simple Woodblock Prints	2	32		三春				
114758692		美术8学分	小学美术教学法 Pedagogy of Primary Art	1	16		三春				
114456829			手工制作 Hand craft	1	16		四秋				
115223001			中国画 Chinese Painting	2	32		四春				
114142514	建议按模块修读学分		物理与文化 Physics and Culture	2	32		三秋				
115234001		科学8学分	小学科学实验与技能训练 Science Experiment of Primary School	2	32		三春				
115235001			小学科学教学论 Pedagogy of Primary Science	2	32		三春				
115920001			生命科学导论 An Introduction to Life Science	2	32		三春				
115278001			视频与图像处理 Video and Image Processing	3	48		三秋				
115279001		信息技术8学分	Flash 及其应用 Application of Flash	3	48		三秋				
115280001			课件制作与实际应用 Courseware Design and Application	2	32		三春				
115921001			德育原理 Principles of Moral Education	3	48		三秋				
115922001		思想品德8学分	学生问题行为的预防与应对 Prevention and Response form Students Problem Behaviors	2	32		三秋				
115240001			小学品德与生活(社会)教学论 Pedagogy of Primary Social Studies	3	48		三春				

续表

课程ID	修读方式	课程类别	课程名称	课程学分	理论课	实验(践)课	建议修读年级学期	课外学时	准入课程	准出课程	副修课程
					课内学时			备注			
114900001	建议按模块修读学分	小学英语8学分	英语语音训练 English Pronunciation Training	3	48		三秋				
115923001			小学英语教学法 Primary English Pedagogy	3	48		三秋				
114754854			小学英语教学技能实训 Practice in Primary English Teaching	2	32		三春				
115924001		小学心理健康教育8学分	小学心理健康教育的理论与技术 Theory and Technique Health Education of Pupils Mental	3	48		三秋				
115925001			心理测量 Psychological Measurement	3	48		三春				
115926001			小学心理辅导课程教学法 Pedagogy of Psychological Service in Primary Schools	2	32		三春				

（3）非主专业选修课（跨专业、跨学院、跨学校选修）5学分

课程ID	修读方式	课程类别	课程名称	课程学分	理论课	实验(践)课	建议修读年级学期	课外学时	准入课程	准出课程	副修课程
					课内学时			备注			
115905301	选修	其他5学分	小学综合实践活动 Comprehensive Practical Activities in Primary Schools	2	32		三秋				
115927001			教师口语艺术 The Art of Oral Language for Teachers	2	32		三春				
115427001			小学语文教学论 Pedagogy of Primary Chinese	3	48		三秋				
115426001			小学数学教学论 Pedagogy of Primary Maths	3	48		三秋				
114120345			中国文学与文化 Chinese Literature	1	16		四春				
115205001			影视文学欣赏 Aprication of Movies	1	16		四春				

续表

课程ID	修读方式	课程类别	课程名称	课程学分	课内学时		建议修读年级学期	备注			
					理论课	实验(践)课		课外学时	准入课程	准出课程	副修课程
114745821	选修	其他 5学分	行书临摹 Cursive Handwriting Imitation	2	32		三秋				
115263001			书法创作 Calligraphy Creation	2	32		三春				
114541623			外国风格舞蹈 Foreign Dance	2	32		三秋				
114754210			中国民族民间舞蹈 Folk Dance	2	32		四秋				
115929001			中国古典舞身韵 Classic Dance	2	32		三秋				
115252001			小学生心理健康与教育 Mental Health And Education of Pupils	3	48		三春				
115911001			现代教师论 Modern teacher theory	2	32		三秋				
115253001			中外教育史 Foreign and Chinese History of Education	2	32		三秋				
115930001			教育政策与法规 Laws In Teacher Training	2	32		三春				
115254001			小学教育改革与发展 Reform and Development of Primary Education	2	32		三春				
114514263			★欧美教学案例赏析(双语) Elementary Classroom Practice in Europe and USA	2	32		三春				
115950001			教育艺术案例与分析 Art of Educational Practice	2	32		三春				
114150326			信息检索与处理 Information Searching and Processing	1	16		三春				
115271001			专业英语 Professional English	2*	32		三秋				

4.实践性环节必修课程　20学分

课程ID	修读方式	课程类别	课程名称	课程学分	课内学时		建议修读年级学期	备注			
					理论课	实验(践)课		课外学时	准入课程	准出课程	副修课程
114759486			教育见习1 Educational Probation1	0.5	1周		一春		√		
114021548			教育见习2 Educational Probation2	1	2周		二春		√		
114769482			教育见习3 Educational Probation 3	1.5	4周		三春		√		
114601301	必		教育实习 Education Practice	6	12周		四秋		√		
114603301			毕业论文 Graduate Design	6			四春		√		
114915001	修		师范生技能达标与教育实习综合训练 Professional Skill Training	1			一二三短		√		
761002302			国防教育 National Defense Education	1	16		一短				
076000001			大学生创业基础教育 Entrepreneurship and Basic Education of College Students	1	16		二短	1周			
114913001		教师资格证考试辅导2学分	考试辅导Ⅰ Test Counseling Ⅰ	1	16		三短				
114913002			考试辅导Ⅱ Test Counseling Ⅱ	1	16		三短				

　　说明:师范生技能达标与教育实习综合训练,一短安排师范生技能中的教师口语、书写技能的辅导训练;二短安排师范生技能中现代教育技术能力、心理辅导能力、班主任工作能力的辅导训练;三短安排师范生技能的综合训练与达标考核、教师资格证书国考辅导等;每个短学期都安排"教育家大讲堂"系列讲座。

　　注:1.课程标注说明:学位课程▲;双语课程★,单独开设实验课程◆;考试课程　*。

　　2.副修专业课程说明:修满25—30学分,可获副修专业证书;修满50—60学分(跨一级学科,含毕业论文),可获副修专业学位。课程清单见表3。

　　3.Ⅱ类学分　6学分

后　记

　　杭州师范大学小学教师的培养从 1908 年的浙江官立两级师范学堂开始已历经 100 多年，为国家培养了数以万计的优秀人才，桃李满天下。经亨颐、马叙伦、李叔同、鲁迅等名师曾在此任教，一大批现当代知名的教育家、校长和特级教师如潘天寿、丰子恺、柔石、冯雪峰、杨一清、张天孝等都从这儿毕业，赢得了社会各界的广泛赞誉。为了进一步研究其办学规律和办学特色，在教育部人文社科重点基地重大项目《中国初等教育师资培养模式研究》(课题编号：11JJD880033)的支持下完成了此项研究，由于研究人员水平有限，本书肯定存在着很多不足，诚请专家、同行和读者批评指正。

　　本书的撰写过程中还得到了上级各部门及学校教师的大力支持，有下列同事参与了本书的撰写工作：第一章(袁德润、徐丽华)、第二章(袁德润)、第三章(张羽)、第四章(张惠苑)、第五章(徐丽华、杨欢耸)、第六章第一节(刘晓飞、吕映)、第六章第二节(李国强)、第六章第三节(袁德润)、第六章第四节(丁万里)、第六章第五节(叶剑波)、第六章第六节(朱广伟、陈方)，在此一并表示衷心的感谢。

图书在版编目(CIP)数据

基于艺术素养的小学教师培养模式的构建研究 / 徐丽华等著. —杭州：浙江大学出版社，2017.11
ISBN 978-7-308-17600-2

Ⅰ.①基…　Ⅱ.①徐…　Ⅲ.①小学教师－师资培养　Ⅳ.①G625.1

中国版本图书馆 CIP 数据核字(2017)第 271111 号

基于艺术素养的小学教师培养模式的构建研究
徐丽华　杨欢耸　等著

责任编辑	徐素君	
责任校对	杨利军　韦丽娟	
封面设计	徐露虹	
出版发行	浙江大学出版社	
	（杭州市天目山路 148 号　邮政编码 310007）	
	（网址：http://www.zjupress.com）	
排　版	杭州隆盛图文制作有限公司	
印　刷	浙江省良渚印刷厂	
开　本	710mm×1000mm　1/16	
印　张	13.25	
字　数	270 千	
版印次	2017 年 11 月第 1 版　2017 年 11 月第 1 次印刷	
书　号	ISBN 978-7-308-17600-2	
定　价	40.00 元	